高等职业教育"十二五"规划教材

高职高专物流管理专业任务驱动、项目导向系列化教材

U0619234

物流运输业务操作

主　编　颜　红

副主编　陈　莉　潘永刚　刘细萍

国防工业出版社
National Defense Industry Press

内 容 简 介

本书以物流运输企业、企业物流运输作业内容为背景,从运输实际作业过程的角度,依照典型工作任务流程,以核心工作岗位责任为主要学习任务,以物流职业新人的成长过程为学习轨迹。

全书的工作任务为八个项目两大层次:第一层次为物流运输基础作业任务,涉及物流运输作业的揽货、业务洽谈,整批货物的运输作业、零担和快速货物运输作业、集装箱运输、特殊货物运输作业;第二层次为物流运输管理作业任务,涉及物流运输调度作业、运输方案优化和运输质量考核。

本书内容设计结合企业工作实际,学习任务内容循序渐进,基础作业任务立足于操作技能训练与实践,运输决策与管理注重学生可持续发展能力的引导与启发。学习过程设计便于理论与实践结合,体现学中做、做中学的理念,符合高等职业技术教育的特征。

本书可作为高职高专院校学生、企业物流运输人员及其他相关人员的学习用书。

图书在版编目(CIP)数据

物流运输业务操作 / 颜红主编. —北京:国防工业出版社,2013.8

高职高专物流管理专业任务驱动、项目导向系列化教材

ISBN 978 - 7 - 118 - 08901 - 1

Ⅰ. ①物... Ⅱ. ①颜... Ⅲ. ①物流－货物运输－高等职业教育－教材 Ⅳ. ①F252

中国版本图书馆 CIP 数据核字(2013)第 169724 号

※

国防工业出版社 出版发行

(北京市海淀区紫竹院南路 23 号 邮政编码 100048)

北京奥鑫印刷厂印刷

新华书店经售

*

开本 787 × 1092 1/16 印张 15 字数 370 千字

2013 年 8 月第 1 版第 1 次印刷 印数 1—3000 册 定价 29.50 元

(本书如有印装错误,我社负责调换)

国防书店:(010)88540777　　　发行邮购:(010)88540776

发行传真:(010)88540755　　　发行业务:(010)88540717

高等职业教育"十二五"规划教材
高职高专物流管理专业任务驱动、项目导向系列化教材
编审委员会

一、主任委员

顾全根(苏州经贸职业技术学院)　　陆建平(南京铁道职业技术学院)

沈　默(江苏海事职业技术学院)　　谈　慧(南京工业职业技术学院)

董淑华(南京信息职业技术学院)　　覃晓康(苏州信息职业技术学院)

陈玉雯(南京交通技师学院)　　　　周朗天(江苏食品职业技术学院)

顾珂里(盐城纺织职业技术学院)　　姜　锐(钟山职业技术学院)

刘细萍(江海职业技术学院)　　　　丁　磊(应天职业技术学院)

二、委员

丁红英　尹　新　王凤云　田　跃　许传久　许　丹　刘慧娟　刘小更

刘伯超　孙　雯　杜会敏　陈根龙　陈红霞　陈　莉　杨浩军　杨思东

张金丽　骆卫青　顾云锋　徐　冽　梁钟平　嵇莉莉　童俐丽　董　昕

颜　红　魏　凯　韩　鑫　薛大年　薛艳肖　潘永刚

PREFACE

前　言

　　现代物流有七大功能要素，运输是物流的最基础功能，物的移动是物流运输关注的核心；随着科学技术的进步、生产的社会化和专业化程度的不断提高，一切物质产品的生产和消费都离不开运输。

　　"物流运输业务操作"课程内容设计思想源于对第三方物流运输企业、对制造企业物流运输岗位进行核心工作过程梳理，提炼出物流运输作业人员职业能力目标，将其典型岗位工作任务程序化，并转变成学习领域知识目标。学生在学习中可以熟知工作岗位要求、熟悉业务操作技能，满足运输型企业、生产物流中心企业运输人员的工作岗位要求。

　　"物流运输业务操作"课程内容选取于职业岗位能力要求。具体学习内容可归纳为基本作业操作部分、业务能力提升部分，共八个项目任务。项目任务的顺序以一个运输企业新人的职业发展足迹为主线，以工作任务驱动，从对物流运输基础认知开始，分别经历揽货作业、各类别货物运输操作作业的基础工作任务后，再上升到较高层次的工作任务学习，即运输调度、运输主管的角色学习。本书内容既注意学生一般职业技能的学习，又关注学生的可持续发展。

　　本书编写过程中得到南京新干线物流有限公司、中铁快运有限公司及其南京分公司、山东佳怡物流有限公司、浙江八达物流公司仓前物流基地、中铁四局南京大桥四处物流中心基地、德邦物流有限公司、华宇物流南京下关营业部、城市之星物流公司南京下关营业部的帮助。编者还得到了一些同行的帮助，借鉴了部分网络资源素材，在此表示衷心的感谢！

　　本书由南京铁道职业技术学院颜红编写项目一至项目四、项目六和项目八；上海国际港务（集团）股份有限公司潘永刚参与了项目五和项目七的修改，及其余项目内容的审核工作；苏州信息职业技术学院陈莉编写项目五；江海职业技术学院刘细萍编写项目七；其他参加编写的人员有：南京铁道职业技术学院徐冽、嵇莉莉。

　　由于时间仓促，编者水平有限，难免存在疏漏或不妥之处，欢迎读者提出宝贵意见。

编者

2013 年 4 月

CONTENTS

目　录

李民找工作,一家物流运输企业录取了他。该公司的主营特色是第三方物流运输。李民对物流知识了解并不多,作为公司新进人员,人力资源部安排他到基层运输部去学习和锻炼。李民是个很认真的人,为自己制定了学习提高计划。在运输部,李民拜老员工为师,学习有关物流运输基础知识。李民首先要理解物流运输的基本概念;熟悉物流运输的功能和作用;了解运输企业的岗位和岗位能力要求。

任务目标

1. 理解运输的概念和作用;理解物流各功能与运输的关系。
2. 熟悉运输系统构成要素;熟悉常见运输形式及其特点。
3. 理解运输合理化的意义。
4. 认识常见货物运输设备。
5. 了解运输发展趋势;了解运输企业常见岗位及要求。

人类进入 21 世纪后,以新型流通方式为代表的连锁经营、物流配送、电子商务等产业发展迅速,物流服务业对整个国民经济的发展越来越重要。物流活动涵盖了第一、二、三产业和全部社会再生产过程,是个非常庞大而复杂的领域。从社会再生产的角度看,国民经济中所有工农业产品的生产过程和制造过程,除了加工和生产的时间外,全部都是物流的时间。例如:在机械产品的生产过程中,产品加工的时间仅占 10% 左右,而物流的时间却占 90%,大部分生产时间成本消耗在物流过程中。同时,企业为了降低运作成本、增强竞争优势,更是提升了对物流业务服务的需求。所以,物流服务业被誉为"21 世纪最具发展潜力的行业"之一。2008 年,我国颁布的振兴国家经济系列发展规划中,物流产业振兴发展计划位列十大行业振兴规划之中。在国家"十二五"中长期发展规划中也有多项有关落实物流行业振兴的具体措施。

物流运输是物流各功能要素的基础核心,一切物质产品的生产和消费都离不开运输。在物流活动中,运输过程的优化管理、成本控制对整个物流成本的有效控制和降低具有决定性的作用。运输一旦缺乏时效性和可靠性就会对物流产生严重的阻碍作用,因此,运输在满足工农业生产和人民生活需要的同时,也是国家进行经济运行有效管理调控的重要工具。

模块 1 认识物流运输

我国国家标准《物流术语》中对物流的定义是:物品从供应地向接收地的实体流动过程。

根据实际需要,将运输、储存、装卸、搬运、包装、流通加工、配送、信息处理等基本功能实施有机结合。因此,物流是一系列子项目活动的集合,中心是围绕"物的移动"开展。但现代物流观点认为,物流活动还包括了原材料的采购、物料的生产加工和制成品的空间位置变化以及"物"的属性的变化。"物品从供应地向接收地的实体流动过程"不是专指"物"的运输。

物流是围绕"物的移动"的一系列活动的集合,物流活动专指物流诸功能的实施与管理过程,而物流作业专指实现物流功能时所进行的具体操作活动。在物流功能实施中,对物流活动的管理与控制必须从诸功能作业的管理开始。

从物流定义看其功能要素组成,物流有七大功能:包装、存储、运输、装卸搬运、流通加工、配送、信息管理。由于物品的生产加工和流通过程中需要进行多次的存储、装卸搬运和运输活动,且这些活动的成本占物流总成本的比重很高,因此存储和运输是物流系统的基础核心要素。

一、物流运输的基础知识

人类的生活和生产活动离不开运输,运输是经济发展中古老的、传统的、又现代的生产活动过程。在远古时期,人们会使用容器、马车等简单的工具组织货物运输,之后随着生产能力的增长、社会分工的细化和技术的发展,运输也随之发展并形成独立的行业。马克思认为:运输是第四生产部门。

(一)物流运输的概念

我国《物流术语》中对物流运输的定义是:"运输是指用设备和工具,将物品从一地点向另一地点运送的物流活动。"运输是使物品在空间产生位置移动的过程,它与包装、装卸搬运、储存保管、流通加工、配送和信息处理等功能有机结合,才能改变物品的空间状态、时间状态,产生空间效应、时间效应,实现物品从供应地到接收地的转移。运输的活动过程包括:集货、分配、搬运,中转、装入、卸下、分散等一系列子过程。应该注意的是,运输可以使得"物"产生位移,但只能改变"物"的空间存放状态,不会改变物质的化学属性。

物流运输研究对象的主体是货物。按照运输物品的内容不同,运输可分为客运和货运;按地域划分为国内货物运输和国际货物运输;货物运输如果出现在生产过程中则属生产领域运输,生产领域的运输一般在企业内部进行,也被称为物料搬运,是属于企业内部的物流活动。企业内部物流活动包括原材料、在制品、半成品和产成品的储存、运输等,是直接为产品生产服务的。货物运输若是出现在流通领域内则是流通领域运输,流通领域的运输是在大范围内,将货物从生产领域向消费领域转移,或从生产领域向物流网点,或从物流网点向消费地移动的活动。因此,货物在运输中除了让"物"改变空间状态外,由于运输消灭了"物"的产地与需求地的阻隔,从时间上也改变了"物"的经济价值。货物运输若按照物品移动的距离和作业特点划分,运输还可以分为搬运、配送、运输;搬运一般是在厂区(或作业区)范围内物品的上升和短距离的平移运输过程;配送则是在一定区域范围内,多频次、少批量地向终端客户运送货物的过程;而今人们多数认为的运输是长距离的、批量性的货物运输。

(二)运输的功能

物流运输的基本原则是"及时、准确、经济、安全、便利"。从经济管理的角度看,运输可以加速货物流通,降低物品成本费用;在现代经济市场中,运输还具有扩大市场、稳定价格、促进社会分工、扩大流通范围、节约成本等社会经济功能。运输使得货物产生空间价值效应和时间价值效应;运输也是物资资源重新配置的过程,当物资资源通过生产加工转变成产品投放到市场时,运输的功能得以充分表现。综合来看运输主要有以下两大功能。

1. 产品的转移功能

首先,不同的地区物资资源分布不同,不同地区对某些物资的需求也不同,运输可以使得物品从一地向另一地移动,可以实现物资的空间状态改变,实现物品的经济价值。其次,无论是原材料、加工品还是成品,也不管零部件在制造过程中进行到了哪一阶段程序,运输都是必不可少的衔接。运输的主要功能就是实现货物在生产供应链中的不断移动,使货物的经济价值得到提升。

我国的西部地区(主要包括重庆、四川、贵州、云南、广西、陕西、甘肃、青海、宁夏、西藏、新疆、内蒙古 12 个省、市和自治区。其土地面积 538 万平方千米,占全国国土面积的 56%。)疆域辽阔,远离海洋、深居内陆。从其地理位置分布看,西部地区与 10 多个国家接壤,陆地边境线长达 12747km,为西部地区发展边境贸易提供了有利条件。历史上穿越西部地区的"丝绸之路"就是中国对外交流的第一条通道。再者,西部地区的自然资源特别丰富,其水能蕴藏总量占全国的 82.5%,现已开发水能资源占全国的 77%,但开发利用尚不足 1%;其矿产资源的储量也十分可观。依据已探明的地下储量,西部地区的煤炭资源占全国的 36%,石油占 12%,天然气占 53%。在全国已探明的 140 多种矿产资源中,西部地区就有 120 多种,一些稀有金属的储量名列全国乃至世界的前茅。以上这些皆是我国 21 世纪的矿产资源的主要供应地,也是西部大开发的重点之一。物流运输的功能就是通过"物"的空间转移,将物产资源合理的使用和再分配,造福于人类社会。

2. 产品的储存功能

我国《物流术语》中对储存的解释是:保护、管理、贮藏物品。从货物运输的角度看,储存起到了缓冲的作用。因为,运输是将货物存放在工具或容器内移动,它的基本功能是实现货物的位移,而货物位移需要时间,不同运输方式的在途时间相当于对货物的存储,因此运输具有临时仓库的功能,也被称作"移动的仓库"。由于货物在运输中要占用产品的在途资金,货物运输的里程和所需时间越长,需要由此付出的在途资金就越多。有时,若货物短时间内要换装转移,则可以考虑直接将货物存放在运输工具上,减少中转作业时间。还有一些企业出于对产品供应节奏的调节需要或者是出于对仓库成本的控制目的,直接将装有货物的拖挂车甩挂实现临时存储。

(三)运输的特点

运输是货物在物流网络内的流动,即在物流节点之间依托运输工具的流动,它是在不同地域范围之间以改变"物"的空间位置为目的的活动,它解决了供给者与需求者之间场所分离的矛盾,创造了"场所效应"。

1. 运输是在生产流通过程中完成的

运输与一般生产过程不一样,货物进入运输过程不会产生新的物资产品,它不是生产实物形态的活动,也不会改变货物的本质属性,仅仅改变货物的空间位置、改变其使用价值的形态,只是为社会提供效用,属于劳务性产品,亦可称为无形产品。这一点具体表现为货物的空间移动即产品的生产过程在流通领域的继续,运输业不断为企业生产提供原料、材料、燃料和半成品,以保证企业不间断的生产,它的价值不在运输价值本身,而是反映在货物实现位移的过程中。

此外,运输的生产过程和消费过程不论在时间上还是空间上都是不可分离地结合在一起的,运输产品不可能被储存用来满足其他时间和空间发生的运输需求。所以,运输行业没有产品过剩问题,只存在运输能力不足或过剩的问题。运输服务产品既不能储存,也不能调拨。

2. 运输产品的核心是服务

服务业的特征是以提供服务产品内容的方式为社会生产、人民生活服务,运输既是劳务服务,又带有交通运输业物质生产的性质,它是作为物质生产部门的组成部分而存在的,既依赖于运输,又服务于运输。比如货物包装、仓储理货、集货、联运、货物委托代办等,既是服务的内容,又是运输生产过程中的一个环节。

另外,运输所提供的产品就是服务,运输服务不仅为运输企业的生产提供直接服务,而且为货主提供直接服务。它的价值不仅反映在运输价值上,同时也反映在社会效益上。无论是货物的移动,还是人们的出行,运输需求十分广泛,因而运输服务对整个社会的经济发展和人民生活水平的提高均有广泛的影响。

3. 运输成本在物流系统中的比重较大

运输企业在一定时间内完成一定货物运输量的全部费用支出,例如:运输过程中耗费的原材料、燃料、动力、固定资产等生产资料的价值,支付劳动者的劳动报酬以及管理费用等。运输成本受许多因素的制约和影响,不同的运输方式的运输成本有不同的特征,存在着一定的差别。运输总成本占物流总成本的35%~50%,占商品价格的4%~10%,物流运输成本管理在物流管理中占有重要地位,其水平的高低直接影响着整个企业以及物流系统的效益水平。

4. 运输产品的计量具有特殊性

运输产量是以运输量和运输距离进行复合计算的,运输产量的大小直接决定了运输能力和运输费用。运输部门在一定时期内运送货物的数量以运量和周转量表示。运量是运输部门实际运送的货物吨数的积累,即货运量;周转量是全面反映运量和运输距离的运输生产产量指标,是运输部门制定计划和考核运输业的综合性的产量指标。计量单位分别是"t"和"t·km"。

二、运输与物流的关系

(一)物流运输的作用

在现代生产中,由于企业生产的专业化、集中化,生产与消费被分离的状态越来越严重,被分离的距离也越来越远,运输就是为了将物品从生产地移动到消费地,实现增值效应,所以,物流运输的功能也越来越突显。

1. 运输是物流系统的最核心功能

运输与仓储是物流系统的核心功能,运输功能创造了货物的空间价值效应,储存功能创造了货物的时间价值效应。随着经济的全球化、一体化的发展,通过运输实现货物的空间效用呈现出明显的强化态势,流通加工需借助运输或配送才能呈现出强化态势,其原因是在社会化生产条件下,生产加工地和消费需求地存在着空间位置上的不一致性,甚至存在较大的地域位置上的差异,其直接的影响就是对运输的依赖性越来越大,更突出了运输功能的主导作用。

在产品的生产过程中,生产企业为促进产品销售、缩短产品投放市场的时间、不断提高企业信息化程度、提升企业管理水平和创新生产技术,势必要加强物流过程控制,加强对运输过程的优化,缩短运输在途时间,降低物流运输的成本。所以运输功能的主导地位和核心作用日益显现,它是物流系统最关键的核心功能要素。

2. 物流合理化的重点之一是运输合理化

所谓物流合理化,就是使一切物流活动和物流设备配置趋于合理。这具体表现为以尽可能小的物流成本,获得尽可能高的服务水平,通过合理化可以实现物流"低成本、高效益"。物流合理化是物流管理追求的总目标,它是对物流设备配置和物流活动组织进行调整改进、实现物流系统整体优化的过程。所以物流合理化以各物流子系统合理化为基础,当物流各子系统合理并相互协调产生最佳效用时,才能使系统总体功能实现目标。

物流系统合理化很大程度上取决于运输合理化,只有运输实现合理化,才能使物流系统更加合理、总体目标更优。这是因为运输子系统环节的合理与否,会直接影响到企业的生产、加工和销售,因为从产品的生产制造至产品生命终了,运输和配送是不可或缺的过程而且是反复出现的,可以说在当代社会运输已经是不可缺少的重要生产部门,运输是国民经济生产的大动脉,其合理与否直接影响其他物流子系统的构成,而且运输在物流系统的整体功能中起主导作用。此外,运输费用在全部物流费用中占较大比重,物流合理化是降低物流费用、提高物流经济效益和社会效益的关键。

3. 运输是"第三利润源"的主要源泉

随着社会经济的快速发展,地区间、部门间的往来更加密切,企业的利润源也随着社会经济发展和企业经营重点的转变而变化,这一时期的企业主要集中关注如何挖掘生产力要素中劳动工具的潜力,挖掘劳动对象和劳动者的潜力,这就是所谓的第三利润源。降低企业运作的物流成本成为了企业家关注的重点,而运输成本是物流系统运作优化的关键,合理的组织运输过程、控制好物流各环节的成本是降低物流成本和提高经济效益的有效途径。运输的合理化程度越理想、运输的规模越大、运输的技术越先进,运输的成本控制就越理想,就会降低物流运输费用,对提高经济效益和社会效益均起重要作用。

4. 对国民经济建设的稳定发展有促进作用

交通运输是国民经济生产中的"第四物资生产部门",运输虽然不能生产实体产品,不会增加产品的数量,不能改变产品的物理使用价值,但运输改变了产品的存放空间,这种改变直接疏通了生产与消费之间的渠道,缩小了物资产品的交流空间,扩大了资源交换的范围,促进国民经济的发展,协调了社会生产资源的合理利用,实现了运输这一国民经济生产的大动脉的有序运行。

(二) 运输与物流的关系

生产企业的物流过程实现从原材料的投入、加工、生产成产品,再将产品由储存、运输到销售等,都需要运输来联接,在整个的物流子系统的活动中物流系统构成网状结构,如果没有运输或储存、配送活动,网络结点将成为孤立的点,产品就会被孤立在某个空间点,用户就无法得到需要的物品。

1. 运输与物流的关联关系

物流系统的七大功能要素中,运输和储存是支撑系统正常运行的核心要素,其他各功能要素的活动都是围绕着这两个核心要素进行的。所以物流的内涵远比运输的内涵意义要广泛。运输只是物流系统中的主要环节,物流过程包含了运输活动,物流过程涵盖了"物"的从原材料采购、生产加工到产品成形的整个供应链过程,这个过程不仅改变了"物"的空间状态、时间状态,也可以改变"物"的形状和性质,可以使"物"发生化学反应,而运输只是在其中承担了空间和时间效应的部分,运输中"物"只能发生物理性的变化,不能等同于物流。

2. 运输与物流各环节的关系

物流系统是个地域跨度大、时间跨度大、动态性强的复杂系统,它属于中间层次系统范围,本身具有可分性,可以分解成若干个子系统。物流系统的复杂性使系统结构要素间有非常强的"背反"现象,会出现此消彼长现象,处理稍有不慎就会出现系统总体恶化的结果。比如:利用现代先进技术可以实现货物实时跟踪,对满足客户需求是正向作用,但必须加大设备投入才能实现,这势必会增加企业的运作成本。

运输是物流的核心业务之一,也是物流系统的一个重要功能。选择何种运输手段对于物流效率具有十分重要的意义,运输与物流系统内各子系统间也有着相互关联关系。

(1)运输与包装的关系。

包装是指在流通过程中为保护产品、方便储运、促进销售、节省费用,按一定的技术方法所用的容器、材料和辅助物等;也指为了达到上述目的而采用容器、材料和辅助物的过程中施加一定技术方法等的操作活动。运输包装的主要目的是保护物品免受风吹、日晒、雨淋、污染等因素的侵袭,防止挥发、渗漏、溶化、碰撞、散失以及盗窃等损失,在物流环节给商品的贮运、销售带来方便,如装卸、盘点、码垛、收发货等;从运输角度看包装要素有包装对象、材料、造型、结构、防护技术。包装可以实现商品价值和使用价值,更是增加商品价值的一种手段。

运输和包装是物流系统中的两个组成部分,是物流活动得以顺利、高效实施的重要保障,在物流系统中两者的关系也是相辅相成、互相影响的。包装的材料、规格、尺寸等会影响运输方式选择,也会影响运输组织方式,影响物的储存、配载、装车,对运输的在途管理有很大的影响。例如:商品包装的抗震性不好则要求在运输工具中放入一些缓冲材料;在矿产品、化工产品等出口中,集装箱的使用量越来越大;粮食、水泥、石油等都采用散装运输方式,即直接装入运输工具内运送(配合机械化装卸工作)。随着机械化程度的提高,商品运输包装逐步向大型化方向发展,运输包装的大型化既有利于降低运输包装的成本,又有利于提高装卸货物的效率。可以说,包装影响整个运输过程的实施与组织,包装技术的不断发展也深刻影响着运输行业的发展趋势。集装化运输发展和普及就是典型的例证。

(2)运输与装卸搬运的关系。

在运输过程中,装卸搬运被称为运输的"影子"。装卸搬运是不断出现和反复进行的,它出现的频率高于其他各项物流活动,成为决定物流速度的关键,会影响运输的质量和速度。例如,装车不当,会引起运输过程中的损失;卸放不当,会影响货物的中转运输作业效率。进行装卸搬运操作时往往还需要接触货物,这也是运输中造成货物破损、散失、损耗等损失的主要环节。例如袋装水泥纸袋破损和水泥散失主要发生在装卸过程中,玻璃、机械、器皿、煤炭等产品在装卸时最容易造成损失。

装卸要适合运输的规模,装卸搬运是合理运输、提高运输效率的必要条件,快速安全的装卸搬运是运输的补充劳动和延续,装卸搬运是为了更好地衔接运输,加速物的流动,所以装卸搬运对运输起着支持并提高运输能力、运输效率的作用。

(3)运输与储存的关系。

储存是物流的主要职能,是商品流通不可缺少的环节。储存是物流过程的一种状态,是商品流转中的一种作业方式。储存环节可以对商品进行检验、保管、加工、集散、转换运输方式等多种作业,运输组织不当会影响储存时间,影响货物库存成本。流通过程的储存包括了运输环节中为衔接各种运输方式在车站、码头、港口和机场所建立的储存场所,所以储存是运输的必须过程,可以解决供需之间和不同运输方式之间的矛盾,提供场所价值和时间效益,加速商品流转,提高物流效率和质量,促进社会效益的提高。

(4)运输与配送的关系。

配送是运输的延伸。由于在买方市场条件下,顾客的需求是灵活多变的,消费特点是多品种、小批量的。从运输性质方面看,配送是支线运输、区域内运输、末端运输,而运输则属于干线运输;从运输工具方面看,配送时所使用的是小型货车,而运输使用的是大型货车或铁路运输、水路运输等的重吨位运输方式;从管理重点方面看,配送始终以服务优先,而运输则更注重效率,以效率优先;从其附属功能方面看,配送所附属的功能较多,主要包括装卸、保管、包装、分拣、流通加工、订单处理等,而运输则只有装卸和集中。

所以配送合理化内涵与运输合理化内涵多数相似,包括选择合适的运输工具、合理确定走行路线、消耗最少的动力、走最短的里程、花最低的费用、经最少的环节、以最快的速度把货物运至用户手中。

自从人类有了经济活动,运输就成为实现经济活动的支撑。运输在经历了水运发展阶段、铁路运输发展阶段、新运输方式发展阶段和综合运输发展阶段这4个阶段后,现代物流运输的内涵已经注入了新意义。运输可以增强企业竞争力、提高服务水平、加快商品流通、促进经济发展,可以创造社会效益和附加价值,已经得到广泛认可。虽然物流的核心功能是运输,但不能认为物流就是运输,现代物流在管理理念、系统综合功能的应用、为客户服务的理念、物流实施的功能要素方面和现代的技术应用方面已经全面地超越了传统运输的范畴。

模块 2　理解物流运输

在物流系统中,运输是物流系统的组成部分,存在于生产领域和流通领域,为实现物资的空间位移,必须依托一定的环境条件支持。在物流运输过程中,与运输相关的活动因素皆是物流运输系统的构成要素。

一、物流运输系统的构成

系统泛指由一些有关联的个体组成,根据预先编排好的规则工作,能完成个别部门不能单独完成的工作的群体。物流运输系统是完成货物运输所有功能的群体,由运输对象、运输参与者、运输装备和运输技术、运输管理和执行部门及其他因素综合组成的体系。通常人们认为的公路运输系统、铁路运输系统、水路运输系统、航空运输系统、管道运输系统是按照运输方式划分的,若从主要组成结构看,物流运输系统由运输节点、运输线路、运输工具和运输参与人员组成。

（一）运输节点

运输节点指在运输网络结构中干线或支线的端点,或是两条或两条以上的线路的汇合点,承担发到、集疏、中转、停留等业务,具有连接不同运输方式的职能,也具有运输工具的保养、维护、修理的基地功能。因此,运输节点是个场所,处于运输线路上,货物运输中的运输节点以转运型为主,货物在运输节点处停留的时间较短。例如:不同运输方式中的货运站、转运站、终点站、编组站、运输公司的仓库、港口、码头、停车场等,都属于运输节点。运输节点有时也可写作运输结点。

（二）运输线路

运输线路是供运输工具定向移动的通道,是运输工具赖以运行的基本条件,是运输系统构成的重要物质基础。现代物流运输系统中,主要的运输线路有陆地线路、非陆地线路,公路运输线路和铁路运输线路是陆地线路,除负责引导汽车和火车的定向行驶外,还要承受运输工具、货物的重量;非陆地运输线路有水路运输线路和航空运输线路两种,也称为水运航线、空运航线。

我国的公路路网"五纵七横"和铁路线路网"八纵八横"的格局为物流运输发展提供了必要的保证。同时,我国成为与美国、欧洲的最大贸易国,我国的水运体系发展已经具备较大规模,商船已经航行于世界上100多个国家和地区的港口,国内也有"一纵两横两网"的水运体系。这些运输线路已经形成了交互式的立体运输网络,极大地方便了我国的货物运输发展。

（三）运输工具

运输设备是可供人们在运输生产中长期并反复使用且能基本保持原有实物形态和功能的器具总称。运输工具属运输设备中的一类专门用于在运输线路上承载货物并使其发生位移的各种设备装置。有些运输工具仅提供动力,不具有装载货物的功能,如铁路机车、牵引车、拖船等;有些运输工具没有动力,但是具有装载货物容器的从动运输工具,如车辆、挂车、无动力驳船等;还有些既提供动力,又具有装载货物容器的独立运输工具,如汽车、飞机、货船等。管道是集运输线路作用和运输工具为一体的特殊运输装备。

在物流运输过程中,还涉及到其他辅助性的运输装备,如交通控制设备、通信信号设备、信息传输设备等,它们皆是系统装备的构成部分。

（四）人员

物流运输服务多种多样,随着"门到门"服务的普及,运输参与者的作业内涵越来越丰富,从参与者的所处身份划分,运输参与者有如下几种。

（1）托运人和收货人:也称货主,货物的所有者。托运人和收货人可以要求承运人在规定的时间内以最低的成本将货物从起始地转移到目的地。有时托运人和收货人是同一主体。

（2）承运人:运输活动的承担者。承运人期望以最低的成本完成运输任务,同时获得最大的运输收入。承运人拥有完全自主产权的运输工具,且拥有运输工具的使用和调度支配的权利,与货主签订专门的货物运输合同。承运人可以提供单一的运输方式,也可以提供专门化的运输和联合运输,此类承运人又叫实际承运人。

（3）货运代理人:指根据客户要求并为获取代理费用而招揽货物组织运输的人,简称货代。这类人属于非作业中间商即非实际承运人,这类人活动于货主与实际承运人之间,在委托方的授权范围内,代理办理诸如货物运输的报关、订舱、货物进出口的检疫检验等业务。进出口业务中货运代理尤其重要,因为一些贸易公司对繁琐的手续不太了解,或者是没有精力从事该类业务,就可以委托货代操作。货代的优势是拥有较多的来自于各方的代理货物,大批量的装载可以从实际承运人那里获得较优惠的运输费率,从中获取运输差价,这也是货代的主要利润来源。

物流运输行业的代理人有很多类别。

① 租船代理:进行船舶租赁业务的人,可为租方或求租方代理服务,代理佣金一般为总金额的1%~3%。

② 船务代理:根据承运人的委托,代办与船舶进出港有关的业务活动,包括船舶进出港口、货运业务。也可以专门为某个船务公司在某地设立办事处,办理业务。

③ 国际货运代理:接受进出口货物收货人、发货人的委托,以委托人或自己的名义,为委托人办理国际货物运输及相关业务并收取劳务报酬的经济组织;国际货运代理人既不是真正的货主,也不是实际承运人;但在开展业务时,面向货主,他是承运人,而面向承运人时,他是货

主,属于一手托两家的"双面角色",同时对货方和承运人负相关责任。

④ 咨询代理:按委托人的需要提供情报、资料和信息服务的人,现代物流业中的咨询代理较高层次的服务内容是提供法律咨询和帮助、提供物流整体解决方案。

在物流运输中,还可根据需要,实行运输代理的再代理。比如,有些本身就是独立代理机构的境外机构到其他国家或地区开展业务时,并不是在国外直接设立机构,而是在有业务时,根据委托代理协议约定,把业务委托给另外的第三方代理企业办理,但业务运作和企业的经营性质在国家的法规规范中进行。

(4)运输经纪人:运输经纪人指替托运人、收货人和承运人协调运输安排的中间商,属于非作业中间商。他是为货方和承运方充当媒介、促进双方交易的人,获取的是佣金。货代与运输经纪人虽然都有代理行为但身份不同,其最大不同之处在于法律权限和报酬获取方式不同。

此外,运输的参与人员还应包括政府和公众,因为政府要推进运输市场的稳定持续增长,对市场进行规范和管理及干预;公众是运输市场的消费者,影响市场的供求关系。

二、现代物流运输方式

现代物流运输方式可以从不同的角度分类,可以从运输线路和运输工具的特征划分,也可以从运输作业的模式划分,还可以从运输线路的繁忙程度划分,有些也可以从运输方式的协作程度划分。

(一)以运输线路和运输工具划分

1. 公路运输

使用公路设施设备,以汽车作为运输工具的运输方式。公路运输主要承担近距离、小批量及与其他运输方式间接驳的短途运输。公路运输具有灵活性强、服务范围广、能最大限度地满足客户的要求、可以实现"门到门"运输的优点;但汽车运输受装载量低、运输成本较高的限制。目前,多数汽车为主的公路运输公司一般运输经济里程半径在200km范围内,随着我国快速路网的发展,其经济里程距离已经达到500km左右,某些第三方运输公司在高速公路上运输里程延伸到了800km。

公路运输比较适宜在短途内运输整车及零担货物;适宜进行配送运输及鲜活易腐货物运输;适宜与铁路、水路、航空联运,为铁路、港口集疏运物资;可以深入山区及偏僻的农村进行货物运输;可以在远离铁路的区域从事干线运输。

2. 铁路运输

使用铁路既有运行轨道线路,利用专门的铁路机车和专门的铁路车辆为运输工具进行的运输。铁路运输可以全天候、长距离、大批量地运送货物,在现代运输方式中运输成本较低、效率高,尤其是铁路"五定班列"(定始发站、定班次、定时间、定线路、定运价)货运列车的开行,很好地发挥了铁路运输的作用。铁路运输具有速度快、载运量大、运输成本低、不易受自然天气条件限制的优点,适合附加值较低的货物运输。但其灵活性较差,只能在固定的线路上、按照严格的班列运行计划图运行,且运输过程需要涉及到多部门合作,铁路运输行车组织工作复杂。

铁路运输适于在内陆地区运送中长距离、大运量的货物,也适宜运输时间性强、可靠性要求高的一般货物和特种货物。铁路运输组织整车、整列运输的经济效果尤其明显。

3. 水路运输

利用船舶在江河湖海中运送货物的方式。水路运输是最古老的运输方式,通常按照航行的区域可以分为远洋运输、近海运输、沿海运输、内河运输。水路运输主要承担大宗货物干线运输,尤其适合国际贸易货物运输,具有运输成本低、运能大、大批量货物运输,经济效益好的优点。但它受航道通行状况影响较大,运输速度慢、准时性差,受气候因素影响大,安全性略差。

水路运输综合优势较为突出,适宜于运距长、运量大、时间性不太强的各种大宗物资运输,尤其适宜国际货物运输。

4. 航空运输

航空运输是利用飞行器和空中航线运送货物的一种运输方式,具有运输速度快、不受自然地理条件限制的优点,是所有运输方式中速度最快的。但是航空货运的成本高、运送批量小,空中运输易受气候条件影响。所以,航空运输适合对时间要求高或者是货物本身价值高的货物运输,如抢险救灾、紧急援助的物资,贵重物品等。

由于航空运输的承载量小、运输成本高,因此在各种运输方式中物流量所占比例较小,较适宜运输距离长、体积小、价值高的物资,适宜运输鲜活产品及邮件等货物。

5. 管道运输

是一种经济价值独特的运输方式,它是利用管道输送气体、液体、微小颗粒状货物的运输。管道运输是依靠管道内的压力迫使货物按照一定方向连续移动,特殊的是运输工具——管道是静止的,货物是不停的移动。具有运输效率高、耗能少、运量大、安全性好、不受气候条件限制,适合自动化管理的优点,但是管道内的货物运送方向单一,运输的对象受限制。

管道运输适宜运送气体、液体、固体浆料的输送等。

(二)其他常见运输形式

企业生产实践中,物流运输形式多种多样,从运输的过程形态、作用及从运输对象的状态等都可划分出其他的运输形式,但运输的宗旨不变。

1. 干线运输

利用主要干线或者主航道线路进行大批量、长距离的货物运输叫干线运输。干线运输的优点是货物积载量大、运力集中、运输距离长、运输成本低。干线运输使得货物运输速度变快,是运输的重要形式。我国铁路干线主要承担国家物资调运、货物配送的任务;公路干线多数承担厂矿企业的货物配送;水运干线主要承担国际贸易的货物运输。

2. 支线运输

支线是与干线相接的分支线路,支线运输是干线运输的补充和延伸,它的运输规模受到限制,支线运输距离较短。

铁路专用线运输是干线运输的补充,它是根据厂矿或企业的货源情况,从铁路干线中延伸到企业内的便利运输线路。铁路专用线的服务对象比较单一,或为某个企业的货物进出企业服务,或为某类货物的进出场站服务。

3. 直达运输

物品由发运地到接收地,中途不需要换装和在储存场所停滞的运输形式叫做直达运输。直达运输中只需利用一种运输工具,不需要换载、无需中途卸货转运作业,直接到达目的地。直达运输可以提高运输效率,缩短货物在途时间,降低运输成本。

4. 中转运输

物品由生产地运达最终使用地,中途经过一次以上落地并换装的运输形式叫做中转运输。中转运输的中转地可以是货运站、车站、港口等节点,货物在转运节点进行换装或转运作业后继续运输。中转运输可以是不同运输方式的衔接,也可以是同一种运输方式的延续。中转运输通常有两种情况：一是不能直达的，二是为加速周转或节约成本而进行的。

5. 联合运输

发货方一次委托，由两家以上运输企业或用两种以上运输方式共同将某一批物品运送到目的地的运输形式叫做联合运输。联合运输可以突出各运输企业的专长或各运输方式的优势，实现货物的接力式运输；联合运输的参与各方能充分发挥各自优势，迅速高效运输，有较高的经济效益。

6. 散装运输

用专门机械、器具进行运输、装卸散装物品，或者在某个物流范围内，不用任何包装，长期固定采用吸扬、抓斗等机械、器具进行装卸、运输、储存的作业方式。如石油、粮食、水泥、粉煤灰等，在运输组织中不需要对货物进行运输包装，必须采用专用设备将货物从生产方直接运至用户使用地点。散装运输最好以机械化装卸作为配合手段，减轻装卸搬运过程中的劳动强度，降低环境污染，提高劳动生产率。

7. 配送运输

在经济合理区域范围内，根据用户要求对物品进行拣选、加工、包装、分割、组配等作业，并按时送达指定地点的物流活动叫配送。配送中往往是将被订购的产品使用汽车或其他运输工具从供应点送至客户的手中。配送运输通常是一种短距离、小批量、高频率的运输形式，但配送运输的成本相应较高些。从运输角度看，配送运输是对干线运输的一种完善，对终端客户实现"门到门"运输的补充。

8. 甩挂运输

用牵引车拖带挂车至目的地，将挂车甩下后，换上新的挂车运往另一个目的地的运输形式叫甩挂运输。甩挂运输中牵引车与挂车的组合不受地区、企业、号牌不同的限制，一辆牵引车配置多辆挂车，牵引车与挂车之间不固定搭配，可以根据运输需要进行组合。甩挂运输具有明显优势：一是减少装卸等待时间，加速牵引车周转，提高运输效率；二是减少车辆空驶和无效运输，降低能耗和废气排放；三是节省货物仓储设施，方便货主，减少运输成本；四是便于组织水路滚装运输、铁路驮背运输等多式联运，促进综合运输的发展。

甩挂运输是提高道路货运和物流效率的重要手段，它早已成为欧美和日本等发达国家和地区的主流运输形式。目前我国已经着手制定道路甩挂运输的相关标准和政策并且已开始施行，意在解决甩挂运输中遇到的诸如车辆技术、养路费、交强险等种种问题，也为大范围的开展公路甩挂运输积累实践经验。

（三）现代运输形式

随着贸易的发展，全球范围内的货物运输围绕提高运输效率、降低运输成本开展，现代运输形式的创新可以有效地控制物流运输的作业，是实现"门到门"服务的重要措施。

1. 集装化运输

使用集装器具或利用捆扎方法，把裸装物品、散粒物品、体积较小的成件物品，组合成为一定规格的集装单元进行的运输称为集装化运输。集装器具有托盘、集装箱、周转箱等。

（1）托盘运输。

托盘是专门用于集装、堆放、搬运和运输的，放置单元货物和制品的水平平台装置。托盘运输是以托盘为基本单位，把运载的货物组成一定重量或体积的成组物件，成组码放至一个托盘上，从发货开始，通过装卸、运输、转运、保管、配送等物流环节，将托盘货整体原封不动地送达收货人（地点）的方法。托盘运输便于利用装卸机械（如叉车）进行装载和堆存。

托盘运输的优点是托盘自重小、易装卸、造价较低、返空容易;装盘也简单、使用方便,便于不同物品的组合包装。一般情况下,可回收托盘是由承运人提供,在装货地将货物集装在托盘上,然后将货物与托盘一起装上运输工具,在卸货地,收货人提货时连同托盘提走,在规定时间内将空托盘送回;还有一种情况是由货方自备简易托盘,随同货物一起交收货人,这种托盘可以不回收。

托盘根据结构和托盘制作材料不同,有多种分类。例如,图1-1中为塑料平托盘,图1-2中为木质材料平托盘。

图1-1 塑料平托盘

图1-2 木质托盘

（2）集装箱运输。

集装箱也称"货箱"、"货柜",是具有一定强度的专供周转使用并便于机械操作的集装单元器具,集装箱是一种运输设备。国际标准化组织定义了集装箱应具备下列条件。

① 具有足够的强度,可长期反复使用。

② 适于一种或多种运输方式运送,途中转运时箱内货物不需换装。

③ 具有快速装卸和搬运的装置,特别便于从一种运输方式转移到另一种运输方式。

④ 便于货物的装满和卸空。

⑤ 具有 $1m^3(35.32(ft)^3)$ 及以上的容积。

集装箱运输是指以集装箱这种大型容器为载体,将货物集合组装,以便运用大型装卸机械和大型载运车辆进行装卸、搬运作业和完成运输任务,更好地实现货物"门到门"运输的一种新型、高效率和高效益的运输形式。

集装运输的优点是:简化包装,节约包装费用;减少货损、货差,提高货运质量;减少营运费用,降低运输成本;易实现机械化作业,装卸效率高;减少作业时间,加速车辆周转;便于实现联合运输。图1-3为普通件杂货集装箱堆场堆存情况。

图1-3 集装箱堆存

2. 多式联运

货物运输组织中有时会根据需要或者出于合理化的考虑,将两种以上(含两种)不同的运输方式组合成综合性的一体化运输,通过一次托运、一次计费、一张单证、一次保险,由各运输区段的承运人共同完成货物全程的运输。专门承担这种性质运输的承运人叫多式联运经营人,多式联运经营人必须对货物全程运输安全负责。这种运输的优点是托运人只和多式联运经营人订立一份运输合同,只从多式联运经营人处取得一种多式联运单证,只向多式联运经营人按一种费率交纳运费,这就避免了单一运输方式多程运输手续多、易出错的缺点,为货主确定运输成本和缩短货物在途时间提供了方便。

国家标准《物流术语》对多式联运的定义是:按照多式联运合同,以至少两种不同的运输方式,由多式联运经营人将货物从接管地点运至指定交付地点的货物运输。

由于国际多式联运具有其他运输组织形式无可比拟的优越性,因而这种国际运输新技术已在世界各主要国家和地区得到广泛的推广和应用。目前,有代表性的地区多式联运主要有远东—欧洲,远东—北美等海陆空联运。由于集装箱运输在不同运输方式之间换装时不需搬运箱内货物而只需换装运输工具,提高了换装作业效率,所以集装箱多式联运适合于不同运输方式之间的联合运输组织。

三、物流运输合理化

运输作为物流系统的动脉,在将产品从生产地运送到需求地时,为了更好地实现准确、安全并且力求运距短、运能省、速度快、成本低的目标,应在运输组织实施过程中采取有效的措施,实现物流运输的合理化。

(一)物流运输合理化"五要素"

物流合理化很大程度依赖于运输合理化。物流运输合理化指从物流系统的总体目标出发,按照货物流通规律,在整个运输过程中确保运输质量,以最合适的运输工具、最少的运输环节、最佳的运输线路、最快的速度、最低的运输费用组织好运输活动,获取最大的经济效益。

物流运输合理化可以充分利用运输能力,提高运输效率,促进各种运输方式的合理分工;也可以使货物走最合理的路线,经最少的环节,以最快的时间,经最短的里程到达目的地,从而加速货物流通,加速资金周转,取得良好的经济效益;还可以消除运输中的种种浪费现象,充分发挥运输工具的效能,提高运输质量,节能增效。

运输合理化是个动态过程,影响其合理化的因素有很多,但关键影响因素主要集中在5个方面,被称为运输合理化的"五要素"。

(1)运输距离:也称运距,运距长短是运输合理化的最基本因素。因为运距越长,货物在途时间相应延长、货损几率增加,也占用运输资源,影响运输工具的周转等,导致影响运输成本。因此,运输合理化首先要考虑运距,避免运能浪费,尽可能实现运输路径优化。

(2)运输环节:运输过程中需要对货物进行装卸、搬运或包装等辅助工作,而每增加一道作业环节,就会增加运输成本,影响运输时效,尤其是不同运输方式的衔接环节的作业增加了货损货差的可能。因此,减少运输环节,尤其是同类运输工具的运输环节,可以促进运输合理化。

(3)运输时间:物流运输时间尤其是远程运输时,运输时间占物流时间的大部分。运输时间缩短利于运输工具的周转,提高运能效率,提高线路通过能力,对运输合理化贡献很大。

(4)运输工具:不同的运输方式有其合理配置的运输工具,有相应的装卸搬运设备。运输工具由运输方式确定,可以最大限度发挥运输工具的作用,按运输工具的特点组织装卸搬运作业是运输合理化的重要环节。

(5)运输费用:运费高低很大程度影响企业市场竞争力,是衡量物流经济效益的重要指标。在一般情况下,运输时间快、运输费用省是考虑合理运输的关键,因为这两项因素集中体现了物流过程中的经济效益。在我国,物流费用占了货品总成本的30%左右,运输成本比西方发达国家高出3倍。而运输费用占全部物流费用比例可能达40%甚至更高。实际上,运费的高低已经是客户选择运输企业作为运输服务承担者的重要标志,也是企业各种合理化措施是否有效的最终判断依据。

物流运输的合理化关系着其他物流环节设计的合理化。运输合理化的"五要素"间互相联系,互有影响,但实践中常有此消彼长现象,即"二律背反"现象。如运输时间快了,运输费用却增大了,所以,企业应尽可能在运输业务活动中,将各种影响合理化的因素综合分析,从系统的角度寻求最佳物流运输方案。

(二)不合理运输

不合理运输是指违反货物流通规律,忽视运输组织特点,不注重效果,造成运力浪费、运费增加、货物流通速度降低、货物损耗增加等现象;从企业实践看不合理运输是在现有条件下可以达到的运输水平而未达到,从而造成浪费运能、运输成本增加的问题。

1.车辆空驶

空车无货载行驶,尤其是返程或起程时的空驶,是不合理运输的最严重形式。因调运组织不当、调度计划不周造成车辆空去空回的现象应尽量避免;有些专用车辆不便搭载其他货物造成单程空驶;由企业自备车组织的运输也是单程空驶的重要原因。但有时在运输组织中必须对车辆进行合理的调度,不能一概而论地认为空驶就是不合理运输。图1-4所示的利用车辆载货的方法,可以有效控制车辆返程空驶成本。

图1-4 避免车辆返程空驶的措施

2.对流运输

同一种货物在同一线路上或平行线路上做相对方向的运送,称为对流运输。对流运输不仅占用运输工具、占用相关运输资源而且极度浪费运能。对流运输亦称"相向运输"、"交错运输"。

值得注意的是,有些对流运输是隐性对流,例如不同时间段发生的相向运输、不同的贸易渠道发生的货物运输,仅从一次运输看并无对流,事实上对流运输已经发生,所以要注意隐蔽的对流运输。

3. 迂回运输

运输中可以经直线或经最短的路线运输,实际绕道而行、舍近取远的现象。迂回运输有一定复杂性,只有因计划不周、地理不熟、组织不当而发生的迂回才属于不合理运输。当交通遇阻、路况不好必须争取运输时间时或交通规章规定的情况必须选取较长路程运输时,不能算不合理运输。

4. 重复运输

重复运输是指货物本可以直达目的地,但途中经过了不必要的中转站的装卸转运,而后又再次装运的不合理现象。比如,货物可以从起运地一次直运目的地,但由于批发机构或商业仓库设置不当,或计划不周人为地运到中途地点(例如中转仓库)卸下后,又二次装运的不合理现象。重复运输延长了运输里程,增加了中间装卸作业次数,增加了货损,延长了货物在途时间,增加了运输成本,而且降低车、船使用效率,影响其他货物运输。

5. 倒流运输

倒流运输又称返流运输,是指货物从销地或中转地向产地或起运地回流的一种运输现象。倒流运输有两种形式:一是同一物资由销地运回产地或转运地;另一种是由乙地将甲地能够生产且已消费的同种物资运往甲地,而甲地的同种物资又运往丙地。

倒流运输的不合理程度要甚于对流运输,原因是往返两程的运输都是不必要的,形成双程的浪费。倒流运输也可以看成是隐蔽对流的一种特殊形式。

6. 过远运输

过远运输是指选择供货单位时,不就地就近获取而舍近求远从外地或远处运来同种商品或物资的运输。过远运输占用运力时间长、运输工具周转慢、占压资金时间长。远距离自然条件相差大,易出现货损,增加费用支出。

过远运输与迂回运输两者虽然都属于拉长距离、浪费运力的不合理运输,但两者不同的是,过远运输是因为商品或物资供应地舍近求远的选择延长了运输距离,而迂回运输则是因为运输线路的选择错误延长了运输距离。

7. 运力选择不当

这主要是指未合理利用运输工具的优势造成的不合理现象。

(1)弃水路走陆地:在有条件进行水路运输的地方,不利用成本较低的水运或水陆联运,而选择成本较高的铁路运输或汽车运输,使水运优势不能发挥。

(2)铁路、大型船舶的过近运输:火车及大型船舶运输的准备、装卸时间长,手续环节多,灵活性不足,会延长运输时间。所以铁路及大型船舶的运输应在其经济运行里程内。

(3)运输工具承载能力选择不当:不根据承运货物数量及重量选择,违规超载、损坏车辆或者运输工具不满载、浪费运力的现象。

(4)托运方式选择不当:对于货主而言,在可以选择最好托运方式而未选择,造成运力浪费及费用支出加大的一种不合理运输。例如,应选择整车运输反而采取零担托运,应当直达而选择了中转运输,应当中转运输而选择了直达运输等都属于托运方式选择不当。

企业在运输组织中应尽量避免不合理运输现象,首先要从主观上重视对合理运输的规划,充分利用各种运输方式的特点,按照科学规律制定运输方案。

（三）物流运输合理化的主要措施

运输合理化是一个系统优化过程,长期以来的企业实践证明常采取以下几种有效措施。

1. 提高运输工具实载率

实载率指运输过程中运输工具内实际装载货物多少的程度,实载率在运输部门中是一个十分重要的指标。实载率的内涵有两种:一是单车或单船实际载重与运距之乘积和标定载重与行驶里程之乘积的比率,这在安排单车、单船运输时,作为判断装载合理与否的重要指标;二是车船的统计指标,即一定时期内车船实际完成的货物周转量(以 t·km 计)占车船载重吨位与行驶距离之乘积的百分比。提高运输工具实载率的意义在于充分利用运输工具的额定能力,减少车船空驶和不满载行驶时间,减少浪费,从而求得运输合理化。

我国货物运能紧张,各行业都有提高运输工具实载率的具体做法。如目前普遍采用的共同货物配送,就是将多个客户的货物集中装载在一辆运输工具内,一次完成多家客户的货物运输,达到容积和载重的充分合理运用;航空货物运输中为提高货舱内的实载率,对装机的货物有专门的捆装打板要求,以减少空舱的空间。在铁路运输中,采用合装整车、整车分卸及整车零卸等具体措施,也都是提高运输工具实载率的有效措施。

2. 减少动力投入,增加运能

这种合理化的要点是少投入、多产出。运输的投入主要是能耗和基础设施的建设,在基础设施建设已定型和完成的情况下,尽量减少能源投入是少投入的核心。做到了这一点就能大大节约运费,降低单位货物的运输成本,达到合理化的目的。如铁路运输"满载超轴"技术,就是充分利用货车的容积和载重量,在机车能力允许情况下,不增加机车数量,加长列车编组、多加挂车皮、多载货、不空驶;再如水路运输的拖排拖带法、顶推法、汽车拖挂车的方法等,都是充分利用自然条件和动力能力增加运能,使得运输合理化。

3. "四就"直拨运输

传统运输中,一般批量到站或到港的货物首先要进分配部门或批发部门的仓库,然后再按程序分拨或销售给用户,这种方式增加了运输环节,往往出现不合理运输。"四就"直拨运输是在组织货物调运的过程中,当地生产或外地到达的货物不运进部门仓库,而是根据客户的情况采取就厂、就车站、就仓库、就车船过载等具体运作方式,把货物直接装载或直接分拨给客户的方法。这种方式可以减少运输中间环节,在时间与成本等多方面收到较好的经济效益。

4. 发展现代运输体系

现代物流运输的合理化离不开现代运输体系的建设;现代运输体系应从两方面理解,一方面是现代运输技术,包括合装整车技术、直线直达运输、分区产销平衡;另一方面是现代运输方式,公、铁、水、空、管道运输都是现代运输方式中的表现,选择合适的运输方式为运输合理化做好基础准备,集装箱运输、多式联运是现代物流运输中不可多得的高效运输方式。

（1）合装整车技术:合装整车运输亦称"零担凑整车"或"零担凑整车中转分送",顾名思义,它指承运人在货物运输中,将多品种的零担货物合并装满整辆车(或铁路一整节车皮),以整车的方式从发站直接运送到目的地或一个适当货运站,然后再中转分运。它的特点是:可以把托运的零星货物凑成整车、享受整车运费。虽然运费要按货物中最高运价率支付,但由于整车与零担运输的运价率差距太大,实行合装运输仍然可节约运费。合装整车涉及运输中转机构的组织、企业内外的协作、行业的规定、装车技巧、手续衔接等。一些运输公司的营业部所办理的零担业务就是利用这样的原理。

（2）直线直达运输:直达运输是指把商品从产地直接运到要货单位的运输,中间不需要经过各级批发企业仓库的运输,直线运输是减少商品流通环节、采用最短运距的运输。直达运输与直线运输的合理性是一致的,通常合称为直达直线运输。直达直线运输是合理组织货物运输的重要办法之一。它可以减少商品的周转环节,打消货物的迂回、对流等不合理运输,从而减少货物的损耗,节约运输费用。品种简略、数目很大的商品或需要尽可能缩短周转时间的商品,应尽可能采用直达运输。直达直线运输的合理性是有一定条件的,不能认为直达一定优于中转,直线一定好于迂回。在特定的情况下,需要从物流系统整体优化和客户实际需求出发,来判断其合理性。

在运输实践过程中将"四就"直拨运输与直达直线运输结合起来,就会收到更好的经济效果。

(3)分区产销平衡:这是在大宗物资调运中常采用的策略,我国最早是在煤炭运输中为减少煤炭运输成本,专门颁布了关于煤炭分区产销平衡运输的制度。分区产销平衡就是根据产销的资源分布情况和交通运输条件,在产销平衡的基础上,按近产近销的原则,使货物走最少的里程。它主要是对品种单一、规格简单、生产集中、消费分散或生产分散、消费集中、调运量大的货物,如煤炭、木材、水泥、粮食、建筑材料或生产技术不很复杂、原材料不很短缺的低值产品实行这一办法,对于加强产、供、运、销的计划性,消除过远、迂回、对流等不合理运输,充分利用地方资源,促进生产合理布局,降低物流费用,节约国家运力,都有十分重要的意义。

在实行分区产销平衡运输时,应根据市场变化情况灵活掌握。特别在当前我国进行经济体制改革时期,为了实行开放,搞活经济,在地区之间、部门之间加强了横向经济联系,互相协作的物资和自由采购的商品不断增加,有些可能是不合理运输。这在某些物资不足、商品短缺的情况下,互通有无,调剂余缺,为了发展生产、繁荣市场,尤其是我国社会化的综合物流体系不完善时期,是不可避免的。

5. 发展综合物流运输体系

综合运输体系是指各种运输方式在社会化的运输范围内和统一的运输过程中,按其技术经济特点组成分工协作、有机结合、连续贯通、布局合理的交通运输综合体。综合运输体系大致由3个系统构成:其一是有一定技术装备的综合运输网及其结合部系统(综合功能的节点);其二是各种运输方式联合运输系统;其三是综合运输管理、组织和协调系统。发展综合运输体系是当代运输发展的新趋势、新方向。随着世界新技术革命的发展,交通运输广泛采用新技术,实现运输工具和运输设备的现代化,运输方式也呈现多样化,各种运输方式朝着分工协作配合的方向发展。

发展综合运输体系离不开运输社会化,运输是一个大系统,各种运输方式、各条运输路线、各个运输环节如果出现不协调,都不能充分发挥有效的运输生产力。运输社会化可以整合社会系统内的企业资源优势,建立合理的运输结构,实行专业化分工,打破物流企业自成运输体系的现状;实行运输社会化,还可以统一安排运输工具,避免迂回、倒流、空驶、运力选择不当等多种形式的浪费,不但可以追求组织效益而且可以追求规模效益,是运输合理化的非常重要的措施。

四、我国现代物流运输发展

随着现代物流业的高速发展,现代运输业的发展已经成为国民经济发展的重要组成部分,其重要性随着社会经济的不断发展而快速提高,运输是现代物流服务的重要核心,因此,现代运输的发展必须适应社会经济的发展,适应现代物流发展的需要。

据中国物流与采购联合会网公告数据显示,"十一五"期间,我国铁路、公路、水路、民航和管道等各种运输方式的网络框架基本形成,技术装备和服务水平明显提升,有力支持了经济社会发展,改善了人民群众的生活质量。交通运输业实现了全面快速增长,为国民经济和社会发展做出了应有的贡献。

（一）铁路运输方面

"十一五"期间,全国铁路基本建设投资完成1.98万亿元,是"十五"投资的6.3倍;新线投产1.47万千米,是"十五"的2倍。仅2010年,铁路完成基建投资7091亿元,截至2012年年底,全国铁路营业里程达到9.8万千米,居世界第二。高速铁路的建设也已初见成效,京沪高铁最高时速可达350km/h,其他营运线路的高铁时速也达250km/h~300km/h。

"十一五"期间,全国铁路共发送旅客72.8亿人,发送货物163.0亿吨,分别比"十五"增长35.9%、42.9%,均创历史新高。铁路客运专线的建设加速实现了客货分离运输,使铁路货运能力大幅提升。我国企业系统掌握了大功率电力、内燃机车和重载货车的核心技术,形成了具有自主知识产权的大功率机车系列产品,自主研制了载重70吨通用货车、80吨煤炭专用货车、100吨矿石和钢铁专用货车。我国还首次在世界上实现了机车无线同步操纵技术与铁路数字移动通信系统的结合,确保了近3km长的重载列车同步接受指令、同步实施控制。由于重载运输的发展,满足了每年2亿吨的铁路货运增量。2010年12月26日,我国能源大动脉——大秦铁路再次打破世界铁路重载纪录,年运量突破4亿吨。

《国家铁路"十二五"发展规划》表明,铁路还将继续全面推进铁路现代化,重视铁路经营效益,提高资源利用效率。"十二五"铁路发展的目标是:到2015年全国铁路营业里程达12万千米左右,初步形成便捷、安全、经济、高效、绿色的铁路运输网络,强化枢纽及配套设施建设,提高运输效率。

2013年3月十二届全国人大会议后,铁路运输企业的改制加速了其向现代化物流业转变的进程,中国铁路总公司已经着手实施货运组织改革,在改革货运受理方式、改革运输组织方式、构建"门到门"接取送达网络方面已经开始部署。铁路总公司近期推出的系列创新举措,加快了铁路货运全面走向市场的步伐。

（二）公路运输方面

"十一五"期间,交通运输业基础设施建设明显加快。截止到2010年底,全国公路网总里程达到398.4万千米,5年增加63.9万千米。国省干线公路里程达到46.22万千米,其中国道16.39万千米、省道29.83万千米,比"十五"末分别增加了3.12万千米和6.44万千米。全国公路网密度由"十五"末的每百平方千米34.8千米提升至40.2千米。由于公路投资和路网的建设,运输能力和运输量迅速增长。2010年,公路运输共发送货物242.53亿吨、货物周转量43005亿吨千米。全国公路通车总里程数,从改革开放之初的世界第7位跃居第2位;高速公路从无到长达7.4万千米,居世界第2位;公路货运量从世界第6位跃居第1位。

（三）航空货运方面

"十一五"期间,我国民航航空业务规模快速增长,已成为全球第二大航空运输系统。截止到2010年底,全国运输机场达到175个,5年新增33个,初步形成了规模适当、功能完善的机场体系;航空运输共发送货物557.4万吨,比2005年增长81.7%,年均增长12.7%;货物周转量176.6亿吨千米,比"十五"期间增长123.8%,年均增长17.5%。其中上海浦东国际机场货运量进入世界前3名。

目前,航空运输已成为大众化的出行方式。5年来航空运输完成了北京奥运会、上海世博会等重大航空运输保障任务,在汶川、玉树地震救援等突发事件紧急运输中发挥了重要作用,航空运输无论客运还是货运在综合交通体系中的比重都不断提高。

（四）水路运输

国家统计局发布"十一五"经济社会发展成就系列报告显示,"十一五"期间,我国经济总量从世界第5位跃居世界第2位;货物出口额从世界第3位跃居世界第1位;2010年,我国货物进出口总额29728亿美元,比2005年增加了1.1倍。2009年,我国货物进出口总额超过了德国,跃居世界第2位,占世界的比重从2005年的6.7%提高到8.8%。

国际贸易出口的货物近90%是通过水路运输完成的,截止到2010年底,全国规模以上港口数量为96个,拥有生产用码头泊位32148个,其中万吨级及以上泊位1659个。2010年,全国规模以上港口货物吞吐量达80.2亿吨。其中,沿海港口货物吞吐量54.28亿吨,内河港口货物吞吐量25.9亿吨;全国规模以上港口集装箱吞吐量13060万标准箱。我国港口吞吐量已经连续6年保持世界第一。港口建设取得显著成效,成为带动临港工业、促进区域经济发展的引擎。我国内河通航里程居世界第一,港口货物和集装箱吞吐量连续8年居世界第一。

（五）管道运输

管道运输建设速度不断加快,运输能力进一步提升。我国已基本建成了横跨东西、纵贯南北、覆盖全国、连通海外的油气管道干线网,并发挥着越来越重要的作用。管线总里程从"十五"末的4.4万千米增加到7.8万千米,比2005年底增长78.4%,年均增长12.3%。2010年,管道输油（气）能力为49189万吨,比2005年增长58.5%,年均增长9.6%。

2004年建成投产的西气东输管线,以总长3856km成为我国第一条超长距离、大口径、高压力、大输量的天然气管线。2008年2月正式开工建设、2009年年底西段投运、2011年全线建成投运的西气东输二线工程,在与中亚天然气管道实现对接后,干线和支线总长度超过10000km,将把来自土库曼斯坦的天然气输送到我国中西部地区、长三角和珠三角地区等用气市场,是我国又一条能源大动脉,是迄今世界上距离最长、等级最高的天然气输送管道。

国家交通运输管理部门在"十二五"发展规划中提出,积极推进综合运输体系建设和发展。建立综合运输规划体系,力求合理配置资源,促进综合运输枢纽合理布局以及各种运输方式优势互补,逐步实现各种运输方式无缝衔接,大力加强多式联运等综合运输推广应用工作。例如,2011年交通运输部与铁道部开展铁水联运,在推进集装箱铁水联运方面尝试这两种运输方式在技术、标准、规范、政策等方面做好衔接。

2012年3月21日由国务院总理温家宝主持召开国务院常务会议,会议讨论通过了《"十二五"综合交通运输体系规划》,规划中指出,"十二五"期间要继续加强综合交通运输体系建设,更好地发挥现代交通运输在产业优化布局、人口合理分布、城镇空间科学拓展等方面的引导作用。运输业要改革创新,深化管理体制改革,完善政府运输监管,提高运输服务水平和物流效率。在"十二五"时期初步形成以黑龙江省黑河至海南省三亚、北京至上海、内蒙古自治区满洲里至港澳台、包头至广州、内蒙古自治区临河至广西自治区防城港5条南北向综合运输通道为主的"五纵",及天津至喀什、青岛至拉萨、江苏连云港至新疆自治区阿拉山口、上海至成都、上海至云南省瑞丽5条东西向综合运输通道为主的"五横",基本建成国家快速铁路网和国家高速公路网,适度加快基础设施建设,形成"五纵五横"的交通网络。

模块 3　认识常用运输设备

物流运输企业作业时离不开运输工具、装卸搬运设备,因此,认识常见运输设备、了解设备的适用状态可以帮助企业控制运输作业成本,提高运输作业效率。

一、运输工具

货物运输需要运输工具存放货物,保证货物运输质量。货物运输工具按照运输方式分类有:铁路运输工具、公路运输工具、水路运输工具、航空运输工具、管道运输工具。

(一)铁路运输车辆

铁路货物运输主要是利用有动力的机车和盛放货物的车辆,沿铺设的轨道定向移动运送货物。

铁路机车主要是用其产生的动力牵引列车运行。目前,我国铁路线上货物运输机车的主力机车型是内燃式机车和电力机车,它们产生的牵引功率较大,且运行速度比蒸汽式机车要大、污染要小很多,运能优势明显。

铁路运输车辆自身不带动力,要依靠机车的牵引或推送才能移动。铁路货运车辆的主要类型有:平车、敞车、棚车、罐车、冷藏保温车、特种车辆等。普通货物运输中,敞车和棚车更多见。图 1 – 5 为铁路常用的棚车和敞车。

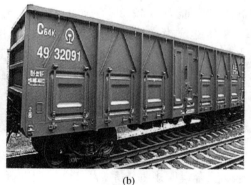

(a)　　　　　　　　　　　　　　　　(b)

图 1 – 5　铁路常用车辆
(a)铁路棚车;(b)铁路敞车。

(二)公路运输车辆

公路运输工具主要是汽车,汽车主要由发动机、底盘、车身和电器装置 4 部分组成。汽车的运行操作相对于火车和飞机的驾驶操作比较简单,但其载货质量有限,污染比较大。专门用于装载货物的运输汽车是公路运输中最普及的车辆类型,常用的载货汽车种类有:厢式货车、拦板式货车、可自卸式货车、罐式货车、集装车拖挂车。由于厢式汽车的载货部分是可全封闭的,可以实现货物全程的无裸露运输,避免了货物风吹日晒、雨淋,也能够防止货物丢失,所以厢式车适合运送家电、电子产品等货物价值比较高的货物,在城市货物配送中也较多。

(三)水路运输船

水路货物运输工具主要依托船舶承载货物,主要的货运船有:散货船、杂货船、冷藏船、油船、集装箱船。货运船依靠天然航道移动货物,货船的发展趋势是船舶越造越大、载货量越来越大。在货船中还有驳船或载驳船,驳船由于吃水浅,常用于转驳大型船上的货物,在内河中,它可组成驳船队(图1-6)运输货物。载驳船又称子母船,可组成驳船队专门过驳货物,也可随意"甩挂"运输,可以缩短作业时间、减少船舶停港时间,但其造价较高。

图1-6 驳船队

（四）航空运输飞机

航空货物运输工具是飞行器,在各种航空器中,飞机是最主要的设备。飞机又分为客运飞机(专门进行旅客运输)、货运飞机(专门运输货物、包裹、文件)、客货混装型(客运为主货运为辅)。飞机的主要组成部分:机翼、机身、动力装置、起落装置、操纵装置。

（五）管道运输

管道运输设备的主力是管道,货物在管道内借助高压气泵产生的压力而移动,对于可流动的货物具有特殊的运输价值,如石油、液化气、其他液体和气体。有些颗粒较小的货物,在压力作用下也可进行管道传输。

（六）集装设备

在货物运输中,集装的内涵是将货物集中放置在储存容器中,形成大型的组合体,便于使用机械装卸搬运,提高作业效率,降低运作成本。

集装设备常见的有:集装箱、托盘、集装网、周转箱、储物笼等。

二、装卸搬运设备

装卸搬运设备的种类很多,但在不同的场合使用不同,仅就货物运输而言,一般的物流运输企业常见的装卸搬运设备有手推车、叉车、起重机等。

（一）手推车

手推车是以人力为主,适合在地面水平移动货物的搬运工具,手推车有两轮的、四轮的,其结构简单、车辆自重较轻,便于人工作业。但因靠人力作业,适合短距离搬运、场内车间送货、配送中心拣货作业。图1-7为常用搬运用两轮手推车。

（二）叉车

相对于手推车,叉车的搬运强度要提高很多;叉车有两个货叉,货物一般先集放到托盘上,然后由货叉将货物托起实现搬运。运输企业常见的叉车分为手动式、半自动式、自动式。手动式叉车的俗名叫"地牛"(图1-8),它操作简单,便于维护,可实现货物的水平移动;半自动式和自动式叉车可以把货物水平移动,也可实现货物的垂直升降,应用范围很广泛。

图1-7 两轮搬运车

图1-8 地牛

（三）起重机

起重机械是专门用来对货物进行周期性的、间歇性的作业,实现货物的水平方向和垂直方向移动的装备;起重机械的作业特点是循环的、往复式的周期性动作。比如:在堆场工作的龙门式起重机、在码头岸边作业的桥式起重机(也叫桥吊)。起重机械的类型很多,不同场所使用要求不同。

起重机械的工作范围大,其装备自身通常是高大的金属结构,垂直方向的起降高度差较大,工作过程比较复杂,往往需要多人配合完成作业,其安全性要求高。

三、信息技术

在物流运输过程中,要保证货物运输质量、也要保证运输的安全,运输调度中心要及时掌握、了解货物运输的在途情况,运输跟踪技术比较好地实现了这一要求。

（一）GPS

全球定位系统包括三大部分:空间部分(多个空间卫星组成的卫星群,供检测和传递信号),地面监控系统(检测和控制卫星的工作),用户设备(GPS信号接收机)。GPS在运输方面的应用给管理带来很大方便,比如:可以给司机导航,结合电子地图公司可以随时知道车辆的行驶位置,可以随时给司机下达指令等。

（二）GIS

地理信息系统是在计算机硬件、软件系统支持下,对整个或部分地球表层(包括大气层)空间中的有关地理分布数据进行采集、储存、管理、运算、分析、显示和描述的技术系统。地理信息数据可以用以为用户提供即时的地理信息,一般汽车上的导航装置都是结合了卫星定位设备(GPS)和地理信息系统(GIS)的复合系统。

（三）EDI

电子数据交换是一种利用计算机和互联网络进行商务处理的方式。它可以将贸易、运输、金融等事务文件,按照标准化格式进行数据转换,通过无线网络传递数据、处理业务往来文件,效率极高。目前这种技术已被广泛应用,一些全球性的连锁企业用这种方法可实现全球性盘点。

（四）运输管理软件

运输管理系统(TMS)主要将货物运输过程和企业管理相结合,将运输过程的信息用网络系统传递,各岗位人员只要查看自己的任务窗口就可以明确工作任务;同时软件还带有数据自动汇总统计功能,管理者可以随时查阅和统计数据、分析业务经营状况,为企业制定战略发展规划、制定阶段任务目标做参考。

较之传统的运输单证信息的传递,运输管理信息系统软件大大提高了作业效率,且对客户关系的维护也起到了积极的作用。常见的运输管理软件有四大基础模块:业务管理模块;客户管理模块;财务管理模块(含数据统计);设备管理模块。

目前,适合各不同运输行业的运输管理软件很多,企业使用时会根据企业的自身发展需求,多方比较后引进适合企业现状的管理软件;也有一些企业可以找专门的软件开发公司为企业量身定做管理软件。应该看到,运输企业管理软件并不是企业的必备技术,而且我国有许多运输公司,由于各种原因的限制,现代先进技术的应用还远远不够。

模块4　认识物流运输企业结构

一、企业组织结构

企业是从事生产、流通、服务等活动,以产品和服务满足社会需要和大众日常生活必须品,依法设立的、具有独立法人资格的经济组织。企业的存在是直接为社会提供产品或服务,企业通过生产经营及其管理活动获取利润。

企业组成的基本要素有人、财、物、信息、时间、环境等。任何企业为完成经营目标,合理地管理企业内部的各种资源,根据"环境"制定生产计划、规划发展策略,依靠企业的各种要素实现其目标任务。

企业组织结构是企业生产经营管理各种要素的具体表现框架,是企业资源和权力分配的载体,它在人的能动行为下,协调企业的业务流动和信息的传递。组织结构在企业中具有基础地位和关键作用,企业为不断地适应市场环境的变化,所有战略意义上的变革都必须首先在组织结构上开始。

1. 直线型

直线型组织结构是指企业内部从上到下实行垂直领导,下属部门只接受一个上级的指令,各级主管负责人对所属单位的一切问题负责。一切管理职能基本上由行政主管自己执行,最多可设职能人员协助主管工作。直线制组织结构是一种最简单的组织形式。

直线型组织结构的特点是:结构简单,责任明确,命令统一。缺点是:它要求主管负责人能解决各种繁杂问题,能处理各种业务,权利过于集中。因此,直线制组织结构一般应用于规模较小、生产技术比较简单的中小企业。

2. 职能型

职能型组织结构是企业各级部门适当地将责权分离,即各级部门除主管负责人外,还相应地设立一些职能机构,协助负责人从事职能管理工作。各职能机构在自己权利业务范围内执行并可向下一级行政单位下令。所以,下级行政负责人除了接受上级行政主管人指挥外,还必须接受上级各职能机构的领导。

职能型组织结构适用于生产技术工艺比较复杂的大型企业,一般为实行精细化生产管理的企业。优点是适应现代化企业精细管理的特点,能充分发挥职能机构的专业管理作用,减轻主管负责人的工作负担。缺点是多头领导,责权不明。

3. 事业部型

有些大规模的生产制造类企业,生产产品结构复杂、技术要求多,比如汽车制造集团企业,从事铁路机车、车辆、动车组、城轨地铁车辆制造的中国南车股份有限公司,企业产品型号多,生产过程复杂。这些企业可以采用事业部制的组织结构。事业部型是分级管理、分级核算、自负盈亏的一种形式,即一个公司分成若干个事业部或下属子公司,从产品的设计、原料采购、成本核算、产品制造,一直到产品销售,均由事业部及所属工厂负责,公司总部保留中高层人事决策、预算控制和监督权,并通过利润等指标对下属部门或子公司进行控制。

事业部型组织结构利于企业回避风险,利于内部人才竞争,便于企业内部专业化管理。其缺点是企业管理人员多,内部部门间沟通不畅,易造成资源浪费。

4. 矩阵型

企业实行直线型组织结构管理,虽然管理简单,但是如果企业内部之间需要协作,或者是进行项目改革创新时,必须临时组成攻关项目团队,企业会从各个部门抽调人员完成任务。项目小组内的人员既受命于原来部门,又受命于临时组织,还承担着各个部门之间横向沟通联系的作用。矩阵制组织结构就是兼顾了直线制结构的特点,又解决了企业内部横向关系的方式。

矩阵型结构的特点是:机动、灵活,工作效率高,可随项目的开发与结束进行组织或解散;项目团队成员是变动的,团队成员的素质较高。其缺点是:项目团队成员受双重领导,管理困难。企业采用矩阵制结构,一般用来完成涉及面广、临时性的、重大工程项目或管理改革任务。

5. 交叉式

在现代企业管理中,以上各种企业结构模式都不是一成不变的,单一的结构模式也容易造成企业管理的瓶颈,所以,要根据自己企业的特色合理地采用企业组织结构管理模式,实践中常介于几种结构模式的综合运用。

(1)直线-职能制:这种组织结构形式是把企业管理机构和人员分为两类,一类是直线领导机构和人员,按命令统一原则对各级组织行使指挥权;另一类是职能机构和人员,按专业化原则,从事组织的各项职能执行工作。这样,既保证了企业管理的集中统一,又可以在各级负责人的领导下充分发挥各专业部门的作用。其缺点是:职能部门之间的协作和配合性较差,职能部门的许多工作要直接向上层领导报告请示才能处理,这一方面加重了上层领导的工作负担,另一方面办事效率较低。为了克服这些缺点,企业采取建立各种会议制度,以协调各方面的工作,起到沟通作用,帮助高层领导决策。

(2)分权制:介于直线职能制和事业部制之间的结构形式。大规模的企业常采用之。其主要做法是,将下属企业分成若干个类似的"生产部门",并给予"生产部门"一定范围的权利,"生产部门"在权利范围内经营管理,独立核算。对于总公司而言,下属的企业在内部独立运作管理,减轻了总公司统一管理的难度,激发了下属企业的生产激情;但是,下属企业的生产经营全貌不易及时掌握。

二、运输企业常见组织结构

运输企业是为满足社会的物资调配需要、满足大众日常生活需要、满足企业生产内部物资供应需要、满足人民出行需要,借助于运输工具,专门从事将对象从出发地移动到目的地的活动的企业。

货源是运输企业经营的保证,运载工具装载货物的多少影响企业利润。运输企业的货源一般来源于业务员揽货、营业部组织的货源、固定大客户的货源、物流公司的货源。所以,运输营业部的功能是货源开发与组织、货物运输实施、客户管理、市场分析与决定经营策略等。

运输企业的组织结构应考虑企业规模大小、企业的经营特色和战略发展规划目标,常见的运输企业组织结构如下。

1. 直线式

图 1-9 为运输企业直线式组织结构,这种结构形式组织管理方便,企业经理要管理部门日常业务,还要负责部门发展的战略决策,适用于下级营业部的运作。

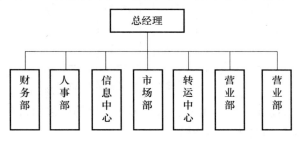

图 1-9　运输企业直线式组织结构

2. 职能式

图 1-10 为运输企业职能式组织结构,这类运输企业部门职责分工明确,专业性较强,部门经理进行宏观管理,下级部门主管进行运输执行作业。

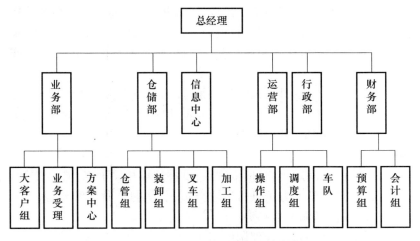

图 1-10　运输企业职能式组织结构

3. 交叉式

图 1-11 为常见的、具有一定规模的运输企业交叉式组织结构,交叉式企业组织结构结合了企业规模、经营业务特色,融合了直线式、职能式的优点,便于企业管理时明确部门职责,加

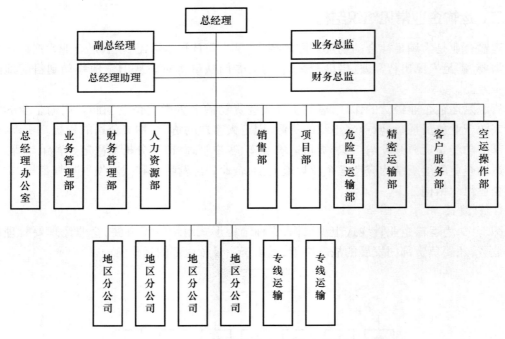

图 1-11 运输企业交叉式组织结构

强部门之间的沟通协作,提高资源利用率。当公司开发新的业务项目时,还可以根据公司的运作特点将矩阵式组织结构结合进行组织管理。

三、物流运输企业常见岗位介绍

企业规模不同,运输岗位层级和岗位数不同,下面以中小规模的运输企业为例介绍。

1. 经理、副经理,中高层管理者

职业要求:良好的职业道德素养,富于挑战性、开拓性;掌握客户资源和货源渠道,能运用管理的基本原则和科学方法,合理利用各种资源,对物流活动进行计划、组织、协调、指挥、控制和监督,使各项物流活动实现最佳的协调与配合,降低物流成本,提高企业经济效益,满足客户需求。

能力要求:良好的组织才能;具备预测与决策能力;具备现代物流管理知识和理念;具有日常事物管理能力;较强的沟通与协调能力;抗压及灵活应变能力;项目管理能力;系统化思考和解决问题的能力;具有信息收集、处理能力。

2. 运输调度

职业要求:责任心强,时间观念强,慎重细致;掌握运输相关法规,熟悉安全运输规章;掌握车辆、司机资源情况,应用科学的方法进行运输合理化;掌握企业运输动态;了解市场行情,及时调整货物运输方案;预测运输发展趋势;良好的表达能力。

能力要求:会编制运输计划;能合理调度车辆、人员;能制定运输方案;能预测货物运量;会统计并分析运输数据;熟悉运输政策;较好的沟通、协调能力。

3. 客服

职业要求:接待和解答客户的咨询;处理客户的投诉;核实客户信息;认真、耐心、仔细的工作态度;较强的沟通能力;分析客户业务数据,提出客户发展建议。

能力要求:熟练使用文明、礼貌用语接待客户;吃苦耐劳的能力;会用计算机操作工具统计分析简单数据。

4. 业务员,客户经理

职业要求:较强的市场开发能力;较强的客户沟通能力;具备吃苦耐劳的精神。

能力要求:较强的客户沟通能力;吃苦耐劳的能力。

5. 货运员

职业要求:熟悉运输作业的流程;熟悉运输作业要求;吃苦耐劳。

能力要求:会办理货物运输的承运和交付、会计算运费、会积载;会填写运输单证;会使用常见运输工具;能吃苦。

6. 理货员

职业要求:熟悉理货程序,熟悉货物入库、出库和保管条例;认真仔细的工作态度。

能力要求:会填写货物理货单据;会填写货物入库、出库单据。

7. 装卸搬运工

能力要求:能吃苦耐劳;不怕脏不怕累;会使用常见运输工具。

8. 司机

职业要求:良好的职业道德;责任心强,谨慎细致;紧要关头能较好地保持情绪稳定;勤奋肯干;组织纪律观念强。

能力要求:熟悉交通法规;日常车辆驾驶维护能力;具备驾驶专业技术能力;安全驾车能力。

工作任务总结

1. 运输的定义是什么? 运输的主要功能有哪些? 运输与物流的关系是怎样的?
2. 物流系统的功能要素有哪些? 运输系统的构成要素有哪些?
3. 运输产品有哪些特点?
4. 什么是承运人? 什么是运输节点? 什么是集装化运输?
5. 什么是运输代理人? 运输代理人有几种类别?
6. 常见运输形式有哪些?
7. 什么是运输的合理化? 运输合理化的"五要素"的内容是什么?
8. 运输合理化的常用措施有哪些?
9. 通过查阅资料,谈谈对绿色物流运输的认识。

项目活动实践

1. 结合学习内容,调查某运输公司,熟悉公司岗位设置和岗位名称。
2. 学习组建运输公司营业部,规模 5 人～7 人。设置岗位,编制岗位职责。

李民第一个岗位职务是业务员,所在部门是市场开发部。物流运输业务开展源于市场开发。物流运输公司市场开发部的工作内容是:开发市场、营销客户;产品开发;分析货物运输市场现状、预测市场发展趋势。李民在这里要学习运输业务员开发市场、揽货的基本技能,并能按照业务员的岗位职责要求进行运输业务洽谈,基本掌握运输合同谈判技巧,学会对运输市场的分析与判断方法。

任务目标

1. 会收集运输相关信息,能进行运输市场研究。
2. 熟悉运输合同特征,运输变更、撤销的条件;能与客户沟通、会签订运输合同。
3. 了解物流运输中的相关法规;熟悉索赔程序,能正确处理货运事故。
4. 养成认真、耐心的工作态度。

任何企业都必须根据市场情况确定经营方向和经营策略,物流运输市场调查是企业研究物流运输市场、分析市场发展动向、拓展业务市场份额的常用手段。另一方面,对于物流运输企业而言,无论其生产能力有多强、企业生产规模有多大,企业所提供的运输服务产品都不一定能满足众多客户的要求;同时,物流运输市场企业众多,客户的可选择范围广,所以,市场开发、客户营销就显得很重要。

揽货作业是物流运输企业开发市场,掌握货源特点、熟悉货流方向,寻找有效客户的作业环节,也是运输作业执行的先行要素。揽货作业内容的重点包括货源市场调查与分析、客户接洽沟通、运输合同洽谈与执行、货物运输事故处理原则和方法等。

模块1 物流运输市场调查

物流运输市场调查是企业进行市场研究、分析市场的重要手段,也是对客户进行开发、维护客户关系的方法之一。它的工作过程复杂细致、涉及面广,要保证调查结果的准确性,就必须按照科学的方法和程序执行。

一、物流运输市场

运输需求和运输供给构成了运输市场,它是劳务、资金、设备、技术、信息等供需双方的集中体现,是运输劳务交换的场所,反映了运输参与各方在交易中所产生的经济活动和经济关系总和,体现了运输活动的参与者之间、运输部门与其他部门之间的经济关系。运输市场是社会劳动生产发展的产物。

（一）运输市场构成

运输市场是多层次、多要素的集合体,由运输需求者、运输供给者、运输中介方、政府管理者构成。

1. 运输需求者

运输需求者是指具有运输需求的群体或个人,包括潜在的需求者,是运输市场的买方。运输市场需求是由消费者的购买意愿和购买能力实现,这是影响运输市场的重要因素,当消费者愿意购买运输服务时,就会有市场需求,当意愿和能力都具备时,运输市场的需求就旺盛。

运输市场需求者的涉及范围广,包括各级各类部门、各类企业、个人,这些需求者的市场经济活动目的不同,对运输需求的数量、服务质量、运输内容要求不尽相同,客观上形成了运输市场的不同层次的需求。

2. 运输供给者

在运输市场专门能提供各种运输服务,满足客户运输服务要求的运输从业者。他所提供的运输产品的数量、质量、内容与从业者所拥有的运输资源人力、物力有关;每一个运输供给者提供的运输产品不能够满足市场的所有需求,这就需要各种运输方式或者社会各类的运输供给者提供有效的运输产品。随着经济市场的发展,运输供给者也在不断的调整、变化,以增加运输市场的有效供给。

在我国供给者有部属运输企业、地方国营运输企业、集体运输企业、外资运输企业、个体运输户等,有时供给方还包括运输业者的行业协会、公会或类似组织。

3. 运输中介方

活动于运输需求者和供给者之间的、提供各种运输服务信息及服务代理的"人"被称为"运输中介",这类人可以是企业。一般情况下,运输需求者和运输供给者的市场是不对等的,一方面运输需求者期望得到服务品质高价格又便宜的运输产品,但这些需求者没有获得运输市场详细信息的渠道,另一方面运输供给者通过剥离一些繁琐的中间过程(寻找货源、办理各种手续),提高运输效率,运输中介方起到了穿针引线的作用,随着运输市场的发展,运输中介的市场活动成为国际货物运输中的重要力量,运输中介方的服务内容也发生了很大的改变。

4. 政府管理者

运输是国家经济的动脉,政府管理方在经济活动中的指导作用不可替代,尤其是运输市场,没有政府部门的参与调控就无法正常运转。因为运输业的发展态势会影响其他行业的发展,会刺激社会生产力发展,充足的运输能使国家的工农业生产实现快速发展,这些影响不是哪一个行业能独自解决的。

（二）物流运输市场供给与需求

同其他市场一样,运输市场是以交换为主要内容的经济表现形式,它是运输供给者与需求者之间相互连接的桥梁和纽带,供给和需求之间相互联系、相互制约,它是供应和消费之间的关系在市场上的反映。

1. 运输需求

从运输市场本身而言,货物运输的需求是建立在产品的消费需求之上的,当产品有消费需求时,则在当地就有运输需求,所以,运输需求具有派生性;就整个运输市场而言,不同的需求者的运输需求的性质不同,运输市场就会提供差异性的服务产品,因而,运输需求有异质性;运输企业掌握市场需求的异质性规律,是搞好运输企业经营的重要条件。但对于运输企业来说,运输市场的整体运作还是有规律可循的,如地区的货源分布及流向、市场需求变化的规律、市场的发展趋势等。

影响物流运输需求的主要因素有:工农业生产发展的现状;地区经济贸易的发展程度;国家的经济政策;自然环境、地理的因素等。

2. 运输供给

在一定时期和价格水平下,运输生产者愿意而且能够提供的运输服务的数量叫运输供给。运输供给者主要是根据运输方式本身的特点和企业现有的设备条件、人员情况和组织方法,向运输市场推出能够满足需求的产品。

运输产品供给的第一个特点是运输产品具有非储存性。这是由于运输产品的生产和消费是同时进行的,运输产品不能脱离生产过程而单独存在,所以不能像实物一样将产品储存起来。运输业通过储存运力来适应市场需求变化,而运输能力大小多按运输高峰的需求设计,具有一定的超前量。运输产品供给的第二个特点是运输供给的不平衡性,主要表现在时间上也表现在空间上,运输需求的季节性不平衡导致运输供给出现高峰与低谷;由于经济和贸易发展的不平衡性以及各地产业的不同特点,在运输方向上、在不同国家和地区之间也呈现出一定的不平衡性;运输产品供给的第三个特点是部分产品的可替代性,运输供给方式多样化,不同运输方式间可相互替代,也可相互结合实现运输服务,这使得运输供给之间产生竞争。

影响物流运输供给的主要因素有:国家经济发展状况;产业政策的导向;运输工具的可得性和运输装备制造技术的先进性;军队、救援等特种需求。

二、物流运输市场调查

物流运输市场是多层次、多要素的集合体,其参与者有需求方、供给方、中介方和政府方4个方面,所以运输市场供需之间具有多样性、波动性和非固定性,加上参与运输市场活动主体的广泛性,使得市场变化也呈现出复杂的特征。因此,必须熟悉物流运输市场的运作规律,分析市场的现状,才能更好地开展运输服务。

市场调查的原则是遵循科学性与客观性。采用科学的方法去设计调查方案、定义问题、采集数据和分析数据,从中提取有效的、相关的、准确的、可靠的、有代表性的当前的信息资料。其结果是经过科学方法处理分析后的基础性数据和资料,调查中发现的问题、受到的启示以及有关的建议可以帮助管理决策部门制定企业发展规划,做出正确的发展战略。

(一)物流运输市场调查的内容

物流运输市场调查内容主要是市场需求情况调查、市场供给情况调查和货源调查。

(1)市场需求情况调查:现有货主的地区分布和数量;货主的类别、规模、基本经济情况;货主的托运习惯、托运的动机和心理;货主对物流运输企业服务的满意和信赖程度;货主的潜在要求。

(2)市场供给情况调查:营运服务区域内物流运输市场的供应情况及发展趋势;物流运输企业自身情况的调查包括物流运输企业在运输、价格、广告、服务等方面的情况,以及企业的市场占有率和经营策略的适应性等;竞争对象的调查主要包括竞争企业的数量、规模、运输成本、价格、经营策略、市场占有率等。

(3)货源调查:货物的种类、区域分布范围,货源渠道,货物性质、流量、流向,货物运输受季节影响的因素,货源对运输要求限制等。

（二）物流运输市场调查的方式

（1）全面调查:对营运区域内的物流市场总体进行调查,以取得全面、客观的资料,但耗费人力、物力、财力等较多。

（2）抽样调查:利用概率的随机原理从营运区域内的物流市场总体中抽取一部分样本进行调查,从而推断出整个物流市场的特征。

（3）专题调查:对某些重点部门、特定任务或特定时间下的情况所进行的专门调查,如物流运输质量调查。

（4）典型调查:选择具有代表性的区域、线路或物资单位进行周密的调查,从中寻求同类事物的共同规律。

（5）经常调查:物流运输企业为随时掌握营运服务区域内货物流量、流向、流时及其变化情况并积累有关资料而经常进行的一种调查。

货源调查后一般应编制表格,如货源流向分类表、客户分类表、货运流量统计表等。制作汇总表格的目的是便于企业据此制定调度计划、编制运输计划,为客户制定运输方案,但企业还要进行运量核实分析、运量趋势分析、市场占有率分析等。

（三）物流运输市场调查的步骤

物流运输市场调查可以是对运输需求方的调查,也可以是对运输供给方的调查。物流运输市场调查步骤如下。

（1）建立调查小组。

（2）确定调查目的:明确调查所要解决的问题、调查的要求。

（3）拟订调查计划:拟定提纲,确定调查主要对象和调查时间、调查预算、调查进度等。

（4）设计调查表格。

（5）拟订调查方法:根据调查的要求以及时间、费用选定合适的方式与方法。

（6）实施调查。

（7）整理调查资料:将调查所得的资料进行分类、汇总。

（8）撰写调查报告:报告的主要内容有调查目的、采用的调查方式与方法、调查结果分析、建设性意见、可行性分析。

在实施调查中如果遇到原先没有考虑到而后来又必须考虑的问题,可以修改或重新制订调查计划,设计新的调查表格并进行补充调查。

（四）物流运输市场预测

市场预测主要是预测产品的需求与供给。物流运输市场预测是在运输市场调查的基础上,运用科学的方法与手段,对服务片区的物流运输量及其发展变化规律进行趋势分析并做出预见和判断。

市场供给的预测比较简单,一般通过对提供运输服务产品的企业的服务能力进行统计即可知产品的供给。因此,市场预测主要指物流运输服务产品需求预测。市场预测方法一般分为定性预测和定量预测两大类。定性预测是根据掌握的信息资料,凭借专家和群体的经验、知识,运用一定的方法,对市场未来的趋势、规律做出判断和描述。定量预测是根据历史和现在的统计数据资料,选择或建立合适的数学模型,分析研究其发展变化的规律并对未来做出预测。常见的定量分析预测方法有一元线性回归分析法、弹性系数法、消费系数法、移动平均法和指数平滑法。以下重点介绍定性分析法。

定性预测方法是依据人的主观经验和综合分析判断能力,对未来的发展状况做出估计的方法。主要包括集体意见法、专家意见法和主观概率法等,适用于企业数据较少或数据不充分的情况。

(1)集体意见法是管理人员根据经验教训进行分析讨论,对未来物流运输市场的发展变化趋势做出推断的方法。具体形式有两种:一是企业经理和主要职能部门负责人根据日常掌握的市场信息和有关资料,进行分析讨论;二是企业营运负责人召集站务、营业、组货、调度等一线工人进行判断。这些人员由于长期从事物流运输工作,对物流运输市场发展变化情况比较了解,因而不需大量的统计、分析、计算工作也能对市场进行预测。

(2)专家意见法是预先选定一些专家作为征询意见的对象,将收集到的专家意见进行汇总整理,供他们分析判断,当参与分析的专家意见趋于一致时,得出对市场变化趋势的预测判断。这种方法优点是各个专家均可独立发表意见,充分发扬民主,避免迷信权威专家的思想;缺点是意见不易统一,有一定的主观性。

(3)主观概率法是专家对未来事件或趋势的发展可能性做出主观判断与估计时,运用主观概率进行预测的方法。它要求预测者对未来事件发生可能性的大小给出一个经验信息的变量,然后计算它们的平均值,以做出对事件预测的结论。

其他的市场预测方法还有时间序列预测法、回归分析预测法,这里不一一介绍。总之,预测人员要根据实际情况灵活地选择预测方法,最好能综合运用几种方法进行预测。对预测结果加以比较分析和评价并做适当调整,以提高预测的准确性。同时,预测人员要经常注意预测结果与实际结果的对比,研究产生误差的原因。比较用哪种预测方法最接近于实际,或改进预测模型,逐步提高预测技术水平。

模块2　合同洽谈与执行

为保障当事人的合法权益,货物运输宜采用合同运输。运输合同的订立与执行分为合同准备、合同洽谈与执行、纠纷处理3个阶段;合同准备阶段主要是清楚有关合同的法律内容和订立合同的基本原则。合同洽谈与执行主要认识合同涉及人员的法律责任、义务,正确填写及签订合同,合同执行过程。纠纷处理主要是认识运输合同执行中的运输事故和运输纠纷的处理原则。

一、合同准备

物流运输业务的开展以业务员的揽货作业开始,业务员接到客户货物运输的诉求后,应该就运输要求拟定运输协议。

(一)运输合同概念

《中华人民共和国合同法》(以下简称《合同法》)第2条规定:合同是平等主体的自然人、法人、其他组织之间设立、变更、终止民事权利义务关系的协议。《合同法》第288条规定:运输合同是承运人将旅客或者货物从起运地点运输到约定地点,旅客、托运人或者收货人支付票款或者运输费用的合同。

在货物运输合同中,承运人接受托运人的委托,使用运输工具将货物从起运地点运输到约定地点,托运人或者收货人提取货物并向承运人支付相关运输费用。运输合同大多是格式条款合同。物流运输合同是一种提供劳务服务的合同,合同的核心内容是承运人为托运人提供的运输劳务;运输劳务本身不会产生具体、有形的"劳动成果",但可使被服务者获得服务并从中受益。物流运输合同是承运人和托运人双方签订的、明确双方权利义务关系、确保货物有效位移、具有法律效应的书面文件,它依据当事人双方的权利义务支付劳务报酬,是有偿合同,它是承运方、托运方开展物流运输业务的法律形式。运输合同双方一般托运方为甲方,承运方为乙方。

我国相关法律规定,承运人要具备一定的承运能力,必须得到交通、铁路等主管部门批准,并领取运输许可证或从业资格证后,才能从事物流运输业务活动。

（二）常见运输合同分类

（1）按所运货物不同,可分为普通货物运输合同、危险货物运输合同与鲜活货物运输合同。

（2）按运输过程中运输部门是否有协作关系可分为一般货物运输合同与联运货物运输合同。

（3）按运输方式的不同可以分为铁路货物运输合同、公路货物运输合同、水路货物运输合同、航空货物运输合同与管道货物运输合同。这是最常见的划分货物运输合同的标准。

目前,我国调整货物运输合同关系的法律,除《经济合同法》外,还有《铁路货物运输合同实施细则》、《公路货物运输合同实施细则》、《水路货物运输合同实施细则》、《航空货物运输合同实施细则》以及铁路、汽车和水路的货物运输等法规、规章。它们规定了货物运输合同的基本原则,当事人的权利、义务及违约责任,可以有效地保护当事人的合法权益。

（4）按照合同期限的长短不同可以分为长期合同和短期合同。长期合同一般是指期限在一年以上的合同,短期合同包括批次合同。

（三）合同订立原则

我国《合同法》是调整平等主体之间的交易关系的法律,它主要规定合同的订立、合同的效力及合同的履行、变更、解除、违约责任等问题。根据《合同法》的规定,物流运输合同由双方当事人协商签订,双方必须遵循以下原则。

（1）平等互利、协商一致的原则:合同当事人的法律地位平等,一方不得将自己的意志强加给另一方。合同当事人双方不论企业规模大小、实力强弱、所有制性质差异,在签订合同时的法律地位平等,合同条款应是双方当事人的真实意愿表示,是经过协商达成一致的结果。

（2）合法规范的原则:当事人订立、履行合同,应当遵循法律、行政法规,尊重社会公德,不得干扰社会经济秩序,损害社会公共利益。当事人享有自愿订立合同的权利,但合同在内容和程序上必须符合法律的规范和要求。

我国有关运输的法律法规很多,行业运输的规则也很多,运输的地方规章也多,所以订立运输合同时,必须熟悉相关的规定。

（3）诚实守信的原则:诚实守信是立业之本。合同订立双方应讲信用,讲信誉,信守承诺,忠实于自己承担的义务。

（4）等价有偿的原则:运输合同属于买卖合同性质,双方应当遵循公平原则确定各方的权利和义务。物流运输合同双方当事人享有同等的权利和义务,并应当依法承担相应的责任。

二、合同洽谈与签订

物流运输业务员在进行运输合同洽谈时应充分了解企业的运能和运输市场的供需现状，掌握运输价格水平，为客户提供满意的服务。

（一）运输合同当事人的权利与义务

运输合同不同于一般经济合同，运输过程的实施涉及托运方、承运方和收货方，所以物流运输合同的当事人权利、责任义务规定了三方的责、权、利。

1. 托运人

托运人在运输市场中即是运输需求方，是在货物运输中将货物托付承运人按照合同约定的时间运送到指定地点，向承运人支付相应报酬的一方当事人。实际交付货物的人依法可成为运输合同中的托运人。

托运人主要责任包括：遵守国家有关法令及运输规章制度、维护公共运输安全；有责任缴纳运输费用；有责任向承运方如实申报货物品名、属性，按照运输规定安全包装货物；因托运人自身过错给承运人或其他托运人、收货人造成损失时应负赔偿责任。

托运人主要权利包括：要求承运人按合同约定的时间将货物安全运送到指定的地点；在承运人将货物交付收货人前，托运人可以请求承运人中止运输、返还货物、变更到货地点或将货物交给其他收货人，但应负责赔偿由此给承运人造成的损失；由于承运方的原因导致货物丢失、损坏、变质、污染时托运人有权利要求赔偿。

托运人主要义务包括：如实申报货运基本情况的义务；办理有关手续的义务；包装货物的义务；支付运费和其他有关服务费用的义务。

2. 承运人

承运人即是运输市场中提供运输服务产品的人。承运人有两种：一种是拥有运输工具并利用其将货物实施空间位移的人，如经营水上、铁路、公路、航空运输业务的运输企业，它们拥有大量的运输工具为社会服务，称之为承运人；另一种人是可以没有运输工具，在运输业务活动中一方面以承运人的身份接受托运人的委托，给委托人开具自己企业的独立票据，另一方面以托运人的身份委托实际承运人完成货物运输，这种人被称为"无船承运人"。

无船承运人充当经纪人是一种运输服务形式，这种类型的无船承运人一般不从事具体经营活动以及实际服务业务，只从事运输的组织、货物的分拨、运输方式和运输路线的选择及服务的改善，而其收入主要是中介费和由于"批发"而产生的运费差额。

在货物运输中，承运人的主要责任是保证所运输的货物准时、安全地送达目的地。在承运人的责任期间内，承运人应对货物在运输过程中发生的货物灭失、短少、污染、损坏等负责。一旦发生此种情况，承运人应按实际损失给予赔偿。

承运人的责任期间一般是从货物由托运人交付承运人时起，至货物由承运人交付收货人止，这是承运人承担货物运输法规定的强制性最低责任的地域和时间范围，在这段责任期间内，承运人应承担货物损失的责任。但法律有特别规定或当事人有特别约定的除外；只有在损失是由于不可抗力、货物本身的自然属性或合理损耗、托运人或收货人的过错等原因造成的情况下，承运人才可以免责。

承运人主要权利包括：收取运费及符合规定的其他服务费用；对逾期提货的，承运人有权收取逾期提货的保管费，对收货人不明或收货人拒绝受领货物的，承运人可以提存货物，不适合提存货物的，可以拍卖货物提存价款；对不支付运费、保管费及其他有关费用的，承运人可以对相应的运输货物享有留置权。

承运人主要义务包括：按合同约定调配适当的运输工具和设备，接收承运的货物，按期将货物运到指定的地点；从接收货物时起至交付收货人之前，负有安全运输和妥善保管的义务；货物运到指定地点后，应及时通知收货人收货。

我国《合同法》中规定：从事公共运输的承运人不得拒绝托运人通常、合理的运输要求。

3. 收货人

收货人的主要责任包括：在收到通知后凭合法证件与单证及时办理提货手续；有责任结清因未能及时提货造成的场地占用费、保管费等费用；有责任结清运输合同中约定的由收货方结算的费用。

收货人的主要权利包括：承运人将货物运到指定地点后，持凭证领取货物的权利；在发现货物短少、损害或灭失时，有请求承运人赔偿的权利。

收货人的主要义务包括：检验货物的义务；及时提货的义务；支付托运人少交或未交的运费或其他服务费用的义务。

（二）运输合同签订步骤

合同正式签订一般要经过要约和承诺两个步骤。

1. 要约

要约是运输合同签订一方当事人向对方提出订立合同的要求或建议，对方接受的行为。在要约里，要约人除表示欲签订运输合同的愿望外，还必须明确提出运输合同内容的基本条款，如运输承诺期限，运输参与各方的责任、权利和义务，运输违约条款，运输免责条款等；运输合同的要约人通常是托运人。

2. 承诺

运输合同签订的一方接受要约表示赞同、对要约表示承诺，其运输合同即告成立。一般在接受要约时会对运输合同的内容进行仔细认真的审核，对不能承诺的部分条款进行谈判、修改，直至能够全部承诺。一旦受要约人接受条款，就要承担履行运输合同的义务，对要约内容的扩张、限制或变更的承诺，一般可视为拒绝要约而要发出新的要约，对方承诺新要约时，运输合同即成立。

3. 合同的形式

运输合同的形式是指合同双方当事人关于建立运输合同关系的意思表示的方式。运输合同形式有口头合同、书面合同等。

口头合同是以口头的（包括电话等）意思表示方式而建立的合同。但发生纠纷时，难以举证和分清责任，因此，对于责任重大的或一定金额以上的运输合同，一般采用书面合同形式。

书面合同是以文字的意思表示方式而订立的合同。书面合同形式有利于分清是非责任、督促当事人履行合同。中国法律要求法人之间的合同除即时结清者外，应以书面形式签订。运输企业在业务往来时，应尽量使用书面合同形式。为方便业务员开展工作，许多运输公司采用适合本公司情况的固定格式的运输合同。

（三）签订运输合同的注意事项

运输合同条款协商洽谈可以采用电话沟通、电子邮件往来、面谈等形式，但业务员应对运输市场的需求情况、市场同类产品的运输价格及本运输企业的运输能力有充分的了解，经过询盘、还盘的反复后，双方取得一致意见，即可签订运输合同。

运输合同签订的注意事项如下：

（1）运输合同的相关信息内容应详细、完整。运输合同中应载明发货人、收货人的详细信息，发站到站的详细名称；货物的名称、数量，运输方式等。我国《合同法》第304条规定了托运人有如实向承运人申报托运货物情况的义务，以便承运人能准确、安全地进行运输，主要包括货物的特性、是否属于特种货物等。

（2）运输合同中的其他内容，主要是针对保障运输安全及双方合作顺利的一些条款。

① 货物运到期限的条款。不同的运输工具、不同的运输方式，运到期限计算方法不同，必须按照规律办事。

② 货物装卸责任的条款。要明确货物装卸工作负责方，可以参考惯例，也可以双方协商。

③ 货物验收标准的条款。条款中应协商写出所运输货物正常损益的比例及其认定损失的方法，主要作为货物发生损失时认定的依据。

④ 相关费用及其结算方式和违约赔偿金额。当事人可以约定违约金、赔偿金，但违约金一般最高不超过违约部分运量应计运费的10%，明确责任确定后的几日内偿付；逾期支付按日支付滞纳金。

⑤ 合同变更方面的条款。这是很重要的一部分，是确定合同变更的条件，如合同变更的提前通知时间，合同变更的前提条件，等等。

（3）双方权利和义务的明确以及违约责任、免责内容、运费结算的方式等。在商定违约赔偿金额时应符合规定、有据可依；合同中还应写明货物运输保险方面的条款，主要包括货物保险金支付方，货物保险的项目、比例为多少等。尤其应注意的是运输合同会牵涉第三人——收货人，在合同中必须对其责任、权利、义务有明确的规定。

（4）签字。双方签字是合同洽谈的最后环节，应仔细核对合同内容，确认相关信息和条款内容，确认合同的有效期等，双方对合同内容无异议后签字盖章，合同签订成功。

签订好的运输合同是运输业务开展的重要凭证文件，应及时交回单位，由专人审核保管存档。

三、合同变更或解除

运输合同签订后，即具有法律的约束力，合同当事人必须按照合同规定的条款认真履行各自的义务。但由于运输合同是在一定时期内完成的，且合同执行中会发生意想不到的情况影响合同的顺利执行，因此，运输合同中必须有合同变更或解除的条款。

《合同法》规定：在承运人将货物交付收货人之前，托运人可以要求承运人终止运输、返还货物、变更到达或者将货物交给其他收货人。但是，如果因为单方变更或解除合同给承运人造成损失的，托运人或者提货凭证持有人"应当赔偿承运人因此受到的损失"，并且还要承担因变更或解除合同而产生的各种费用。

运输合同的变更或解除即对已经成立的运输合同内容的部分修改、补充或全部取消。合同一方因故需要修改、补充合同某些条款或解除运输合同关系时，必须征得对方同意。变更、解除合同的新协议仍按原合同的形式办理。运输合同变更或解除中所产生的费用，应按照合同执行状况进行区别对待，或者合同双方协商解决。运输合同执行中，凡发生下列情况之一，可以允许变更和解除合同。

（1）由于不可抗力使合同无法履行。

（2）由于合同当事人一方的原因，在合同约定的期限内确实无法履行合同的。

（3）合同当事人违约，使合同的履行成为不可能或不必要。

（4）经合同当事人双方协商同意解除或变更合同，如承运人提出解除物流运输合同的，应该退还已经收取的运输费用。

上述条例中因不可抗力造成交通阻塞导致阻滞，承运人应该及时与托运人联系，协商处理。如发生货物装卸、接运和保管费用，则按照以下规定处理。

（1）接运时，货物装卸、接运费用由托运人负担，承运人收取已经完成运输里程的运费，退回未完成运输里程的运费。

（2）回运时，收取已经完成运输里程的费用，回程运费免收。

（3）托运人要求绕道行驶或改变到达地点时，收取实际运输里程的运费。

（4）货物在受阻处存放，保管费用必须由托运人负担。

下列情况承运人不办理运输合同变更。

（1）违反国家法律、行政法规、物资流向、运输限制的变更。

（2）变更后的货物运到期限大于容许运输期限。

（3）变更一批运输货物中的一部分。

办理货物运输变更或解除，托运人或收货人应按规定支付已经发生的费用。承运后发送前托运人可向发站提出取消托运，经承运人同意，货物运输合同即告解除。表 2 - 1 为运输企业常用运输变更申请书。

表 2 - 1　运输变更申请书
运输变更申请书

原运单号码		
提出日期		
受理变更序号		
变更事项及原运单记载事项		
托运人记事及特约事项		
承运人记事及特约事项		

申请变更人名称：　　　　　经办人：　　　　电话：　　　　地址：

［说明］

托运人在货物起运前或是在合同约定的期限内，因故需变更货物的名称、数量、起讫地点、运输时间、收发货人时，应填写本申请书向承运人提出（也可采用信函、电话等形式）。但是，在货物起运后，在可能的条件下，只允许变更到达地或收货人。

如承运人要求变更运输日期、车辆种类和运行路线的，也应及时通知托运人并协商一致。

模块 3　运输纠纷处理

日前部门经理交给李民一份报纸，让他重点研读一篇文章。文章大意是：某道路运输公司承运了客户一批成品货物，货物价值近 3 万元人民币，从河北石家庄运至江苏常州某厂，运输公司承诺运到期限是 3 日～5 日，可是 7 日后收货人还没有接到货物，收货人经多次询问承运人后，也没有结果。收货人随后向承运人投诉并坚持追要该批货物。承运人在接报后，进行了内部查询，发现货物已经失去监控。承运人随后向当地公安机关报案，事件正在调查取证之中。经理让李民谈谈对这篇报道的读后感，并让他学会运输纠纷处理的方法。

物流运输中要进行货物的装卸、搬运、中转等，尤其是国际货物运输运程长、手续繁杂，容易发生运输纠纷、货运事故，物流运输中有哪些法律法规限制运输参与方的行为，学会正确地区分运输纠纷，恰当地处理货运事故，是运输管理者必须学会的基本业务内容，也是维护客户关系的重要"窗口"。

一、物流运输相关法规概述

法律通常泛指一切规范性文件，狭义上讲特指全国人大及其常委会制定的规范性文件，法规指国家机关制定的规范性文件，如行政法规、地方性法规、民族自治法规及经济特区法规等。物流活动不是单一的社会经济活动，因此在实践中必然会遇到众多的法律问题，在解决这些问题时应该遵循相关法律原则和规范。

（一）公路货物运输法规

1. 公路货物运输法规

我国针对公路货物运输有一些相应的法律、法规供物流企业采用。比如《中华人民共和国公路法》，主要内容包括公路规划、公路建设、公路养护、路政管理、收费公路、监督检查、法律责任等，但该法没有专门涉及公路货运，在新实施的《中华人民共和国合同法》中，专门有关于货物运输合同的分则，物流企业在运输过程中的合同都适用该法；另外，目前对我国公路货运进行规范的法规主要是交通部颁布实施的《汽车货物运输规则》、《汽车危险货物运输规则》、《中华人民共和国道路交通安全法》、《道路货物运输及站场管理规定》、《道路大型物件运输管理办法》、《交通汽车运输企业安全生产管理办法》等，这些规则和规定主要是为保护汽车货物运输当事人的合法权益，加强汽车运输的规范管理，明确承运人、托运人、收货人以及其他有关方的权利、义务和责任，维护正常的道路货物运输秩序制定的。

2. 公路货物运输关系方

（1）承运人：是指使用汽车从事货物运输并与托运人订立货物运输合同的经营者。承运人应根据承运货物的需要，按货物的不同特性，提供技术状况良好、经济适用的车辆并能满足所运货物重量的要求。使用的车辆、容器应做到外观整洁，车体、容器内干净，无污染物、残留物。

（2）托运人：是指与承运人订立货物运输合同的单位和个人。

（3）收货人：是指货物运输合同中托运人指定提取货物的单位和个人。

（4）货物运输代办人：是指以自己的名义承揽货物并分别与托运人、承运人订立货物运输合同的经营者。货运代办人以承运人身份签署运单时，应承担承运人责任；以托运人身份托运货物时，应承担托运人的责任。

（5）站场经营人：是指在站场范围内从事货物仓储、堆存、包装、搬运装卸等业务的经营者。

（二）铁路货物运输法规

1. 铁路货物运输法规

我国铁路运输经济体制比较独特，由国务院铁路主管部门即铁道部主管全国铁路工作

（第十二届全国人民代表大会决定撤销铁道部,3月14日中国铁路总公司挂牌）,对国家所属铁路实行高度集中、统一指挥的运输管理体制,对地方铁路、专用铁路和铁路专用线进行指导、协调、监督和帮助。

铁路货物运输适用《中华人民共和国合同法》和《中华人民共和国铁路法》(简称《铁路法》)。《铁路法》涉及铁路运输、铁路工程建设、铁路线路、场站及其运营环境的安全与维护、铁路运输企业的法律责任等内容,其中规定铁路运输合同是铁路运输企业与运输各方人员之间权利义务关系的协议。

铁路运输中还有一些其他规范性文件,如《铁路运输安全保护条例》、《铁路集装箱运输规则》、《铁路货物运输规程》、《铁路危险货物运输管理规则》、《国际集装箱多式联运管理规则》和《铁路行包运输保价办法》等,规范性文件是指导铁路运输企业和铁路物流企业具体组织管理的办法标准。

《铁路法》及《铁路运输规则》等规定,铁路运输企业应当按照合同约定的期限或者铁道部规定的期限,将货物、包裹、行李运到目的站;逾期运到的,铁路运输企业应当支付违约金。

2. 铁路货物运输参与方

（1）承运人:我国《铁路法》中明确指出,铁道部(前)负责主管全国铁路工作,铁路运输生产企业负责按期将货物运至目的地并将货物交付给收货人。所以,铁路运输企业就是运输的执行者,即铁路承运人;铁道部(前)运输局和各铁路局运输处是职能管理部门。铁路承运人在接收发货方的货物时,通常向托运人签发运单,运单是承运人与托运人或收货人之间具有法律约束力的文件。

（2）铁路货运代理人:在市场经济多元化发展的今天,社会对铁路物流发展的期望越来越高,铁路运输必须向现代物流产业转变,必须参与到市场竞争的行列。铁路货运代理人就是依托铁路运输的资源,专门从事相关货物运输代理业务的企业。铁路物流企业背景基本是铁路多元经济企业,企业员工大多数来自于铁路系统内部;还有一部分铁路物流企业源自于铁路专业化运输的企业,如中国铁路集装箱运输公司、中铁快运公司。

铁路物流企业运输模式一般有两种。一种是物流企业使用自己的铁路自备车辆进行货物运输,此时物流企业扮演承运人的角色。另一种模式是物流企业没有自备车辆,而是与铁路承运人签订货物运输合同完成其物流服务。此时,铁路物流企业扮演托运人或托运人的代理人的角色。

（3）托运人、收货人:铁路货物运输的托运人与收货人,指在铁路发送站办理货物承运的人或企业,收货人则是在铁路到达站办理结算和接收货物的人或企业。

（4）装卸部门:铁路货物运输中常常有大型物件、或者是大批量的货物需要快速集散,铁路装卸作业部门提供了专业化的服务,极大地提高了货物运输效率。

（5）场站经营人:货物运输中专门提供并负责管理货物的存储、中转作业、到达交付作业的场所,比如承接办理货运业务的铁路货运站、货场。

铁路运输部门还承担着国家大宗货物的专门运输任务,比如煤炭、粮食等,也包括大型企业的产品和物资运输,为此,铁道部专门有为大客户提供运输服务的部门,当客户运输货物量或运输量资金满足一定条件时,就可以专门设立该客户的大客户档案,铁道部运输局和铁路局运输处为专职管理部门,负责大客户运输服务的组织管理工作。这是铁路运输企业改善经营管理、提高运输服务质量、发展现代物流的进步。

铁路管理部门大客户服务的主要职责有:受理并核实大客户年度运量计划申请,与大客户协商确定主要去向运量、月度运量和直达列车开行方案,与大客户每年签订《铁路货运大客户年度运量互保协议》;负责合理安排大客户月度运输计划、运输组织方案、旬(日)装卸车计划运力安排等运输组织工作,并严格按照旬计划和日(班)计划组织实施;掌握大客户产运销动态、市场变化及其他需求;做好大客户的协调沟通工作,做好大客户的运输统计、分析和测评工作。

(三)水路货物运输法规

1. 水路货物运输法规

我国适用于水路货物运输相关的法律、法规有《合同法》、《海商法》以及交通部颁布的《中华人民共和国水路运输管理条例》、《国内水路货物运输规则》。《合同法》对一般性的、原则性的运输合同进行了规定,水路货物运输合同规定,承运人收取运输费用,负责将托运的货物经水路由港口或货运站点运至另一港口;水运运输合同应当按照公平的原则订立。在运输合同中,承运人享有收取运费的权利,负有运送货物的义务;而托运人享有要求承运人安全及时送货的权利,负有支付运费的义务。《国内水路货物运输规则》规范了国内水上货物运输中各当事人之间的权利和义务,并规定中国沿海、江河、湖泊以及其他通航水域中从事的营业性水路货物运输的均适用本规则;《海商法》、《中华人民共和国国际海运条例》针对国际海运货物运输合同和租用船舶运输做了规定。

2. 物流企业水路货物运输的模式

由于运输活动过程涉及人员和占用资源较多,在企业供应链中常常有第三方参与,所以,运输一定程度上会制约企业的发展,很多物流企业会视企业的装备、人员和其他资源的情况决定运输模式。

(1)自有船舶进行运输。一些物流企业运输拥有稳定的客户及货源,就可以采用自有船舶进行运输。此物流企业是实际承运人角色,按照合同约定的时间和地点将运输货物运达目的地。

(2)租用他人船舶进行运输。物流企业可以不拥有自己的船舶,当需要进行水路运输的时候,它可以租赁船舶完成运输。物流企业只要签订船舶租用合同,此时物流企业不仅在运输合同中扮演承运人的角色,还要在租赁合同中扮演承租人的角色。其作用类似于货运代理人。

(3)将货物运输外包。企业经常考虑到运营的总成本,当运营成本倒挂时,外包是种较好的规避风险的方法。所谓运输外包,就是企业不用自己的船舶运输,也不租用别人的船舶,而是把待运输货物转交给专业的船舶承运人完成。此时物流企业扮演托运人的角色与船舶实际承运人签订船舶货物运输合同,扮演货物运输代理角色。

水路船舶的开行方式以固定船名、固定航线、固定始发和到达港、固定船期、固定运价的班轮运输和租船运输方式居多。

(四)航空货物运输法规

1. 航空货物运输法规

我国航空货物运输是在《合同法》、《中华人民共和国安全生产法》、《中华人民共和国民用航空法》、《中国民用航空旅客、行李国内运输规则》和《中国民用航空货物国际运输规则》等法律法规的调整下进行的,这是为了加强航空货物运输的管理,维护正常的航空运输秩序。在《航空运输法》中规定,公共航空运输企业是指以营利为目的,使用民用航空器运送旅客、行李、邮件或者货物的企业法人。

中国航空运输协会(简称中国航协,缩写为 CATA)是依据我国有关法律规定,以民用航空公司为主体,由企、事业法人和社团法人自愿参加结成的、行业性的、不以盈利为目的,经中华人民共和国民政部核准登记注册的全国性社团法人,成立于 2005 年 9 月 26 日。

中国航空运输协会的业务范围主要有:向行业内的企业宣传国家关于民航业政策、法律法规、标准制度;研究国际、国内民航市场发展形势;组织对有关专业人员进行培训和资质、资格认证;做好航空销售代理人的自律工作,监督并约束会员单位业务代理的行为规范,反对不正当竞争,维护航空运输企业的合法权益。

2. 航空货物运输参与方

与其他运输方式不同的是,我国航空货物运输的参与方除实际承运人、托运人、收货人外,还有航空货运的销售代理企业,它们是经实际承运人专门授权,代理承运人从事与货物运输有关活动的人,即航空货代。《中国民用航空运输销售代理资格认可办法》中规定,航空销售代理企业必须取得中国航空运输协会颁发的"中国民用航空运输销售代理业务资格认可证书",才能进行货物运输销售代理经营活动。航空运输企业(含外国航空运输企业)必须从经中国航协认可的销售代理企业中自主选择代理人从事本企业的委托销售事宜。

我国销售代理资格分为一类航空运输销售代理资格和二类航空运输销售代理资格。一类航空运输销售代理资格是指经营国际航线或者香港、澳门、台湾地区航线的民用航空旅客运输和货物运输销售代理资格;二类航空运输销售代理资格是指经营国内航线除香港、澳门、台湾地区航线外的民用航空旅客运输和货物运输销售代理资格。二类代理企业往往会借助一类代理进行国际货物运输。

3. 国际航空货物运输

物流企业的航空活动不仅仅包含国内的航空运输,而且还包含国际间的往来。国际上的航空货物运输公约主要有《关于统一国际航空运输某些规则的公约》(简称《华沙公约》)和《海牙议定书》。我国的《中华人民共和国民用航空法》和《中国民用航空货物国际运输规则》也是参照上述两个公约制定的,所以我国航空运输法规的制定符合国际民用航空组织的规定。国际航空运输协会(IATA)、中国航空运输协会(CATA)是航空运输业界的非官方组织,协会致力于航空运输的安全、公平、规范的市场运作,我国多家航空公司加入协会。

国际航空运输协会(IATA)为航空公司、旅客、货主、旅游服务代理商和政府提供服务。协会旨在促进航空运输安全和标准化(行李检查、机票、重量清单),并协助核定国际空运收费。IATA 的总部设于瑞士日内瓦。

案例:2012 年 10 月 22 日晚,南航 CZ6524 航班在大连落地后发生货物燃烧事件。调查报告表明,在该票货物中,有 2 宗目的地为大连的物品实际托运人为某速递有限公司。经确定 2 宗物品货物品名和数量分别是锂离子电池 1 块,手机含锂电池 1 个。托运人速递公司在向南航交运该 2 宗货物前,未对货物进行核实并按照相关规定进行正确分类,该 2 宗货物也未按照规定在运输文件中随附 UN38.3 的检测报告;货物着火原因为包裹内耐风火柴(UN2254,属

4.1 类禁运危险品）自燃引起。此次货物着火事件中，速递公司未对其托运的货物按照操作规程验货、分类，导致谎报为普通货物的危险品交运航空公司，严重影响了飞行安全。安全技术管理部门最终认定这是一起相关责任人涉嫌故意将危险品谎报为普通货物进行航空运输的严重事件。该案涉及的 3 家货代公司被取消航空货代资格。

[案例素材来源于中国航空运输协会网站]

二、运输纠纷

我国物流行业发展相对滞后，且物流运输合同主体包括了承运人、托运人和收货人，参与各方的责、权、利不同，运输过程所付出的是运输劳务，所以，运输合同本身具有特殊性和复杂性，在运输行为执行过程中，承运人的管理不善、意外，货方的疏忽都会给对方造成损失。

（一）运输纠纷类型

1. 货物灭失纠纷

这是由于各种原因导致收货人不能取得货物的现象。货物灭失的原因各种各样，如交通事故、灾害引发的，或者由于管货人的过失，致使货物被烧、被盗，甚至战争或海盗或恶意欺骗行为产生的货物全部损失，等等。货物灭失以收货人不能得到货物为特征。

2. 货损纠纷

这是指货物发生的部分损失，还有部分是正常的情况，包括货物破损、部分水湿、部分汗湿、部分被污染、货物锈蚀、腐烂变质、虫蛀、老鼠咬等。

运输过程中货损原因比较多，且有时具有隐蔽性。货物在装卸、转运过程中摔、砸、跌落等；货物存放保管不当、积载不当等可致货物受损。

3. 货差纠纷

这是指货物数量的短缺。货差产生的原因主要是货物的自然属性或者是正常的损耗，如煤炭、黄沙的运输；也有计量方式不同导致的货差。有些发货人为弥补买方的损失，在签订运输合同时，专门对承运人有"溢短条款"要求，即在运输正常合理的货损、货差范围内，托运人并不要求承运人赔偿货物，但托运人为保证收货人足量收到货物，可要求承运人进行补足货物的运输，且这部分数量的货物运输是免运费的。

4. 单证纠纷

这是由于违规签发单证，如随意倒签提单、预借提单、不按原则签发提单等，或者错误地填写、签发单证导致的纠纷。

5. 货物延迟交付纠纷

顾名思义，这是货物未能按照承运时承诺的运到时间，及时交付货物的纠纷。其产生的原因可能是运输工具故障，或承运人未能准确估算时间，在国际货物运输中，中转、滞留也是常见原因，还有一些不可抗力造成的，等等。

6. 运费租金纠纷

这是托运方、收货人拖欠运费或设备租用费引起的纠纷。

7. 运输工具或装备的损坏纠纷

运输中有时托运方或收货方由于不具备作业技术或条件，强行作业导致承运人的运输工具、装卸设备的损毁，应按照相关规定予以赔偿。

（二）运输纠纷处理方法

物流运输企业首先要区分清楚相关法律法规中规定的运输参与各方的责任,弄清楚各种运输方式中承运人的责任期间,弄清楚国家关于承运人的免责事项。当发生运输纠纷时,及时、有效、准确地采取合理的措施,是避免各方损失扩大的有效途径。

发生运输纠纷或者需要责任方支付违约金的,在责任没有完全明了时,受害一方可先行向承保货物运输的保险公司索赔(保险公司行使代位求偿权);也可向运输经营人或货代索赔,经营人再向具体责任人问责;也可向合同履行人要求赔偿;向直接责任人索赔。但无论采取哪种措施,提出索赔的人必须具有合法的理赔权,还要注意索赔时效和诉讼时效。

我国的相关法规规定:承运人、托运人、收货人及有关方在履行运输合同或处理货运事故时,发生纠纷、争议,应先行协商、协调解决,当事人不愿和解、调解或者和解、调解不成的,可依仲裁协议向仲裁机构申请仲裁;当事人如果没有订立仲裁协议或仲裁协议无效的,可以向人民法院起诉。

因此,自行协商解决、调解是时效最快的方法;仲裁是准司法程序,必须有专门的仲裁机构才有权利处理;向人民法院提起诉讼是司法程序。

三、货运事故处理

货运事故是指货物运输中由于意外、过失等造成货物的部分或完全的损失,如货物发生灭失、短少、变质、污染、损坏以及严重的办理差错(含交付完毕后点回保管),使得运输参与者中一方受到利益损害。上述运输纠纷类型中有关纠纷产生的原因多数也是运输事故产生的原因。就造成货运事故产生的责任人而言,货运事故可分为承运人的责任事故、托运人的责任事故、第三者的责任事故(如港口方的责任、集装箱货运站的责任等)、不可抗力造成的事故。

在相关的货物运输规则中对货运事故的种类和等级有明确的说明,使用者可参照对应的法律条文确定。

1. 货运事故赔偿原则

货运事故赔偿分限额赔偿和实际损失赔偿两种。法律、行政法规对赔偿责任限额有规定的,依照其规定;尚未规定赔偿责任限额的,按货物的实际损失赔偿,但有最高限价规定。一般企业在赔偿执行时还可按照:当事人有约定的,按照其约定,没有约定或约定不明确的,可以补充协议,不能达成补充协议的,按照交付或应当交付时货物到达地的市场价格计算。

在保价运输中,货物全部灭失按货物保价声明价格赔偿;货物部分毁损或灭失按实际损失赔偿;货物实际损失高于声明价格的按声明价格赔偿;货物能修复的按修理费加维修取送费赔偿。保险运输按投保人与保险公司商定的协议办理。

货物毁损或灭失的赔偿额:由于承运人责任造成货物灭失或损失,以实物赔偿的,运费和杂费照收;按价赔偿的,退还已收的运费和杂费;被损货物尚能使用的,运费照收。

丢失货物赔偿后又被查回的,应送还原主,收回赔偿金或实物;原主不愿接受失物或无法找到原主的,由承运人自行处理。

货物损失赔偿费包括货物价格、运费和其他杂费。

2. 货运事故赔偿程序

货运事故或违约行为发生后,承运人应及时通知收货人或托运人,承托方及时编制货运事故记录,如图2-1所示;若无法找到收货人、托运人的,承运人可邀请两名以上无利害关系的人签注货运事故记录。

××铁路局

货 运 记 录

（ ）

No

补充编制记录时记人 补充_____局_____站_____年_____月_____日
所编第_____号_____记录

一、一般情况:

办理种别_____ 货票号码_____ 运输号码_____ 于_____年_____月_____日承运
发 站_____ 发局_____ 托运人_____ 装车单位_____
到 站_____ 到局_____ 收货人_____ 卸车单位_____
车种_____
车型_____ 车号_____ 标重_____吨_____年_____月_____日第_____次列车到达
_____年_____月_____日_____时_____分开始卸车_____月_____日_____时_____分卸完
封印:施封单位_____ 施封号码_____

二、事故情况:

| 项 目 | 货 件 名 称 | 件数 | 包装 | 重 量 | | 托运人记载事项 |
				托运人	承运人	
票据 原 记载						
按照						
实际						
事 故 详 细 情 况						

三、参加人签章:

车站负责人_____ 编制人_____
公安人员_____ 收货人_____ 其他人员_____

四、附件:1.普通记录_____页 2.封印_____个 3.其他_____

五、交付货物时收货人意见:_____

年_____月_____日编制 ××铁路局 车站(公章)

注:1.收货人(或托运人)应在车站交给本记录的次日起180 d内提出赔偿要求。
  2.如须同时送一个以上单位调查时,可做成不带号码的抄件。

规格:270 mm×185 mm

图2-1 货运事故记录表

被损害人要求赔偿时,必须在规定时间内,并须提出赔偿要求书,同时附运单(提单)、货运事故记录、物品清单、货物价格证明、事故货物鉴定书(必要时)等文件。要求退还运费的,还应附运杂费收据。图2-2为事故货物鉴定书。

货运事故赔偿程序:确认受损;提出索赔请求;收集证据材料;提交索赔证明材料;核定赔偿;按章理赔。

企业为日后核算运输成本和绩效考核,一般会进行运输事故统计。运输事故统计主要登记内容包括:货物的基本信息,收货人或者是发货人的信息,运输事故发生时间、地点、原因,运单号,货损鉴定单位,赔偿额等。

铁 路 局

| _____站 | 事故货物鉴定书 | 第___号 |

一、编制于19　　年　月　　日系补充　　　　站编第　号

货运记录　　　　站发　　　站运单　　　号品名

发生　　　　　　情况的鉴定书

二、鉴定分析结论	(1) 货物的性质和事故发生前品种、质量、原来价值	
	(2) 货物的损坏程度和款额	
	(3) 损坏灭失（包括重量短少）货物能否修理或者配换及所需费用，残留价值	
	(4) 事故货物是否适用于原来的用途或作他用，对其价值有无影响	
	(5) 货物损坏的原因	甲：货物的损坏和包装的关系	
		乙：货物的损坏和货物性质的关系	
		丙：其他原因	

三、鉴定费用

四、参加鉴定人员	职务及签章	鉴定单位	铁　路	托运人或收货人	其他

本鉴定书共三份：正本送责任站，副本一份交收货人，一份留鉴定站存查。

规格：16开竖印

图 2-2　事故货物鉴定书

工作任务总结

1. 为什么要进行货物运输市场调查？市场调查的步骤有哪些？
2. 什么是运输合同？运输合同的主要内容有哪些？
3. 运输合同签订的原则有哪些？
4. 我国目前解决运输纠纷的途径有哪些？怎样处理货运事故？
5. 运输合同变更和结束合同的条件有哪些？
6. 案例分析题

（1）某商店委托某运输公司将一批木材从四川运到上海，途中有一个体老板李某要求其将货物直接卸在南京，该运输公司查看了该商店与其签订的合同，确认该批货物就是该商店准备卖给李某的后，为保险起见又给商店发传真说明情况，时过两日见商店仍未回复，于是便按李某要求卸货南京。后该商店未接到货物，便要求该运输公司赔偿，该运输公司辩称其也是一片好心，可该商店称和李某的合同后来有变，该运输公司擅自变更交货地点，应负全责。试分析该运输公司的做法是否妥当。

（2）个体运输户王某有一台挂车，常年在全国各地跑运输。2006年8月送货到福建，回来时与沈阳的赵某签订了甜瓜运输合同。他们在配货站拿到了国家工商总局编印的标准《货运合同文本》，草草地在空格里填写了"运输品名甜瓜，数量10万千克，到站地沈阳，运费28000元"。合同上其他项目例如包装要求、运送时间、装卸责任、验收方法、付款方式等都没有填写。当时，王某口头提出自己回去的路费不足，必须先交8000元定金，赵某说自己也没有现款可付，在两天后货到长沙时王某可用银行卡取这8000元。这样王某就上路了。当赶到长沙时，王某已经身无分文，银行刷卡时却无款可取，多次电话联系仍未到款。8月的长沙气温高达40℃，这时王某发现车上的多层摆放纸箱由于长途颠簸挤压，许多已经变形，压坏的甜瓜已经有水渗出。18小时后王某方取款上路，赶到沈阳交货时，车上的甜瓜已经有4层腐烂变质。双方诉诸法院，因合同没有认真填写且双方都未保留证据，故责任无法分清。最后法院各打五十大板，损失均摊。王某和赵某都损失惨重。分析从本案中应吸取的教训。

项目活动实践

1. 以组建的运输公司营业部（成员）为背景，调查家乡的特产货源，分析货流流量及方向，收集所调查货物的运输价格信息。
2. 毕业季到了，同学们有很多书籍、日用品、包裹、行李等要运送回家或者是运到新的工作地址，请调查即将毕业的同学货源情况，写出货源分析报告，确定营业部下一阶段的工作重点。
3. 货物运输合同洽谈、签订。

背景资料：

徐州好运行有限公司将一批货物运往南京正大有限公司，采用公路运输，请根据以下资料编制运输合同。

资料：

（1）地址。

杨成　　　　　　　　　　　　　　　张亮亮
地址：徐州好运行有限公司　　　　　地址：南京正大有限公司
电话：0516 – 56489561　　　　　　电话：025 – 47956322

（2）货物基本情况。

玉米 40kg/袋,1250 袋,1.6 元/kg,保价 8 万元。

四季豆 22.3kg/筐,600 筐,3.2 元/kg,保价 43000 元。

凸版纸 428kg/件,140 件,2100 元/件,保价 30 万元。

（3）运输要求。

保证货物的质量,防止变质,其中四季豆怕压;承运人装货;合同签订 6 天后发货,8 天运到;衡阳正大有限公司凭领货凭证在货款交清后取货。

如发生时间上的违约,除可免责条件外,其余违约均按运费的 3% 进行赔偿。

如有货物损失,则按实际损失进行赔偿(注意保价)。

（4）运费支付。

运费预付 40%;银行汇付,在合同签订 3 天后付款并交货,货物运输完成结清全部货款。

承运方账号及开户行:南京商业银行;9400460001004348386。

承运方代表:李民。

托运方账号及开户行:徐州建设银行;6227000130710001650。

附件：物流运输合同范本

货 物 运 输 合 同

订立合同双方：

托运方：＿＿＿＿＿＿＿＿＿＿＿　　承运方：＿＿＿＿＿＿＿＿＿＿＿

托运方详细地址：＿＿＿＿＿＿＿　　收货方详细地址：＿＿＿＿＿＿＿

根据国家有关运输规定，经过双方充分协商，特订立本合同，以便双方共同遵守。

第一条 货物名称、规格、数量、价款

货物编号	品名	规格	单位	数量	单价	金额（元）
＿＿	＿＿	＿＿	＿＿	＿＿	＿＿	＿＿
＿＿	＿＿	＿＿	＿＿	＿＿	＿＿	＿＿
＿＿	＿＿	＿＿	＿＿	＿＿	＿＿	＿＿

第二条 包装要求托运方必须按照国家主管机关规定的标准包装；没有统一规定包装标准的，应根据保证货物运输安全的原则进行包装，否则承运方有权拒绝承运。

第三条 货物起运地点＿＿＿＿＿＿＿＿＿＿＿＿＿＿＿＿＿＿

　　　　　货物到达地点＿＿＿＿＿＿＿＿＿＿＿＿＿＿＿＿＿＿

第四条 货物承运日期＿＿＿＿＿＿＿＿＿＿＿＿＿＿＿＿＿＿

　　　　　货物运到期限＿＿＿＿＿＿＿＿＿＿＿＿＿＿＿＿＿＿

第五条 运输质量及安全要求＿＿＿＿＿＿＿＿＿＿＿＿＿＿＿＿

第六条 货物装卸责任和方法＿＿＿＿＿＿＿＿＿＿＿＿＿＿＿＿

第七条 收货人领取货物及验收办法＿＿＿＿＿＿＿＿＿＿＿＿

第八条 运输费用、结算方式＿＿＿＿＿＿＿＿＿＿＿＿＿＿＿＿

第九条 各方的权利义务

一、托运方的权利义务

（1）托运方的权利：要求承运方按照合同规定的时间、地点，把货物运输到目的地。货物托运后，托运方需要变更到货地点或收货人，或者取消托运时，有权向承运方提出变更合同的内容或解除合同的要求。但必须在货物未运到目的地之前通知承运方，并应按有关规定付给承运方所需费用。

（2）托运方的义务：按约定向承运方交付运杂费。否则，承运方有权停止运输，并要求对方支付违约金。托运方对托运的货物应按照规定的标准进行包装，遵守有关危险品运输的规定，按照合同中规定的时间和数量交付托运货物。

二、承运方的权利义务

（1）承运方的权利：向托运方、收货方收取运杂费用。如果收货方不交或不按时交纳规定的各种运杂费用，承运方对其货物有扣压权。查不到收货人或收货人拒绝提取货物，承运方应

及时与托运方联系,在规定期限内负责保管并有权收取保管费用,对于超过规定期限仍无法交付的货物,承运方有权按有关规定予以处理。

（2）承运方的义务：在合同规定的期限内,将货物运到指定的地点,按时向收货人发出货物到达的通知。对托运的货物要负责安全,保证货物无短缺、无损坏、无人为的变质。如有上述问题,应承担赔偿义务。在货物到达以后,按规定的期限,负责保管。

三、收货人的权利义务

（1）收货人的权利：在货物运到指定地点后有以凭证领取货物的权利。必要时,收货人有权向到站或中途货物所在站提出变更到站或变更收货人的要求,签订变更协议。

（2）收货人的义务：在接到提货通知后,按时提取货物,缴清应付费用。超过规定时间提货时,应向承运人交付保管费。

第十条　违约责任

一、托运方责任

（1）未按合同规定的时间和要求提供托运的货物,托运方应按其价值的_____%偿付给承运方违约金。

（2）由于在普通货物中夹带、匿报危险货物,错报笨重货物重量等而招致吊具断裂、货物摔损、吊机倾翻、爆炸、腐蚀等事故,托运方应承担赔偿责任。

（3）由于货物包装缺陷产生破损,致使其他货物或运输工具、机械设备被污染腐蚀、损坏,造成人身伤亡的,托运方应承担赔偿责任。

（4）在托运方专用线或港、站公用线,专用铁道自装的货物,在到站卸货时,发现货物损坏、缺少,在车辆施封完好或无异状的情况下,托运方应赔偿收货人的损失。

（5）罐车发运货物,因未随车附带规格质量证明或化验报告,造成收货方无法卸货时,托运方应偿付承运方卸车等费用及违约金。

二、承运方责任

（1）不按合同规定的时间和要求配车（船）发运的,承运方应偿付托运方违约金_____元。

（2）承运方如将货物错运到货地点或接货人,应无偿运至合同规定的到货地点或接货人。如果货物逾期到达,承运方应偿付逾期交货的违约金。

（3）运输过程中货物灭失、短少、变质、污染、损坏,承运方应按货物的实际损失（包括包装费、运杂费）赔偿托运方。

（4）联运的货物发生灭失、短少、变质、污染、损坏,应由承运方承担赔偿责任的,由终点阶段的承运方向负有责任的其他承运方追偿。

（5）在符合法律和合同规定条件下的运输,由于下列原因造成货物灭失、短少、变质、污染、损坏的,承运方不承担违约责任。

① 不可抗力。

② 货物本身的自然属性。

③ 货物的合理损耗。

④ 托运方或收货方本身的过错。

本合同正本一式二份,合同双方各执一份；合同副本一式_____份,送_____等单位各留一份。

托运方：_____　　　承运方：_____

代表人：＿＿＿＿＿＿＿＿＿＿　　代表人：＿＿＿＿＿＿＿＿＿＿

地　址：＿＿＿＿＿＿＿＿＿＿　　地　址：＿＿＿＿＿＿＿＿＿＿

电　话：＿＿＿＿＿＿＿＿＿＿　　电　话：＿＿＿＿＿＿＿＿＿＿

开户银行：＿＿＿＿＿＿＿＿＿＿　　开户银行：＿＿＿＿＿＿＿＿＿＿

账　号：＿＿＿＿＿＿＿＿＿＿　　账　号：＿＿＿＿＿＿＿＿＿＿

＿＿＿＿年＿＿＿＿月＿＿＿＿日

项目活动设计

　　经过一段时间的锻炼,李民对物流运输的基本常识有了一定的理解;李民在与客户接触的过程中发现,有些大客户需要李民帮助设计固定的货物运输产品。李民为更好地提供客户满意的服务产品,随向部门经理报告了自己想去货运站锻炼的想法,经理很欣赏李民积极进取的工作态度,安排他去货运站锻炼 3 个月,学习整车货物运输的作业过程,并告诫他要做好吃苦的心理准备。

任务目标

1. 熟悉铁路、公路、水路整批量货物运输作业流程。
2. 会填写货物运单,会计算整批货物运费。
3. 会设计整车货物运输流程,能安排货物的发送作业、途中理货、到达交付作业。
4. 会常见运输管理软件系统的使用。

　　近年来,铁路物流企业的发展被越来越多的客户认知。最早的铁路物流企业的成立是为解决铁路建设资金、铁路维护保养资金短缺问题,在各铁路局、各车务站段建立的多元化的经济发展经营公司,另外还有些是铁道系统内的专门物资供应公司、工程建设公司在市场经济环境下转型而来。当时的铁路物流企业人员基本来自于铁路系统内部,这些人员对铁路货运的程序很熟悉,与铁路的部门关系良好;这些铁路物流企业借助铁路运输部门的运营网络优势、运输设施设备资源优势及国家有关铁路发展建设的政策支持等各种环境优势,逐步展开了铁路物流的发展道路。如今铁路运输系统内部还进行了一系列的发展现代物流的改革,铁路物流企业转变经营作风,积极拓展服务地方经济的产品。不少铁路物流企业外引内培了一些具有现代物流理念的、有一定文化层次的专业物流人员,促进了铁路物流的发展。一些铁路物流企业已被社会熟知。例如:中铁快运集团公司、浙江铁道发展集团下属的八达物流公司,南京铁路新干线物流公司等。相信铁路行业的改革还将进一步持续,铁路物流企业在行业市场中还有更大的市场发展空间。

模块 1　铁路整车货物运输作业

　　铁路货物运输的历史最早可以追溯到希腊,它是世界上第一个拥有路轨运输的国家;英国人发明的第一台能在铁轨上开行的蒸汽机车距今也已 200 多年。如今,铁路依然是货物运输中重要的交通工具,拥有无法被取代的地位。在国内铁路货物运输中,铁路货物的运能会随着高速客运铁路的建设而发展,越来越多的既有客运线路或客货运混用铁路线路成为了铁路货物运输的主干线。

一、知识准备

(一)作业流程

铁路货物运输常见有整车货物运输、集装箱运输、快运货物班列、五定班列运输。铁路整车运输适于运输大宗货物;集装箱适于运输精密、贵重、易损的货物。五定班列是铁路集中优势运能、固定开行的货物运输列车,方便客户有计划地开展铁路运输。由于铁路一节车辆装载量大,加上有多种类型的运输车辆,它几乎可以不受品种、重量和容积的限制;但是铁路运输严格按列车运行计划执行,且在运输过程中需要有列车的编组、解体和中转改编等作业环节,因而增加了货物在途中的时间;而且铁路运输中间装卸作业次数多,易发生货损,因此要求铁路运输作业人员在操作过程中要注意保证货物的数量和质量的完好。

从物流作业过程看,铁路整车货物运输主要作业过程可以归纳为图3-1。

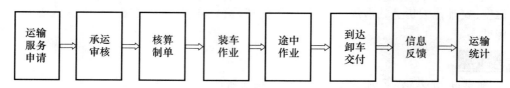

图3-1 铁路整车运输服务流程

(二)铁路整车货物运输条件

铁路整车货物运输过程是指从客户提出运输服务申请、货物承运受理开始,到交付收货人为止的生产活动。我国现行常用敞车的额定载重量一般是一辆车皮60t左右,最大载重量达70t,棚车的有效容积一般是100m³,故铁路整车货物是指托运人向铁路托运的货物,其重量、体积或形状需要以一辆以上的(含一辆)货车运输。

《铁路货物运输规程》规定,下列货物限按整车办理。

(1)需要冷藏、保温或加温运输的货物。

(2)规定限按整车办理的危险货物。

(3)易于污染其他货物的污秽品(如未经消毒处理或未使用密封不漏包装的牲骨、湿毛皮、粪便、炭黑等)。

(4)不易计算件数的货物,如蜜蜂等。

(5)未装容器的活动物(铁路局规定在管内运输可按零担运输的办法者除外)。

(6)一件货物重量超过2t、体积超过2m³或长度超过5m的货物。

铁路整车运输还有一些特殊形式:整车分卸,站界内搬运,准米轨直通运输,国铁与地方铁路的直通运输。

铁路货物运输中还有以"一批"条件办理的运输情况。"一批"是运输办理和计算运费的单位,指托运人一次申请托运的货物中,那些托运人、收货人、发站、到站和装卸车地点相同(整车分卸除外)的货,使用了同一张货物运单和一份运输货票,并且按照同一运输条件办理运送的货物。

整车运输中以每车为"一批",集装箱运输中以一份运单为"一批"。注意,为保证货物运输质量,一批货物中如有物质的性质相克的货物,不能按照铁路"一批"的运输条件办理。

（三）铁路运到期限估算

铁路货物运到期限的含义是：将货物由发送站运到目的站的最长时间限制。这是铁路运输合同的重要内容，是铁路货运企业根据现有技术装备条件和运输组织作业实施水平确定的，也是对客户服务时间的承诺。运到期限从承运人承运日期次日起算，其由货物发送时间、运输时间和特殊作业时间组成。即：$T = t_{发送} + t_{在途} + t_{特殊}$，计算规定如下。

（1）货物发送作业时间为 1 天，主要是用于日运输计划执行，车辆调度，装车（加固）作业，发送单证、行车文件准备，车辆编组作业等。

（2）货物在途运输时间：普通运输以每 250 运价千米为 1 天，运价千米不足 250km 的，按1 天计算；若按铁路整车快运办理的整车货物每 500 运价千米（含小于）为 1 天。

（3）特殊作业时间：运价里程超过 250km 的零担货物和 1t 集装箱，另加 2 天，超过1000km 的，则加 3 天；整车分卸货物，每增加一个分卸站，另加 1 天；准米轨直通整车货物，另加 1 天；需要中途加冰的，每加一次冰，另加 1 天；一件货物重量超过 2t、体积超过 $2m^3$ 或长度超过 5m 的零担货物，另加 2 天。特殊作业时间主要考虑作业时会专门停车、或者是专门要将车辆解体再编组等原因。

（4）容许运到期限：一些货物的属性导致其极易产生质变，运输必须保证货物的质量良好，必须在货物属性容许的时间范围内安全运输。一般原则是，客户提出货物运输的容许运到期限应大于铁路运到期限，否则不能保证货物运输质量，易产生运输纠纷。

《铁路鲜活货物运输规则》规定，易腐货物、"短寿命"的放射性货物，应记明容许运到期限。由于货物的性质特殊和作业程序要求，故此类货物的实际运输期限应在普通货物起码期限的基础上再加 3 天，即最短运输期限不少于 7 天，否则不能承运。

（5）五定班列的运到期限按照列车的运行天数另加 2 天计算，始发日和终到日不足 24 小时的，按 1 天计算。

铁路货物的实际运到日数从货物承运次日起算，货物运到期限起码为 3 天，运到期限按照自然日计算。铁路货物的实际运到日数超过了规定的运到期限，则属违约。

二、工作任务

（一）运输服务申请

铁路整车货物运输服务申请以签订运输合同为前提，铁路部门依据合同按月安排车辆使用计划；如果有客户需要在某一月内使用铁路运输货物，客户须先向铁路运输计划管理部门提交铁路货物运输服务订单（图 3 - 2），预约铁路车辆使用计划。铁路货物运输服务订单每月19 日前提交，申请次月计划，也可随时申请、随时审批。

铁路运输服务订单按提报渠道可分为营业厅提报的纸质订单和互联网提报的电子订单；按服务类型可分为计划预约订单、现车预订订单、快运货物班列预订订单等；按业务性质可为普通货物运输订单、国际联运订单、水陆联运订单等。通过不同的渠道，办理不同的业务，客户要使用不同的订单。

铁路运输服务申请还可以借助电子商务平台在网上办理，客户需在铁道部客户服务中心网站注册。目前电子商务系统营业时间初步确定为每天早 7：00 至晚 23：00；下订单时注意"现车预订"预订期为 10 天，客户可预订 10 天以内的任一日或多日的车位。

（二）承运审核

承运人办理货物运输时，首先应核定该托运人有没有运输计划指标，确认能否进行运输。

****局铁路货物运输服务订单**

提表时间： 年 月 日

要求运输时间： 日至 日

受理号码：

发 站	名称		略号
发货单位盖章	省/部名称_____代号_____		
	发货单位名称_____代号_____		
	地址 电话		

顺号	到局：代号：			收货单位				货物		吨数	车种代号	车数	特征代号	换装港	终装港	报价(元/号)(元/年)	备注
	到站	到站电报略号	专用线名称	省/部		名 称	代号	品名									
				名称	代号			名称	代码								

供托运人自愿选择的服务项目（由托运人填写，需要的项目打√）

□1. 发送综合服务　　□5. 清运、消纳垃圾

□2.　　　　　　　　□6. 代购、代加工半载加固材料

□3. 仓储保管　　　　□7. 代对货物进行包装

□4. 篷布服务　　　　□8. 代办一关三检手续

说明或其他要求事项

□保价运输

承运人签章

年 月 日

说明：1. 涉及承运人与托运人、收货人的责任和权利，按《铁路货物运输规程》办理。

2. 实施货物运输，托运人还应递交货物运单，承运人应按报价核收费用，装卸等需发生后确定的费用，应先列出项目，金额按实际发生核收。

3. 用户发现超出国家计委、铁道部、省级物价部门公告的铁路货运价格及收费项目、标准收费的行为和强制服务、强行收费的行为，有权举报。

图 3-2　铁路货物运输服务订单

承运审核的内容是运单审核、货物查验。

发货人需要铁路运输服务时，首先填写货物运单（托运人填写部分）交给承运人审核，托运人应保证所填运单及物品清单内容的真实性，整车货物由托运人确定重量；承运人要仔细审核运单上货物品名、规格形状、数量与实际货物是否相符，货物运输包装和标记情况等。承运人确定该批货物是否能进行整车运输，核定计费重量，填写货物运单（承运人填写部分），告知发货人所用车辆类型、运输费用。发送站对托运人提出的货物运单，经审查符合运输要求，在货物运单上签上货物搬入或装车日期后，即为受理承运。整车货物可直接由发货人送达装车点。货物装车完毕，发送站在货物运单上加盖承运日期，即为承运。承运审核是铁路货物运输发送作业的开始，它是安全运输及保证货物运输质量的关键。

对在储运过程中有特殊要求的货物，应在包装上标打包装储运图示标志。例如危险货物运输时，应在包装上按规定标打危险货物包装标志。

铁路运单填写必须正确无误，货运员应认真、仔细审核货物运单，发现填写错误应及时纠正。以铁路某局的货物运单为例（图 3-3），货物运单填写注意事项有以下几条。

（1）一张运单托运人必须是同一人。

（2）拼装分卸的货物应注明（托运记事栏），一个卸货点或一个收货人对应一张运单。

（3）特种货与普通货，或货物性质箱抵触的货分别使用运单。

（4）泡货的处理要写明折算标准。铁路泡货的折算标准：$12m^3/t$ 以上为纯泡货；$7m^3/t \sim 12m^3/t$ 之间的为泡货；$3m^3/t \sim 7m^3/t$ 为重泡货。

（5）散货、规格相同（2000件以上）、规格不同（1600件以上）的货必须按重量承运。

货物指定于 月 日搬入
货位：
计划号码或运输号码：
运到期限 日

××铁路局
货 物 运 单
托运人→发站→到站→收货人

| 承运人/托运人装车 |
| 承运人/托运人施封 |
| 货票第 号 |

领货凭证
车种及车号
货票第 号
运到期限 日

托运人填写		承运人填写		
发站		到站(局)		车种车号		货车标重	
到站所属省(市)自治区		施封号码	
托运人	名称		经由		铁路货车篷布号码	
	住址		电话	
收货人	名称		运价里程		集装箱号码	
	住址		电话	
货物名称	件数	包装	货物价格	托运人确定重量(公斤)	承运人确定重量(公斤)	计费重量	运价号	运价率	运费
合计									
托运人记载事项				承运人记载事项					
注：本单不作为收货凭证，托运人签约须知见背面。			托运人盖章或签字 年 月 日			到站交付日期戳	发站承运日期戳		

领货凭证：
发站	
到站	
托运人	
收货人	
货物名称	件数	重量

托运人盖章或签字

发站承运日期戳

注：收货人领货须知见背面

图3-3 铁路货物运单

（三）装车作业

承运审核完毕，托运人应按指定的日期将货物搬运到承运人仓库或装车点集结，承运人即可进行装车作业。

货物装卸是随着运输和储存活动进行而发生的一种辅助性作业。装卸作业本身不会改变货物的价值，但利用装卸机械可以提高货物周转效率，利于作业合理化，也对货物运输质量起重要作用。

1. 货物装车前保管

铁路发送站确认货物可以承运时，发货人应将货物搬入指定地点存放。一般货物整车运输时，需事先做好调车作业安排，然后货物直接进站在指定地点装车作业；确实需要发送站实行承运前保管的，可堆存在发送站仓库或堆场，发送站收货完毕即应负货物保管责任，发送站必须建立货物保管记录。

2. 货物装车作业

为保证铁路承运货物的安全，铁路运输规则规定，货物装车或卸车的组织工作，在车站公共装卸场所以内的由承运人负责。有些货物虽在车站公共装卸场所内进行装卸作业，由于在装卸作业中需要特殊的技术、设备、工具，则由托运人或收货人负责组织。例如：罐车运输的货物；冻结的易腐货物；未装容器的活动物、蜜蜂、鱼苗等；一件重量超过1t的放射性同位素；由人力装卸带有动力的机械和车辆。还有一些其他货物由于性质特殊，货方提出并经承运人同意，也可由托运人或收货人组织装车或卸车，如气体放射性物品、尖端保密物资、特别贵重的展览品、工艺品等。货物的装卸不论由谁负责，都应在保证安全的条件下快速装卸，必要时可以昼夜不断地作业，以缩短货车停留时间，加速货物运输及其运输工具的周转。

装车作业基本要求是保证货物运输安全。货物装车时应充分考虑车辆的额定承载量，充分利用货车容积巧装满载;货物重量应均衡、稳固地分布,保证货物重心在合理范围内;货物积载应注意重不压轻、堆码稳妥、紧密、捆绑牢固,防止列车运行途中货物发生相互碰撞、滚动、倒塌、坠落等情况;进行鲜活、危险货物运输时应严格按照铁路货物运输相关规定执行;运输长、大、阔、重货物时,按《铁路货物装载加固规则》的规定办理。

3. 监装及安全检查

铁路货物运输安全前提是保证装车工作质量,装车前应做好"三检"工作:核查运单,确认待装货物,检查运输车辆的技术条件和卫生状态是否满足安全运输的要求。正式装车前配载人员或安全主管应向装卸班组详细说明货物的品名、性质,布置装卸作业安全事项和需要准备的消防器材及安全防护用品,必要时通知公安到场监护,如装卸剧毒品时。货物待装上车时应按规定堆存,整车货物定型码垛,集装箱箱号、零担货物货签向外,留有检查通路,待装车的货物须距钢轨外侧2m以上。

装车作业人员应严格按规定的安全作业事项操作。装车完毕应关闭好车门、车窗、盖、阀,整理好货车装备物品和加固材料。装车后需要施封、苫盖篷布的货车由装车单位进行施封与苫盖篷布。安全监装人员应最后巡视,检查货物装载加固、防护措施情况,及时纠正可能发生的问题。

(四)核算制票

核算制票在承运方查验审核及货物运单填写完毕后进行。在整车货物搬入指定仓库或装车后,发送站的货运员将签收的运单移交货运室填制货票,据此向发货人核收运杂费,签发出货票。

1. 认识铁路货票

铁路运输货票是铁路运输货物的凭证,也是一种具有财务性质的票据,它可以作为承运货物的依据和交接运输的凭证。铁路货票一式4联,甲联为发站存查联(图3-4);乙联为报告联,由发送站报其所属铁路局;丙联由发送站给发货人作为报销凭证(图3-5);丁联为运输凭证(图3-6),由发送站交随货物递交至到达站,到达站在交付货物时,让收货人结算剩余费用并在此联签章,由到站留存,作为完成运输合同的唯一依据。

货物发出后,货票应分类按顺序号装订成册,并在装订册封面写清货票序号,便于核查。后(到)付货票丙联须随货物递交到站。

核算货运员接到外勤(办理集货、装车)货运员交来的整车装车完了的货物运单,重新检查、核实记载事项,确认无误后,即计算运杂费。然后起票(开出货票)、收款,在运单和货票上加盖发站承运日期戳及经办人名章,并将领货凭证及货票丙联交发货人。货票是有价证券,必须妥善保管,不得遗失。

2. 铁路运费计算

铁路承运人提供运输服务时,依照国家规定的运输价格向被服务者收取一定的费用,用以补偿各项生产服务的消耗,包括场站费用、运行费用、铁路装备使用费用及其他服务费用。《铁路货物运价规则》是计算铁路货物运输费用的基本依据,其收费项目和收费标准必须在车站的营业场所公告。铁路运价按运输种类分为:整车货物运价、零担整车货物运价、集装箱货物运价。

计算铁路货物运输费用的主要规章有《铁路货物运输规程》、《铁路货物运价规则》、《铁路货物运价里程表》、《铁路货物装卸作业计费办法》、《铁路货物保价运输办法》、《货车使用费核收办法》等。

货票　甲联　（发站存查）

＊＊铁 路 局

计划号码或运输号码　　　　　　　　　　　　　　货物运到期限　　　日

发站		到站（局）			车种车号		货车标重		承运人/托运人装车	
托运人	名称				施封号码				承运人/托运人施封	
	住址		电话		铁路货车篷布号码					
收货人	名称				集装箱号码					
	住址		电话		经由		运价			
货物名称	件数	包装	货物重量（kg） 托运人确定	货物重量（kg） 承运人确定	计费重量	运价号	运价率	现付 费别	现付 金额	
								运费		
								装费		
								取送车费		
								过磅费		
合计										
记事								合计		

规格 270mm×185mm　　　　　发站承运日期戳

经办人盖章

图 3－4　铁路货票甲联(发站存查)

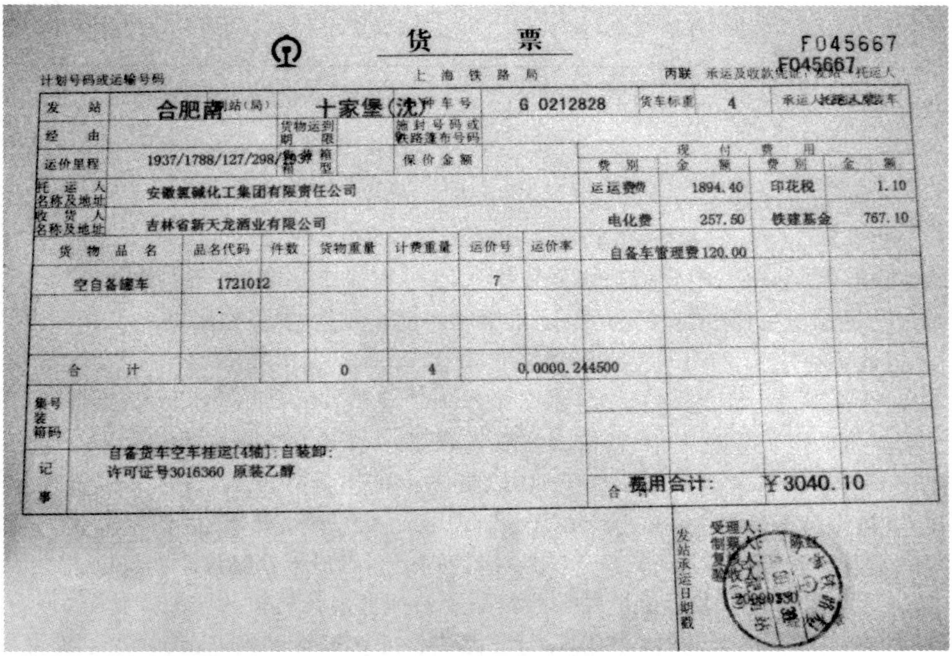

货　票　F045667

上海铁路局　丙联　承运及收款凭证

计划号码或运输号码

发站：合肥南　到站（局）：十家堡（沈）　车种车号：G 0212828　货车标重：4

运价里程：1937/1788/127/298/…

托运人名称及地址：安徽氯碱化工集团有限责任公司

收货人名称及地址：吉林省新天龙酒业有限公司

货物品名	品名代码	件数	货物重量	计费重量	运价号	运价率
空自备罐车	1721012				7	
合计			0	4	0,0000.244500	

费别	金额	费别	金额
运费	1894.40	印花税	1.10
电化费	257.50	铁建基金	767.10
自备车管理费 120.00			

记事：自备货车空车挂运(4轴)，自装卸；许可证号3016360 原装乙醇

费用合计：￥3040.10

发站承运日期戳

图 3－5　铁路货票丙联(样例)

货票　丁联　（承运凭证：发站至　到站存查）

＊＊铁路局

计划号码或运输号码　　　　　　　　　　　　　　货物运到期限　　　　日

发站			到站（局）			车种 车号		货车 标重		承运人/托运人 装车	
托运 人	名称					施封 号码				承运人/托运人 施封	
	住址		电话			铁路货车篷布号码					
收货 人	名称					集装箱号码					
	住址		电话			经由			运价		
货物名称	件数	包装	货物重量 （kg）		计费 重量	运价号	运价率	现付			
			托运人 确定	承运人 确定					费别	金额	
									运费		
									装费		
									取送车费		
									过磅费		
合计											
记事								合计			
卸货时间　月　日　时 催领通知方法 催领通知时间　月　日　时 到站收费收据号码			收货人盖章（签字） 收货人身份证号码				到站交付日期 经办人		发站彻承运日期 经办人		

图 3 -6　铁路货票丁联（正面）

　　公式：整车　　　　　运费 =（基价 1 + 基价 2×运价里程）×计费重量
　　或　　　　　　　　　运费 =（发到基价 + 运行基价×运价千米）×计费重量
　　集装箱　　　　　运费 =（基价 1 + 基价 2×运价里程）×箱数

　　基价 1 也叫发到基价，主要指运输作业中固定的基础作业部分，与运输里程无关，基价 2 即运行基价受运输里程影响。铁路运价定价策略目前采用递远递减的方法。

　　1）运费计算程序

　　① 确定计费重量。货物计费重量：整车是以吨为单位，吨以下四舍五入；集装箱是以箱为单位。每项运费的尾数不足 1 角时，按四舍五入处理。

　　当整车装载货物重量不到车辆标重时，以货车标重作为计费重量；若装载货物超过标重时，以实际重量四舍五入取整，作为计费重量。如：某站发一批服装，货物重量 58.7t，以一辆 60t 棚车装运，其计费重量应为 60t；若货物重量为 61.7t，则应以 62t 为计费重量。

　　② 确定货物运价里程。运价里程一般按照发站和到站的最短行驶路线计算，但有经由站时（绕行路线），应指货物运输过程的实际行驶路线长度。运价里程可在《货物运价里程表》中计算得到。

③ 确定货物运价号。依据货物运单中填写的货物名称,从《铁路货物运输品名分类与代码表》和《铁路货物运输品名检查表》中查出该品名货物的适用运价号。当统一托运人、一批整车货物中的运价不同时,取其中高者。

④ 确定基价1和基价2。根据《铁路货物运价率表》,按适用的货物运价号查找出对应的基价(运价率)。铁路货物运价率表会根据市场能源行情和运力情况适时调整,应以铁路部门网站的当日公告为准(表3-1)。

⑤ 根据货物运输条件,计算出货物的运费;按快运货物办理的运输,应在正常运费基础上加收30%快运费。

⑥ 按《铁路货物运价规则》的规定核收杂费,如快运费、装卸费、电气化附加费、新路新价均摊运费、建设基金等。

$$铁路电气化附加费 = 电气化附加费率 \times 计费重量 \times 电化里程$$

$$铁路建设基金 = 建设基金费率 \times 计费重量 \times 基金里程$$

电气化费率:0.012 元/t·km;铁路建设基金费率:0.033 元/t·km。

表 3-1 铁路货物运价率表

办理类别	运价号	基价 1		基价 2	
		单位	标准	单位	标准
整车	1	元/t	7.40	元/t·km	0.0565
	2	元/t	7.90	元/t·km	0.0651
	3	元/t	10.50	元/t·km	0.0700
	4	元/t	13.80	元/t·km	0.0753
	5	元/t	15.40	元/t·km	0.0849
	6	元/t	22.20	元/t·km	0.1146
	7			元/kg·km	0.4025
	机械冷藏车	元/t	16.70	元/t·km	0.1134
零担	21	元/10kg	0.168	元/10kg·km	0.00086
	22	元/10kg	0.235	元/10kg·km	0.00120
集装箱	20ft	元/箱	387.50	元/箱 km	1.7325
	40ft	元/箱	527.00	元/箱 km	2.3562

[资料来源于铁道部(前)网站服务中心 2013 年 3 月 10 日]

[任务实践]

石家庄站发送苹果到太原站,1500 箱、纸箱包装,每箱货重 15kg,铁路配给篷车一辆,车辆标记载重 50t,已知石家庄到太原运价里程 231km,计算运到期限和运费。

解:① 运到期限。

$$T = T_{发送} + T_{在途} + T_{特殊}$$
$$= 1 + 231/250 + 0$$
$$\approx 2(天)$$

铁路普通货物运输起码运输天数是 3 天,所以,该批货物运到期限为 3 天。

② 运费。

$$货物重量 = 15 \times 1500 = 22500kg$$

该批货物应为整车运输,计费重量为 50t。

运价里程 231km。

确认运价号:整车 5(分类码 2060)。

查运价率:基价 1——15.40 元/t,基价 2——0.0849 元/t·km

$$运费 = (发到基价 + 运行基价 \times 运价里程) 计费重量$$
$$= (15.40 + 0.0849 \times 231) \times 50$$
$$= 1750.60(元)$$

(铁路除了收取运费外,还有些其他项目:铁路建设基金、铁路电气化费、装卸费用等。)

确定铁路货物运费时,原则上按件数或重量承运,但有些非成件货物或一批货物件数过多而且规格不同,在承运、装卸、交接和交付时,点件费时、费力,只能按重量承运,不再计算件数。只按重量承运,不计算件数的货物有以下几类。

① 散堆装货物。

② 以整车运输的规格相同(规格在 3 种以内视为规格相同)的货物件数超过 2000 件。

③ 规格不同一批数量超过 1600 件的成件货物。

④ 整车货物与集装箱货物,由托运人确定重量,承运人核定并核收过秤费。

2)货物装卸搬运费

铁路货物装卸搬运作业费收费项目分整车、零担、集装箱、杂项作业 4 种。各地区、各车站按其实际发生的项目和中国铁道总公司规定的费率标准核收。

装卸运费重量确定:整车货物以吨为单位,吨以下四舍五入,零担货物以 10kg 为单位,不足 10kg 的进为 10kg,集装箱货物以箱为单位。

货物堆放地点与车辆的最大距离:整车货物为 30m,集装箱货物为 50m,人力装卸堆放于仓库和雨棚以外的货物、整车包装成件货物的装车距离为 20m,散堆货物除木材、毛竹、草秸类货物重复装车为 20m 外,其他货物均为 6m。

凡超过上述规定的装卸距离,其超过部分按搬运处理。货物装卸、搬运费用,按各铁路局规定收费。

（五）途中作业

铁路行车运行组织严格按照计划执行,货物运输按照事先约定的列车编组和车次执行。货物运输途中可能会发生类似货物中转交接、途中理货、运输变更处理、特殊作业处理等情况。铁路部门规定,为了保证货物运输的安全和质量,划清运输责任,运输中的货物(车)应由车站人员和列车乘务员之间或列车乘务员相互之间,在铁路局指定的地点、时间办理货物的交接检查。遇突发情况时,应严格按照突发事件处理程序执行;需要运输变更时按照运输变更程序办理。

通常情况下,铁路负责货物运输安全。但遇货物性质特殊时,需要在运输途中对货物进行特殊作业和专业防护,托运方可派出押运人员。例如:某些危险货物、军火特殊物资;活鱼、家畜等活的动物;对温度和湿度有要求的鲜活植物等。托运方要派出押运员时应按照承运人的规定提出,办理押运、随车手续。

（六）到达卸车与交付

货物列车到达后,卸车前到站要核对车辆施封情况并进行货物检查,然后办理货运票据的交接签证,并将到站卸车的货物票据移交到站货运室。

货物到达卸车时,货物应按要求整齐堆码,破损的货物及时记录;卸货后的车辆应及时关闭门窗、送指定地点清理与清扫,整车卸车的货物堆放须距钢轨外侧 1.5m 以上。

货物到达卸车后,到站应及时通知收货人提货,铁路部门免费保管期限为货物到达卸车完毕次日 2 天内(也有铁路局规定 1 天的),超过免费存放时间的可核收货物暂存费。

货物交付时,收货人应持领货凭证和规定的有效证件到铁路货运室办理领取手续。货物在运输途中发生的费用(如包装整修费、托运人责任的整理或换装费、货物变更手续等)和到站发生的杂费,应由到站收货人支付。在支付费用且在货票丁联盖章(或签字)后,到站货运室在运单和货票上加盖到站交付日期戳,然后将运单交给收货人,凭此领取货物。

现货交付的货物必须由承运人向收货人点交。收货人持加盖"货物交讫"的运单将货物搬出货场,门卫对搬出的货物应认真检查品名、件数、交付日期与运单记载是否相符,经确认无误后放行。

（七）信息反馈、结算与统计

在货物到站进行的各项作业,主要包括重车和货运票据的交换、卸车作业、保管和交付等业务活动。到站向收货人办完货物交付手续后,应将收货人签收的货票丁联留存作为运输汇总统计的凭证。各铁路局之间凭此进行结算。

铁路运输管理部门为制定交通运输发展计划及检查货物运输生产计划完成情况,定期进行铁路货运运输统计,主要内容有以下几方面。

① 货物发送吨数。是铁路营业车站承运货物的数量,是考核车站、铁路局及全路完成国家货物运输计划的重要指标。

② 货物到达吨数。是营业车站、铁路局到达货物的数量。

③ 货物运送吨数。是铁路局货物运输的全部工作量,它包括货物发送吨数和由外局接运吨数的全部货物运送量。

④ 货物周转量。周转量是铁路运输工作量的主要指标。货物周转量 = 货物吨数 × 发到站间里程。

⑤ 货物运输密度。是表示区间、区段或某条线路平均每一千米营业线所通过的客运量和货运量。它反映铁路线路能力的利用程度,作为线路改造、制定路网规划的依据。

模块 2　公路整车货物运输作业

一、知识准备

公路运输是交通运输系统的重要组成部分。有资料表明,公路运输所完成的货物运输量占整个货物运输量的 80% 左右,货物周转量占 10%。现代所用公路运输工具主要是汽车,在一些工业发达国家,公路运输的货物运输量、周转量在各种运输方式中都名列前茅。在地势崎岖、人烟稀少、铁路和水运不发达的边远和经济落后地区,公路为主要运输方式。公路运输还为其他运输方式(如铁路、水路或航空)进行集散运输。集装箱汽车运输、整批货物运输、大型特型笨重物件运输、快件货物运输是常见公路运输的组织方式。

（一）公路整车货物运输

依照运输货物数量多少,公路货物运输分为整批(车)货物运输、零担货物运输和集装箱货物运输。公路运输主要为中、短途运输。短途运输运距为 50km 以内,中途运输运距为

50km~200km，一般情况下，公路运输的经济里程半径为200km。

我国《公路汽车货物运输规则》指出，公路整车货物运输是指托运人一次托运的货物在3t（含3t）以上，或虽不足3t，但其性质、体积、形状需要一辆3t及以上的汽车运输。各类危险货物，易破损、易污染和鲜活等货物，一般作为整车货物办理托运。

公路整车货物运输宜采用"门到门"的运输，承运人按托运用户的要求或根据运输协议派车完成运输任务。为控制运输成本，应尽量选择专线直线、费用最低的方案；有些运输企业可以根据企业拥有车辆等资源情况，采用自有车运输（图3－7）或者委外运输方式（图3－8）。

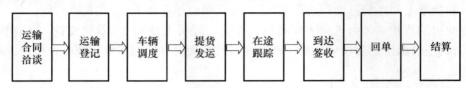

图3－7　自有车整车运输作业流程

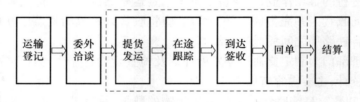

图3－8　委外整车运输作业流程

企业生产中，判断一批货物是否是整车货物的依据不完全取决于货物数量、体积或形状的大小，还应考虑货物的性质、货物价值对运费的负担能力等因素，对于特种货物（包括集装箱货物），无论数量、体积、形状如何，承运人通常均按整车货承运。

（二）公路货物运到期限

公路运输期限是由承托双方共同约定的货物起运、到达目的地的具体时间，受运输工具性能、道路行驶状况等影响。一般用行驶里程除以平均行驶速度估算，再加上集货、转运中心的作业时间。若承托双方未约定运输期限的，从起运日起，按200km为1日运距计算运输期限。例如：某公路货运公司南京至上海的货物，承运后24小时内必须送至地区集货中心，在地区集货中心必须24小时内装车发送，加上途中时间，所以货物到达期限2天~3天。

公路快运货物一般为500km以内不超过24小时，此后，每增加600km，送达时间延伸24小时。

二、工作任务

（一）运输合同洽谈

公路货物运输以货源组织为作业的开始，整车货源组织基于市场，地区的资源、产业构成决定了整车货物的运送方向，便于点对点直达专线运输的组织，这类货物一般是按照运输合同随时组织运输，运输成本易控制。

（二）运输登记

公路整车运输登记包括接单、制单。运输主管或营业部经理从客户处接受到运输发送计划后，货运员（有公司也叫操作员）进行货物运输信息核对、登记，填制公路货物运输运单、公路运输行车单。表 3 - 2 是某物流公司的公路货物运输运单。

表 3 - 2　公路运输运单

＊＊物流公司货物托运单

托运人(单位)：

经办人：　　　　　　　　　　　　　　　　　　　　　电话：

地址：　　　　　　　　　　　　　　　　　　　　　运单编号：

发货人		地址		电话	装货地点		厂休日	
收货人		地址		电话	卸货地点		厂休日	
付款人		地址		电话	约定起运时间	约定到达时间	需要车种	

货物名称及规格	包装形式	件数	体积长×宽×高/m³	件重/kg	质量/t	保险、保价价格	货物等级	计费项目	计费质量	单价
								运费		
								装卸费		
合计								计费里程		

托运人记载事项		付款人银行账号		承运人记载事项			承运人银行账号	

注意事项	1. 托运人请勿填写栏内的项目 2. 货物名称应填写具体的品名,如货物品名过多,不能在托运单内逐一填写,必须另附货物清单 3. 保险或保价货物,在相应价格栏中填写货物声明价格	托运人签章年　月　日	承运人签章年　月　日

【说明】

1. 填在一张货物托运单内的货物必须是同一托运人。对于拼装分卸货物,应将拼装或分卸情况在托运单记事栏内注明。易腐蚀货物、易碎货物、易溢漏的液体、危险货物与普通货物,以及性质相抵触、运输条件不同的货物,不得用同一张托运单托运。托运人、承运人修改运单时,需签字盖章。

2. 本托运单一式三联:第一联作受理存根,第二联作托运回执,第三联随货物。

公路货物运单是公司财务性质的货运票据,是清算运输费用、确定货运进款和运送里程(计费吨千米)以及计算有关货运工作指标的依据,货票根据货物运单记载的内容填写,字迹要清晰,金额不得涂改,填写错误时按作废处理,其他事项如有更改,必须盖章。有些公路运输公司的整车货物运单是五联。

（三）车辆调度

公路货物运输组织与铁路运输组织不同之处在于车辆运行指挥,公路运输多数车辆可以由公司调度。

承运人在接受客户的运输发送计划后,运输调度制定运输作业计划,根据送货方向,货物的重量、体积统筹安排车辆,并将运输计划回复给客户,与客户确认到厂提货时间。此后,运输调度分派任务、明确送货目的地。受令司机(指定人员及车辆)到运输调度中心拿行车路单、提货单(运输调度从客户处接受)、公路货物运单等,并在运输登记本上确认签收。司机领受调度命令后应再次检查车辆状况是否正常。

车辆调度工作以车辆行驶为中心,按照车辆运行作业计划执行。调度员操作程序是:发布调度命令、登记调度命令、交付调度命令。一般调度命令发布前,应详尽了解车辆需求数、货物的发送地和到达地,了解作业现场情况。调度命令的内容有:命令日期、车辆牌号、驾驶员姓名、作业内容、发车时间。公司应有专门的调度命令登记簿,登记接受并执行的调度命令。调度命令一事一令,不能涂改;若有不正确的字,确需修改的,应先将错误处圈掉重写。调度命令涉及其他部门和人员时,应同时发给。

车辆行驶命令和口头指示只能由调度员发布,车辆的行驶路线、停运、车辆中转点及甩挂由调度员统一公告。调度员的职责是:执行有关运输规定,分配驾驶员车辆的使用及载货任务,指示司机行驶里程,了解运输变化情况,了解货物在途情况,编制日作业计划,督促检查运输计划执行情况,检查安全运输执行情况。调度员的工作内容必须对领导负责。

委外车辆运输调度常见于本企业内部车辆不够及时调度,或者是本票运输运价成本较高、企业又不愿意丢掉客户时,可以委托第三方运输公司完成业务。委外运输须事先签订委外运输协议书,约定双方责任、权利、义务,结算方式,违约处理方法等。

某物流公司行车路单如表3-3所列,它是公路车辆合法执行运输任务的凭证,必须随车备查。

表3-3 汽车行车路单

××物流公司行车路单

年   月   日   车牌号:

起讫地点	距离/km	发车时间	返回时间	货物名称	油表记录	备注

会计: 审核: 调度员: 司机:

调度员在调度车辆时,应根据承运货物的需要,按货物的不同特性,提供技术状况良好、经济适用的车辆,并能满足所运货物重量的要求。使用的车辆、容器应做到外观整洁,车体、容器内干净无污染物、残留物。承运特种货物的车辆和集装箱运输车辆需配备符合运输要求的特殊装置或专用设备。

(四)提货发运

公路整车货物运输发送作业是由司机与随车理货员按约定时间到达客户集货点装车。货物装车前,司机或随车理货员与客户应按物品交接清单点件交接,查看货物包装情况,按照货物装车顺序、积载要求进行装车。货物交接装车完毕,应在物品交接清单上签字确认,如表3-4所列。

表 3-4　物品交运清单

交运物品清单

起运地点：　　　　　　　　　　　　　　　运单号码：

编号	货物名称及规格	包装形式	件数	新旧程度	体积 长×宽×高	质量	保险、保价价格

托运人签章：　　　　　　　　承运人签章：　　　　　年　　月　　日

【说明】本物品清单为运输交接使用，交接双方需签字确认。

　　整车货物多采用托盘集装，借助叉车装车。货物装车后必要时可以采取加固措施，保证货物安全。整车货物运输的装卸按合同约定进行，合同中未约定装卸人的，由承运人承担装卸。货物装车结束，驾驶员或理货员应再次检查货物积载情况，盖好车棚，锁好箱门，防止甩货，清点随车单证。

　　1. 件杂货积载

　　件杂货是指有包装和无包装的成件运输的货物。它与集装箱运输的件杂货有区别，件杂货的包装形式可分为袋装货物，捆装货物，桶装货物和圆筒装货物，箱装货物，筐、篓、坛装货物，裸装货物等。比较典型的件杂货物货种有：棉花、茶叶、袋装谷物、橡胶、袋装化肥、袋装水泥、玻璃及其制品、针织棉纺织品等。

　　棉花具有易燃、吸湿、保温等特性，通常以捆包的方式运输。棉花的运载工具应具备清洁、干燥等条件；运输过程注意不能发生污染，做好消防工作，装卸中注意不能破包。

　　茶叶具有吸湿、陈化、吸收异味等特性。在运输过程中主要是防止霉变、陈化和感染异味。其运载工具应清洁、干燥、无异味；运输中应严格控制运输工具内的温湿度；装卸过程中应避免遭受剧烈撞击，不能损坏包装。

　　橡胶具有溶解性、易燃性、老化性、吸湿性、可塑性、散发异味性等特点。橡胶的运输工具应清洁、干燥、无渗漏现象。它不能与酸、碱、油类及其他化学品同装；装卸过程中应防止雨淋、水湿；应与能散发水分的货物分装，与易燃、怕感染异味的货物分装；运输中要注意通风，防止汗湿，注意防火。

　　袋装化肥：化肥的种类很多，性质也各不相同，有些还属于危险货物。化肥与运输有关的性质主要有溶解性、吸湿性和结块性、燃烧爆炸性、有毒性、锈蚀性、扬尘性等。所以，承运化肥时要向托运人索取货物说明书，要求来货具有完整的防水隔潮包装。要保证运输工具的清洁、干燥，污水管系应完好无渗漏。不同品性的化肥应该按照说明书的要求加载，避免产生化学反应；应注意防火，不应与易爆炸的货物接近。

　　袋装谷物具有吸附性、吸水及散发水分、呼吸作用等。袋装谷物的积载必须事先检验装运谷物的质量和含水量,运输工具必须清洁、干燥、无异味,还需在粮袋间设置木制通风器,以防运输途中谷物发热、出汗、产生虫害等,要加强自然通风,防破包。装载时严禁与易散发水分、散发热量、有异味、污秽、有毒以及会影响谷物质量的其他货物同装。

袋装水泥主要有水硬性(水泥遇水后凝固变硬)、扬尘性等特点。因此,袋装水泥的运输工具应干燥,不能与易散发水分的货物同装,禁止雨天装卸。水泥一般应单独装运,各种不同标号的水泥应严格分开装载;水泥的堆码不宜过高,防止破包。

玻璃及其制品具有脆性、耐酸碱性、风化等性质。在装运前应仔细检查其包装是否符合运输要求并注意包装箱内是否有破碎声;配装时应便于绑扎固定,装卸应严格按易碎货物要求进行操作。堆码时必须使其基础平整稳固,严格遵守特别标志上注明的要求进行操作,必须严格注意防水、防潮。

2. 散货积载

散货是指在运输过程中不加包装而散运的货物,如煤炭、矿石、建筑用砂石等。由于散运可以节省包装、提高装卸效率,许多传统上以袋装运输的货物,如粗盐、水泥、化肥、砂糖等,也在不断地改为散运。散货的块度大小、容重、流动性和黏结性、堆积角、自燃性等都和装卸作业有重要关系。例如用漏斗抓取大块煤炭就比抓取小块煤炭困难得多,并容易造成漏斗的堵塞和皮带机的损坏等一系列问题。再如黏结性和流动性,对于机械的抓取和重力落料,都有直接关系;黏结性大、流动性差的物料在漏斗中易于成拱而不能自流。物料的容重、堆积角都影响堆场的布置、所需堆场面积的大小、使用的机型。对易自燃、易污染、易冻结的货物,应采取相应的技术和组织措施。

谷类货物是货物运输中的大宗货物,包括小麦、玉米、燕麦、稻子、豆类以及种子等。谷类货物在运输中,由于摇摆、颠簸及震动,使谷粒间的空隙减小而下沉,而且谷类货物能自动松散流动,但若发生横向移动,会对运输工具的稳定性将产生极为不利的影响。

矿石、煤炭类的散货由于化学成分不同,具有一些特殊特性,比如:矿石类易扬尘、冻结性、有的能散发瓦斯,有的甚至能自燃,最好采用专用运输工具积载,避免与怕受潮、怕污染的货靠近。对煤炭类的货物,注意与易燃、易爆货物隔离,注意监测煤炭温度,热煤(35℃以上)应冷却后装入运输工具,运输途中应注意监测温度,温度达40℃~45℃时,增加测温次数,温度接近60℃时应采取有效的措施通风、降温;冬季煤炭类防止结冻,水分应低于5%,最好加防冻剂处理;远离明火。

3. 集装箱货积载

集装箱件杂货的包装形式主要有箱装包装、捆装包装、袋装包装、桶装包装等。装载时堆装必须整齐紧密,出现空隙时,要使用适当的衬垫材料加以填塞,防止货物移动;货件重量在箱底板上的分布必须均匀;箱内货物的堆装须考虑到货件的包装强度,必要时应在堆层之间加设铺垫;当同一个集装箱要装载多种货物时,应重货在下,轻货在上;不同包装形式的货物分堆积载;污染性货物与清洁货物同装时(原则上应避免),须有完整的防水布或其他防水织物遮盖分隔。

纸箱货件外形整齐,可以紧密堆装而无须另行加固。捆包的外形尺寸有很大的差异,装箱的捆包堆积方式应以最终出现的亏舱最小为原则。一般捆包在箱门内0.3m处要利用环扣和绳索加以绑扎。袋装货件的货种繁多,一般都使用普通集装箱,它们由于比较容易滑动,所以通常都采用压缝方式堆积。袋装货物装箱常采用货板成组方式,以两层货板组件为宜。直立型桶装货件在集装箱内均以竖立方式(桶口向上)堆装;在集装箱内堆装桶装货时,在层与层之间应加设平整的铺垫木板,此外,堆装后的最上层往往会留有空间,可以配装一些适宜的小件包装货物,以充分利用箱容积。

4. 冷藏货积载

在冷藏货物中,食品占主要地位,它包括动物性食品(如肉及肉制品、鱼及鱼制品、蛋及蛋制品、奶及奶制品)和植物性食品(如水果、蔬菜等)两大类。还有一类货物是易腐货物。

一定的食物品种均有不同的适宜低温,故对不同的食品应分别采取"冷却"、"冷冻"和"速冻"等不同的冷处理方法。采用冷藏方法保藏易腐货物时,温度是主要条件。除温度外,保管环境湿度的高低、通风情况和卫生条件的好坏,也都与食品的质量直接有关。

水果、蔬菜、鲜蛋、乳品等常采用"冷却"运输,就是把食品的温度降到尚不致使细胞膜结冰的程度,通常是在0℃~5℃,"冷却"的食品不能久藏。

水果的包装应适合其本身特点。汁较多的水果(如葡萄、樱桃、枇杷等),容器不宜过大,内部必须严整光滑并要加衬适当的弹性充填材料。较耐压的水果(如苹果、柑橘、梨等),其包装可适当大些。因水果有呼吸作用,包装应有缝隙或洞眼,以利通风散热和换气。我国常用竹筐、竹篓、柳条筐和木箱等作为水果的包装。水果在堆装时应有利于空气循环,并便于对各货件进行检查。

蔬菜的包装应坚固耐压并利于通风散热。常用的包装有柳条筐、竹筐、竹篓,也有少量木箱及草包。木箱常用来装运番茄等怕压蔬菜,草包常用来装运大萝卜等坚实蔬菜。为了加强通风可在包装内装竹编风筒。蔬菜的装载方法应视其性质和包装种类而定。箱、筐类常用"品"字形装法,袋装的蔬菜(大萝卜、土豆等)应取压缝堆码,堆装高度应根据各种蔬菜的坚实程度而定,一般为1.0m~1.5m。堆装运输时应在菜垛中每隔一定距离加插直径15cm以上的通风筒;芹菜和青蒜可夹冰堆装。

鲜蛋的包装主要有木箱和竹筐。包装不宜太大,其上应有通风口(木箱为通风缝隙、纸箱两头有洞孔),以防发热腐坏;包装应坚固以防在运送途中因歪斜、压扁而导致破损;包装内应加专用的鸡蛋托盘或者衬质软有弹性的材料(草、糠等),而且充填物必须干燥、清洁,无发霉现象和异味。鲜蛋装载应留有空隙,以利通风,又要使其稳固,防止倒塌。鲜蛋壳上有微孔,极易吸收气味,鲜蛋装运前应先做好冷藏舱的清扫和脱臭工作,绝不可与有异味货物同装。

所谓冷冻,就是把食品的温度降到0℃以下使之冻结。冻肉、冻鸡、冻鱼、冰蛋多采用"冷冻"运输。冷冻会使食品失去或减少原有的鲜味和营养价值。一般情况下,食品的冷冻温度大多不低于-20℃。

速冻即是在很短的时间内使食品冻结;速冻过程中所形成的冰晶比较均匀细小,不致造成细胞膜的破裂,因而能保持食品原有的鲜味和营养价值。

长距离运输的冻肉的承运温度为-18℃~-20℃。冻肉的装载应是头尾交错、腹背相连、长短对齐、码平码紧。冻肉装载时,在底层还应将肉皮紧贴底格板,然后一层层往上装,肉皮仍向下,但最上一层应使肉皮朝上,以免舱顶上的凝结水落在肋肉上而积留下来,而且不同厚度、不同长度的肉片应分开堆码。冻肉装载结束后可在上面加盖一层草席,起到隔热和防水作用。冻鱼肌肉深处的温度应不高于-18℃,承运时的鱼体应完全坚硬,冻鱼应紧密堆码装运。

冷藏货与舱壁间须留出适当的供冷风流通用的孔道;冷藏货应与蒸发器、冷风进口及空气排出口离开适当距离。运输途中要严格保持所要求的冷藏温度,并尽量避免温度波动。当装运能进行呼吸的水果、蔬菜、鸡蛋之类食品时,则需要根据要求对冷藏舱进行适当的通风换气。卸货时也要求进行快速作业。肉类、水果等还要进行检疫检查。开卸时间亦应在低温时为宜。

（五）在途跟踪

整车货物运输途中，承运人负责对货物的照看以及中转货物的及时理货。若遇车辆行驶故障，应先自行检查排除障碍，不能及时排除的，或遇突发事件应及时向公司班主管、调度中心报告，必要时对货物采取安全措施。尤其是运输贵重和保密货物时，不能向任何人透漏货物的信息、运输线路、时间、地点等，应严格遵守安全保卫制度。

货物在途运输中，由调度中心或客户服务中心建立在途跟踪记录表（薄），填写跟踪记录，如表3-5所列。司机应及时反馈途中信息，与收货客户电话联系送货情况，告知预计到达时间，通知收货客户做好接货准备。

表3-5 货物运输跟踪记录表

_____物流公司货物运输跟踪记录

序列	托运方	托运方联系人及电话	收货方	收货方联系人及电话	到货日期	货物名称	跟踪情况	处理办法	经办人
1									
2									
3									
4									
5									

（六）到达签收

货物运输到达目的地，驾驶员或随车理货员应先根据货物运单上的联系方式，确认货物交货方式、交付地点、时间。

货物交付时，如发现货物短缺、丢失、损坏等情况，应会同收货人和到站货运员或有关人员认真核实，在物品交接清单上做好原始记录，签字证明。收货人凭有效证件收货，收货人验货后，在货物运单上签字，加盖单位公章。若到达货物需要物流公司代存放时，应按照协议执行。

（七）回单

与铁路货物运输的原因和要求一样，货物运输质量好坏、运输过程发生的成本是多少必须通过货物信息反馈才能知道。客户签收的运单联须返回到企业的统计部门，公路运输公司多数是交到客服处存管、统计。行车路单则返回到调度中心，核算行车成本，出车人员的报销凭证留财务部门结算。

客服中心在运输完成后应主动征询客户的意见，便于业务考核、改进运输服务质量。

（八）运输结算

整车货物运输一般是在合同前提下进行，运费结算可以是现金支付（一般在提出发送申请时结算），也可以是非现金方式。当货物运输完毕、票据返回后，结算中心整理好收费票据，做好收费汇总表交至客户确认后开具发票，向客户收取运费。必须注意的是，运输回单完成应及时处理货运事故。

1. 公路整车货物运输计费准侧

公路货物运输费包括运费与杂费。

1）基本计算公式

公路普通货物运输运费计算，分为整批（车）运费、零担货物运费、集装箱货物运费计算3

种。其中,公路整车货物运费与公路集装箱货物运费计算如下。

整批货物运费 = 吨次费×计费重量 + 整批基本运价×计费重量×计价里程 + 其他费用

集装货物运费 = 箱次费×计费箱数 + 集装箱运价×计费箱数×计价里程 + 其他费用

运费计算以元为单位保留到小数点后两位;其他费用项目是运输过程为保证货物运输质量产生的各种成本,主要是调车费、延滞费、装货落空损失费、排障费、车辆处置费、装卸费、通行费、保管费、运输变更费等。其他费用也被称为杂费。

整批货物吨次费仅在短途中计收。考虑到短途运输中始发地、终止地作业成本的实际支出,一般惯例以 32km 为界,分段执行吨次费运价。例如,1km ~ 25km 以内,吨次费 3.50 元/t,此后,运距每递减 1km,吨次费降低 0.5 元/t,运距达 32km 及以上时,运价和长途运输运价接轨。

2)运费计算说明

(1)运价规则

基本运价是指在两地间运输某种具体产品时的每单位运输里程或每单位运输重量的运输费率。基本运价取决于商品种类、重量、运输距离、服务水平和其他选择性要求。如较坚固的商品费率比易碎商品的费率低,低密度商品单位质量费率比高密度商品高。货主对服务水平的要求增加了额外费用,3 天送达比 5 天送达费率高。目前,货物运输中的运价制定策略有递远递减、均衡运价、线路运价策略。

汽车货物运输费用由运价和其他费用(杂费)组成。按照我国现行《汽车运价规则》,公路整批运费以"元/t·km"为计算单位。计算标准有两种,一是按货物等级规定基本运价,在基本运价基础上,根据货物等级实行加、减成运价,我国《公路货物分等表》(见项目三附件)中所列货物等级分为 4 类,其中一、二、三级货物属普通货,运价实行加成运算,一等级货物为基本运价,二等级货物运价在一等级货运价基础上加成 15%,三等级货物运价在基本运价基础上加成 30%,公路快运货物在基本运价基础上加成 40%。而四等级货物为特殊货物,如危险货物、鲜活货物等,按照国家相关特殊货物运输规定办理,其余情况加成 40% ~ 80%。公路运输特殊货物时,还可根据具体情况以双方协商的协议价办理。

运费计算的另一标准是以路面等级规定基本运价。凡是一条运输路线包含两种或两种以上的等级公路时,则以实际行驶里程分别分段计算运价。我国《公路路况分区表》中将公路路况分为 3 类路区,普通货物在一类路区运价与一等级货物基本运价相同,以一类路区为基础,二类路区运价在一类路区运价基础上加成 20%,三类路区则可以加成至 80%。特殊道路,如山岭地区、矿区、原野地段,则由双方当事人另议商定。

公路货物运价分为整批(车)和零担两种,后者一般比前者高 30% ~ 50%。此外,还有包车运价,即按车辆使用时间(小时或天)计算,每天按 8 小时计算,以 0.5 天为起步价。

(2)计费重量

汽车整批货物运输计费重量以吨为单位,尾数不是 10kg 时四舍五入。一般货物一律按实际重量(含货物本身包装、衬垫及运输需要的附属物品)计算,以过磅为准。整批货物运输多点装卸时,按全程合计最大载重量计重。最大载重量不足车辆额定载重量时,按车辆额定载重量计重。

(3)计价里程

汽车货物运输计价里程以千米为单位,不足 1km 的,四舍五入。计价里程以省、自治区、直辖市交通主管部门核定的营运里程为准,未经核定的里程,由托运人和承运人双方商定。同一运输区间有两条及以上营运路线可供选择时,应以最短路线的里程为计价里程;如因自然灾害、道路施工、交通管理需要绕道行驶时,应以实际行驶里程为准;整批拼装分卸车的货物按从第一装货地点起至最后一个卸货点止的载重里程计算。

(4)重货与泡货

由于货物运输中运输工具有额定载重量,而且容积也有一定限制,因此,同等情况下,密度大的货物占有的运输工具空间小,密度小的占有空间大,这对载运工具来说,密度过小的货物很可能使得运价倒挂。为此,我国道路运输管理规则中规定,汽车运输中的重货与泡货以货物的密度划分,每立方米重量不足 333kg 的货物为泡货。整车泡货物的运费按装载车辆核定吨位计算;零担泡货物按其长、宽、高计算体积,可以按每立方米按 333kg 折算计费重量。一些道路运输公司为方便测算,常用每吨 $3m^3$ 的折算标准判断。还有一些运输公司将泡货进一步区分成轻泡货与重泡货,不同的运输方式或不同的重货、泡货的判断标准往往会造成计量的差别,会产生吃泡现象。在业界,泡货也有被认做抛货。

2. 运费计算步骤

公路货物运输费用计算内容包括:确定计费标准;确定计费重量;确定计价里程;区分重泡货;确认其他费用项目;计算运费。

[任务实践]

某桥梁钢材运输 750t,无包装,运距 25km,运价率 0.43 元/t·km,吨次费 1 元/t,囤存费 3元/t,装卸费 3.3 元/t,计算运费。

解:

确定计费标准:所运货物为钢材,查货物等级表,该类货为二级货,加成率为 15%。

确定计费重量:750t,应为整批运输。

确定计价里程:25km,短途运输,计收吨次费。

区分重泡货:没有告诉体积尺寸,按一般判断,钢材为重货。

其他费用:囤存费、装卸费(有时装、卸分开计收)。

运费 = 吨次费 × 计费重量 + 整批基本运价 × 计费重量 × 计费里程 + 其他费用

= 1 × 750 + 0.43 × (1 + 15%) × 750 × 25 + 3 × 750 + 3.3 × 750

= 14747(元)

答:该批钢材的运费为 14747 元。

注:若货主自行装卸的,装卸费用应视情况不收。

事实上,现在很多公路运输公司的货物运输报价比较简单,分别给出运输具体起讫点名称,按普通一级货物每吨或每个立方的运价率报出,方便客户自己测算运费。

运输结算内容不仅仅是向客户收取运输费用,与委外运输的第三方企业结算,还包括运输数据统计,统计内容包括货物运输量、运输周转量,车辆行驶里程,运输工具周转率,车辆安全行驶里程数,货运事故发生率,货运事故赔偿率等。

三、项目任务实践——设计运输作业方案

李民接到经理布置的任务,为某客户设计编制运输方案。在和客户进行沟通之后,李民了解了客户所运输货物的基本信息,客户对运输中关于费用、时间、装卸车的地点要求等内容。李民根据目前所掌握的运输相关知识,为客户做了如下方案设计说明。

关于＊＊公司＊＊产品货物运输方案

1. 企业简介

公司名称,成立时间;主要经营业务,经营优势;企业服务理念;主要运输装备;提供的运输产品。

2. 背景介绍

客户对运输的要求,将客户对运输的要求进行排序;运输的时间要求;有无保价或保险要求。

说明该次运输对本公司的重要性或公司对该次运输的重视程度。

3. 货物分析

描述货物的包装、规格、尺寸、件数和重量等,货物的价值。分析货物的性质,说明货物配载要求、存放要求及其在运输中的注意事项。

4. 运输起讫点

运输的起点、目的地的详细地址,包括门牌号码。装货地、卸货地,要说明由哪一方装卸货。

5. 运输方式选择

为客户推荐可供实施的运输方式,并说明主要途经路线及运到时间等;说明涉及的装卸作业设备等;运输作业整体流程设计。

6. 运输方案分析

根据以上分析,为客户推荐可供执行的方案,并且对每种运输方案进行较详细的说明。一般情况下,应将可供选择的运输方案一一列出,向客户说明,包括具体运输方式、路由设计、装货地和卸货地等。

运输方案中还应有车辆和车型的介绍、车辆配载、车辆数量等的说明;必要时,可以用货物配载图辅助描述。如果有特殊要求的应有运输注意事项。

注意,为客户提供的运输服务产品品种,即使是同一种运输方式,但运输产品不同,应视为不同的运输方案。运输方案应客观地说明各运输方案的特点、不足,供客户比较选择。

7. 运输费用分析

针对以上各运输方案,计算运费、附加费和其他作业费用。分析对比各方案的运输费用的优势。

8. 安全措施

对特殊货物或者是客户的特殊要求进行的运输安全保障的措施。例如:是否需要派押运人员,对稳定性较差的货物是否需要特殊的捆绑、加固作业。

9. 推荐方案

根据客户的要求,结合运输的客观因素,综合评价各运输方案;最后将运输方案按照不同影响因素进行排序,例如:优先考虑运输费用最低时的排序结果,或者是考虑时间最短时的排序结果。

李民将方案交给经理查看,经理基本肯定了李民的方案思路;但指出,方案还有值得优化的地方,以后等知识积累多了,可以用科学规划的方法对方案进一步优化。随后,经理要求李民将方案详细写出,将其打印装订交给客户抉择。

说明:货物运输的目的是按照客户的要求,结合公司的运输资源情况,将货物合理地运送到目的地。运输执行方案设计的格式和步骤没有固定模式,只要能清楚说明公司承运的能力、怎样实现客户的运输要求,具体运输工具、运输路径、运输时间和运输成本,主要的作业过程,并提供客户可选择的方案即可。

模块3　内河水路运输作业

一、知识准备

水路货物运输包括海上和内河水路货物运输,海上货物运输主要指远洋国际货物运输和沿海货物运输。内河货物运输主要承担国内大宗物资的运输。

(一)水路运输条件

国家交通部规定:水路一张运单的货物质量满30t为整批货物,不足此数为零星货物。由于货物包装形式不同,水运把货物分为散货、件装货、舱内货和甲板货。

水路货物运输必须借助船舶、航道和港口及其他装卸搬运设备完成货物运输作业,水路的船舶种类很多,可以积载各种不同包装形式的货物。

水路运输的船舶营运方式有两种,班轮运输和租船运输。内河水路运输作业流程如图3-9所示。

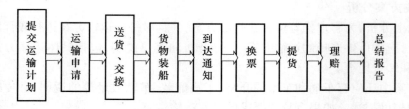

图3-9　内河水路运输作业流程

(二)水路运到期限

水路货物运输承运时间以船舶的相应作业内容完结为界。如果是承运人负责装船、卸船的,以承运日期的次日开始至到达港开始卸船时止;如果是托运人自理装船的,以货物装船完毕办理完交接手续次日起算;如果是收货人自理卸船的,至船舶到达卸货点的当天止。

货物运到期限的计算:$T = t_{发送} + t_{在途} + t_{到达}$。

(1)发送作业时间$t_{发送}$:船舶载重量5000t以上为7天,船舶载重量5000t以下的为5天,跨区装船作业的另加2天。

(2)机动船舶运输时间:按各航线运价里程与该航线规定营运速度计算,不足1天的,按1天计算。

营运速度规定:按照行业惯例,沿海水运速度一般是150海里/天。(我国:1海里=1.852km;各国海里与千米的换算略有差别。)在内河,水运速度单位是km/天,长江、黑龙江干线,上水速度是100km/天,下水速度是150km/天。

(3)到达卸船准备时间规定3天。

由于不可抗力或者由于水上作业的特殊情况造成的延滞,在运到期限时间内应扣除。

① 自然灾害或气象、水文原因。

② 参加水上救助或发生海损事故。

③ 政府命令或军事行动。

④ 等待通过船闸。

⑤ 应托运人要求提前进入库(场)的时间。

⑥ 其他非承运人责任造成的延误。

其他情况下,承运人未能按照规定的运到期限将货物运抵到达港,应按照规定赔付运输逾期违约金。但货物交付后次日起至4日内收货人没有提出延迟交付赔偿要求的,收货方即视为放弃权利;承运人发出到货通知的次日起,收货人2日内不提货的,也视为放弃索赔权利。

二、工作任务

我国的内河水运管理和运输办法与国际海运货物运输的运输管理办法不同,因此,内河水运作业流程与国际货物运输要求不同,所用单证也有根本区别。

(一)提交运输计划

水路货物运输实行合同运输。企业多采用月度运输合同、货物运单方式。月度运输合同是由托运人向承运人提交的货物托运计划,但所托运的货物必须满足下列要求,否则,可以不提交月度托运计划。表3-6为水路运输企业常用运输计划表。

① 整批货物及全月同一到港满100t的零星货物。

② 超过500kg的剧毒品、一级危险货物。

③ 爆炸品、放射性物品、压缩气体、液化气体、拖带浮物、笨重货物、长大货物。

水路托运计划可以按照时间进程编制,适合于运输需求稳定、运输量大的企业;水路托运计划还可以按照运输方式提交,可以是直达托运计划,也可以是联运托运计划。

表3-6 水路运输计划表
月度水路货物托运表 　　　　年 月

本表经承运人签盖承运人运输合同专用章后,具有月度运输合同效力,有关承运人与托运人、收货人之间的权利、义务关系和责任界限,按《水路货物运输规则》及运杂费用的有关规定办理。

起运地: 提出日期＿＿年＿＿月＿＿日 编号:＿＿＿＿

货名	到达港(地)	换装港(地)		收货人	托运量		核定量		备注
		第一	第二		重量	体积	重量	体积	
特约事项:									

提计划单位: 托运人(签章) 承运人(签章)
地　　址: 电话:
双方当事人在托运计划表上签字盖章后,合同成立,托运人应送交填好的货物运单。

水路运输计划表一般每份5联,直达运输每个到达港一份,中转每个换装港一份;联运时,每增加一个换装港,计划表页数增加一页。

计划表应在各承运人规定截止日期前提交。一般来说，每月13日前提交承运人，承运人每月17日前送达有关港口、码头、船公司；承运人在每月28日前，将经过确认并加盖合同章的托运计划表回复给托运人。

（二）运输申请

水路货物运输不论是否提交水路月度运输计划表，在运输实施时，都要填写水路货物运单。若已提交运输计划表，则运单是水路运输合同的组成部分，否则，运单视为运输合同。

在我国，沿海水上运输单体件货物超过5t、或长度超过12m的货物，在长江、黑龙江水域运输的单件货物重量超过3t、或者长度超过10m的货物，均必须需按笨重、长大货物运输，进行相应的货物加固。

1. 填制运单

填制水路货物运单时，除一般运单注意事项外，水运运单还应注意：水运每件货物的体积不得小于0.02m^3或重量不少于10kg；按重量和体积择大计费的货物，应同时填写货物的重量和体积（长、宽、高）；所填的到达港应是运价里程表中列明的港口，“特约事项”栏中严禁填写免责特约内容。图3－10为常见水路运输运单。

水路货物运单

月　　日

本运单经承托双方签章后，具有合同效力，承运人与托运人、收货人之间的权利、义务关系和责任界限均按《水路货物运输规则》及运杂费用的有关规定办理。

交接清单号码：　　　　运单号码：

船名　航次	起运港		到达港		到达日期	收货人
托运人 全称		收货人 全称			(承运人章)	(章)
托运人 地址、电话		收货人 地址、电话				
托运人 银行、账号		收货人 银行、账号				

发货符号	货号	件数	包装	价值	托运人确定		计费重量		等级	费率	金额	应收费用		
					重量（吨）	体积（长、宽、高）(m)	重量（吨）	体积（m^3）				项目	费率	金额
												运费		
												装船费		
合计														

运到期限（或约定）	托运人 （公章）月　　日		
		总计	
		核算员	
特约事项	承运日期 起运港承运人章	复核员	

［说明］

1. 此货物运单主要适用于江、海干线和跨省运输的水路货物运输。
2. 水路货物运单、货票一式六份。顺序如下。
   第一份：货票（起运港存查联）。
   第二份：货票（解缴联）起运港→航运企业。
   第三份：货票（货运人收据联）起运港→托运人。
   第四份：货票（船舶存查联）起运港→船舶。
   第五份：货票（收货人存查联）起运港→船舶→到达港→收货人。
   第六份：货物运单（提货凭证）起运港→船舶→到达港→收货人→到达港存。
3. 除另有规定者外，属于港航分管的水路运输企业，由航运企业自行与托运人签订货物运输合同的，均使用航运企业抬头的水路货物运单。
4. 货物运单联需用厚纸印刷，货票各联用薄纸印刷，印刷墨色应有区别：解缴联为红色，收据联为绿色，其他各联为黑色。
5. 要印控制号码或固定号码。
6. 到达港收费，另开收据。
7. 规格：长19 cm，宽27 cm。

图3－10　水路货物运单

2. 水路运费计算

水运货物运价可按运输区间分为沿海运价、内河运价和远洋运价。有些区域则习惯分为沿海运价、长江运价、地方内河运价和远洋运价。远洋运价为国际水运货物运价。水路运输因货物种类繁多、积载因数(每一吨货物在货舱中正常堆积时所占的空间或舱容)不等、货物价值高低悬殊、航道运输条件和港口装卸作业条件不同,水路运输运价按不同距离、不同航线的计费标准不同。

我国国内水运货物计算运费的根据是《中华人民共和国交通部直属水运企业货物运价规则》或各省市、自治区水运主管部门制定的适用于所属企业船舶的运价规则。

1)计费重量

水路货物运输计费重量的单位是:吨(t)、立方米(m^3)、船舶额定核准的载重吨或者以船舶额定核准的运行功率千瓦。

质量吨(W)按货物的毛重,体积吨(M)按"满尺丈量"的体积,以 $1 m^3$ 为一体积吨;鉴于货物密度大小对积载因数的影响,质量吨(W)与体积吨(M)之间有一定的换算关系,通过查质量吨与体积吨的换算表可知。货物计费吨尾数保留至 0.01t,尾数不足 0.01t 的,四舍五入进整。

2)运价里程

货物运价里程是指为计算货物运价所规定的里程数,沿海为海里,江、河为千米。运价里程数一律按省、市交通主管部门核定的里程计算;《江苏省水路货物运价规则》规定内河水路运价里程以 5km 为最小计算单位,满 1km 按 5km 进整,不满 1km 不计。沿海水运的最小计价里程为 50 海里(1 海里 = 1.852km),在长江、黑龙江水系最小基价里程数是 50km。

3)货物运价等级

水路航道途经的地质结构不同,不同水域运输成本不同。我国内河水运货物运价是级差运价和递远递减的距离运价相结合的运价。为了简化计算运费的手续,通常都以货运运价表的形式,表示各运价等级在各运输距离区段的递远递减的距离运价。水运运价表中,将运输距离划分为若干个区段,以每个区段的中值代表各其他区段到该距离区段的距离,按规定的停泊基价和递远递减的航行基价,算出在各距离区段范围内运输每货运单位货物的运价。水路货物运价分级表是进行运价计算的重要依据,各省、市交通主管部门核定的货物运价等级略有不同,运费计算时先查出对应的货物品名,查找货物名称所属等级,对应等级的运价率即是所需运价。当不同运价等级的货物混装或捆扎成一件时,按其中最高等级计算。我国水路主要货物运价等级分为 10 级。

4)运价计算准则

水路运价实行国家定价、政府指导价和市场调节价 3 种形式。国内水运货物运价采用航区差别运价和递远递减的距离运价相结合的原则。

(1)按货物实际重量计算,记为 W。

(2)按货物实际测量的体积计算,记为 M。

(3)按货物重量吨和体积吨中较大者计算,记为 W/M。重量吨按货物的毛重,以 1000kg 为一重量吨;体积吨按"满尺丈量"的体积,以 $1 m^3$ 为一体积吨;定有换算重量的按换算重量确定。

（4）每张运单不足 30t（含 30t）的为零担货物，其运价率在整批货物运价率基础上加 20% 计算。

（5）我国水路货物航区实行差别计价，其运价率表以各地方交通主管部门或航运协会公告为准。如：直属水运企业的轮、驳船在沿海、长江及黑龙江水系直达运输整批货物运价，分别按各航区《货物运价率表》和《沿海、长江国内集装箱运价率表》的规定计算；华南沿海部属港口与北方沿海部属港口之间的直达运输，按"华南沿海与北方沿海各港间主要航线直达货物运价率表"计算；长江干线上、中、下游跨段直达运输，按"长江主要航线货物运价率表"计算。表 3-7 为我国北方沿海大连至秦皇岛、烟台至青岛航线货物运价率表。

表 3-7　北方沿海主要航线货物运价率表

航线	里程	1	2	3	4	5	6	7	8	9	10
大连——秦皇岛	156 海里	8.15	8.56	8.99	9.43	10.92	12.64	17.67	10.19	6.93	4.89
烟台——青岛	238 海里	9.62	10.10	10.61	11.14	12.89	14.92	20.86	12.03	8.16	5.77

（6）其他费用。待闸费：重载船舶通过船闸或节制闸，除按规定代收过闸费外，同时按次或者计费吨收取待闸费。减载费：专用油船因水位原因减载，其亏吨位部分也按一定比例（比如 20% 或 30%）计收运费。船舶空载回程费：加收空驶回程费，一般 60%～75%。

5）运费计算

水运货运运价计算公式如下。

$$运费 = 甲航段运价率 \times 甲航段运价里程 \times 货物重量 + 乙航段运价率$$
$$\times 乙航段运价里程 \times 货物重量 + \cdots\cdots + 停泊基价$$

运费计算步骤如下。

（1）查货物运价分级表，确定货物运价等级、确认计费吨。

（2）查《水路货物运价里程表》，确定运价里程，注意分段的运价里程加成问题。

（3）确认适用的航区《货物运价率表》，确认航线名称。

（4）查各航区的《货物运价率表》，找到对应的航线名称，确定运价率。

（5）运费计算。

[任务实践]

一批棉布重 80t、体积 120m³，五金商品 350t，从上海运往芜湖、驳船直达，上海至芜湖水路里程 488km，从货物分级表中知棉布为 1 级，五金商品为 5 级，上海至芜湖属长江下游，其航线运价率棉布 4.93 元（W/M）、五金商品 6.6 元（W/M），计算该批货物的水路运费。

解：确定运费吨：由 W/M 准则得，

以重量吨或体积吨取大者。

棉布：重量吨 80t；体积吨 = 120×1 = 120（体积吨）（"满尺丈量"，1m³ 为一体积吨）

运费 = 棉布运费 + 五金运费 = 120×4.93 + 350×6.6 = 591.60 + 2310 = 2901.60（元）

答：该批货物运费为 2901.60 元。

说明：国际海运班轮货物运价计算公式为

$$运费 = 基本运费 + 附加费（燃油附加、转船附加、拥挤附加等）$$

（1）班轮运费的计算标准说明。

① 按重量计,以"W"表示,也称重量吨。

② 按尺码或体积计,以"M"表示,也称尺码吨或容积吨。

③ 按货物重量或尺码,选择其中收取运费较高者计算运费,以"W/M"表示。

④ 按货物 FOB 价收取一定的百分比作为运费,称从价运费,以"AD VALOREM"或"ad. val."表示。

⑤ 按货物重量或尺码或价值,选择其中一种收费较高者计算运费,用"W/M or ad. val."表示。

⑥ 按货物重量或尺码选择其高者,再加上一定比例的从价运费,以"W/M plus ad. val."表示。

⑦ 按每件为一单位计收,如活牲畜和活动物,按"每头"(per head)计收;车辆有时按"每辆"(per unit)计收;起码运费按"每提单"(per B/L)计收。

⑧ 临时议定的价格(open rate)。由承、托运双方临时议定的价格收取运费,一般多用于大宗低价货物。

(2)班轮运费计算步骤说明。

① 先按货物的英文名称在货物分级表中查出该货物属于什么等级和哪种计费标准计收运费(重量和体积等)。

② 按货物的等级和计量标准,在航线费率表中查出这一货物的基本费率。

③ 查出该货物本身所经航线和港口的有关附加费率。

④ 将货物的基本费率和附加费率相加即为该货物每一运费吨的单位运价。

⑤ 以该货物的计费重量或尺码乘以单位运价即得该批货物总运费金额。

[任务实践]

某轮从上海装运 10t、11m³ 的蛋制品到英国普利茅斯港,要求直航,全部运费是多少?

解: 查货物分级表:蛋制品 10 级。

计算标准:W/M。

中国——欧洲地中海航线 10 级运费率 116 元/运费吨。

到英国普利茅斯港直航附加费:18 元/运费吨。

燃油附加费:35%。

运费:

$$F = (116 + 116 \times 35\% + 18) \times 11 = 1920.60 (元)$$

(三)送货交接

货物送货前必须按照规定制作货物运输标志,检查货物包装,核对货物品名、数量,核对唛头上的信息,按照规定时间将货物送至指定地点,办理货物交接手续。

货物交接方法:件杂货物,应按垛点交或者成组点交;不易堆垛或成组存放点交的,可以在运输工具上查验交接(船边交接)。

(四)货物装船

内河水路货物运输的装船作业,可以是承运人装船,托运人另外支付装船费用;也可以是托运人自行装船。装船作业应选用合适的作业机械,提高效率。

(五)到达通知与提货

货物到达目的地港口时,应由承运方代理通知收货人提货并告知提货注意事项。收货人提货时,凭到货通知及有效证明文件到承运方代理处换取提货单。交付应结费用后,提取货物。水路货物提货方式有仓库提货、岸边提现、水上对提。

（六）理赔

收货人提取货物时，应先查看货物情况，发现货物有异常时要向交货人说明，交货方应编制水路货运记录，便于分清责任，并按照水路运输规则规定处理。需要赔偿时，应按照运输规定合理赔偿。

我国内河水路货物运输经常承担国家煤炭资源、粮食资源和钢铁生产的资源计划运输的任务。所以，对于大批量专门货物运输，为提高货运质量，提高运输服务效率，进行货物运输总结可以为企业提供成功的经验，它使企业能据实制定运输计划，减少运输纠纷发生。

工作任务总结

1. 铁路整车货物运输的条件是什么？铁路货票的各联作用分别是什么？
2. 铁路运到期限的含义是什么？容许运到期限的含义是什么？
3. 简述铁路整车运输的作业流程。铁路运输作业的单证有哪些？
4. 公路整车运输的条件是什么？公路整车运输单证有哪些？
5. 归纳运单填写注意事项。
6. 水路整批货物运输的条件是什么？
7. 内河水路运输的单证有几联？作用分别是什么？
8. 归纳总结整批量货物运输的作业程序。

项目活动实践

1. 根据客户背景资料，制定货物积载方案，画出货物积载图。
2. 审核下列货物能否办理整车运输。
（1）箱装水泵 1 件，重量 11kg，体积 0.23m×0.18m×0.4m。
（2）袋装大米 55t。
（3）服装 265 箱，每箱 35kg，每箱体积 0.85m×0.65m×0.4m。
（4）活牛 10 头，每头重量 500kg。
审核下列货物能否按照一批货物运输。
（1）大米和土豆。
（2）白糖与煤油。
（3）啤酒与书籍。
3. 将家乡的特产分别通过铁路、公路、水路运输到上海，查找资料，分别计算其运费。
4. 填写货物运输托运单；填制货票；填写运输跟踪记录。
5. 以各组建营业部为单位，编制公路货物运输作业方案，设计公司运输单证。
6. 准备角色模拟演练
（1）角色分配：货主、收货人、运单审核员、监装员、监卸员、调度员、押运员、货物交付、司机、经理、业务员等。（可一人多角色，但分工合理。）
（2）单据：汽车货物运单、调度命令登记簿、交运物品清单。
（3）设备：车辆、叉车、货物若干。

附表1 公路货物运单

公路运输作业单   No.

托运单位：   收货单位：

托运人：   电话：   联系人：   电话：

付款单位：   交货地址：

货物名称	数量	质量/t	体积/m³	价值	起讫地点	运费	保险费	备注

运杂费总额		承运单位（公章）
结算方式		
要求运输时间	货物验收情况：	经办人：
托运事项责任：	收货人：	

附表2 车辆行驶记录表

驾驶记录表

车号：   驾驶员：   日期：

顺序	送货地点	送货单	品名数量	客户名称	驾驶距离	驾驶时间	停留时间	时间合计	摘要
				预计驾驶里程（km）		实际驾驶里程（km）			

值班调度：   车队长：

附件1

公路普通货物运价分级表

等级	序号	货类	货物名称
一等货物	1	砂	砂子
	2	石	片石、渣石、寸石、石硝、粒石、卵石
	3	非金属矿石	各种非金属矿石
	4	土	各种土、垃圾
	5	渣	炉渣、炉灰、水渣、各种灰烬、碎砖瓦等
二等货物	1	粮食及加工品	各种粮食(稻、麦、各种杂粮、薯类)及其加工品
	2	棉花、麻	皮棉、籽棉、絮棉、旧棉、棉胎、木棉、各种麻类
	3	油料作物	花生、芝麻、油菜子、蓖麻子及其他油料作物
	4	烟叶	烤烟、土烟
	5	植物的种子草、藤、树条	树、草、菜、花的种籽、干花、牧草、谷草、稻草、芦苇、树条、树根、木柴、藤等
	6	肥料、农药	化肥、粪肥、土杂肥、农药(具有危险货物性质的除外)等
	7	糖	各种食用糖(包括饴糖、糖稀)
	8	酱菜、调料	腌菜、酱菜、酱油、醋、酱、花椒、茴香、生姜、芥末、腐乳、味精及其他调味品
	9	土产杂品	土产品、各种杂品
	10	皮毛、塑料	生皮张、生熟皮毛、鬃毛绒及其加工品、塑料及其制品
	11	日用百货、一般纺织制品	各种日用小百货、一般纺织品、针织品
	12	药材	普通中药材
	13	纸、纸浆	普通纸及纸制品、各种纸浆
	14	文化体育用品	文具、教学用具、体育用品
	15	印刷品	报刊、图书及其他印刷品
	16	木材	圆木、方木、板料、成材、杂木棍等
	17	橡胶、可塑材料及其制品	生橡胶、人造橡胶、再生胶及其制品、电木制品、其他可塑原料及其制品
	18	水泥及其制品	袋装水泥、水泥制品、预制水泥构件等
	19	钢材(管、丝、线、绳、板、皮条)、钢铁、有色金属及其制品	生铁、毛坯、铸铁件、有色金属、材料、大小五金制品、配件、小型农机具等
	20	矿物性建筑材料	普通砖、瓦、缸砖、水泥瓦、乱石、块石、条石、级配石、水磨石、白云石、蜡石、萤石及一般石制品、滑石粉、石灰膏、电石灰、矾石灰、石膏、石棉、白垩粉、陶土管、石灰石、生石灰

（续）

等 级	序 号	货 类	货 物 名 称
二等货物	21	金属矿石	各种金属石
	22	煤	原煤、块煤、可燃性片岩等
	23	焦炭	焦炭、焦炭末、石油焦、沥青、焦木炭等
	24	原煤加工品	煤球、煤砖、蜂窝煤
	25	盐	原盐及加工精盐
	26	泥、灰	泥土、淤泥、煤泥、青灰、粉煤灰等
	27	废品及散碎品	废钢铁、废纸、破碎布、碎玻璃、废鞋靴、废纸袋等
	28	空包装容器	篓、坛罐、桶、瓶、箱、筐、袋、包、箱皮、盒等
	29	其他	未列入表中的其他货物
三等货物	1	蜂	蜜蜂、蜡虫
	2	蚕、茧	蚕、蚕子、蚕蛹、蚕茧
	3	观赏用花、木	观赏用常青树木、花草、树苗
	4	蔬菜、瓜果	鲜蔬菜、鲜菌类、鲜水果、甘蔗、瓜类
	5	植物油	各种食用、工业、医药用植物油
	6	蛋、乳	蛋、乳及其制品
	7	肉脂及制品	鲜、腌、酱肉类、油脂及制品
	8	水产品	干鲜鱼、虾、蟹、贝、海带
	9	干菜、干果	干菜、干果、子仁及各种果脯
	10	橡胶制品	轮胎、橡胶管、橡胶布类及其制品
	11	颜料、染料	颜料、染料及助剂与其制品
	12	食用香精、树胶、木蜡	食用香精、糖精、樟脑油、芳香油、木榴油、木蜡、橡蜡（橡油、皮油）、树胶等
	13	化妆品	护肤、美容、卫生、头发用品等各种化妆品
	14	木材加工品	毛板、企门板、胶合板、刨花板、装饰板、纤维板、木构件等
	15	家具	竹、藤、钢、木家具
	16	交电器材	普通医疗器械、无线电广播设备、电线电缆、电灯用品、蓄电池（未装酸液）、各种电子元件、电子或电动玩具
	17	毛、丝、棉、麻、呢绒、化纤、皮革制品	毛、丝、棉、麻、呢绒、化纤、皮革制品、鞋帽、服装
	18	烟、酒、饮料、茶	各种卷烟、各类瓶罐装的酒、汽水、果汁、食品、罐头、炼乳、植物油精（薄荷油、桉叶油）、茶叶及其制品
	19	糖果、糕点	糖果、果酱(桶装)、水果粉、蜜饯、面包、饼干、糕点
	20	淀粉	各种淀粉及其制品
	21	冰及冰制品	天然冰、机制冰、冰淇淋、冰棍
	22	中西药品、医疗器具	西药、中药（丸、散、膏）及丹成药）及医疗器具
	23	贵重纸张	卷烟纸、玻璃纸、过滤纸、晒图纸、描图纸、绘图纸、国画纸、蜡纸、复写纸、复印纸

（续）

等级	序号	货类	货物名称
三等货物	24	文娱用品	乐器、唱片、幻灯片、录音带、录像带及其他演出用具及道具
	25	美术工艺品	刺绣、蜡或塑料制品、美术制品、骨角制品、漆器、草编、竹编、藤编等各种美术工艺品
	26	陶瓷、玻璃及其制品	瓷器、陶器、玻璃及其制品
	27	机器及设备	各种机器及设备
	28	车辆	组成的自行车、摩托车、轻骑、小型拖拉机
	29	污染品	炭黑、铅粉、锰粉、乌烟（墨黑、松烟）、涂料及其他污染人体的货物、角、蹄甲、牲骨、死禽兽
	30	粉尘品	散装水泥、石粉、耐火粉
	31	装饰石料	大理石、花岗岩、汉白玉
	32	带釉建筑用品	玻璃瓦、琉璃瓦、其他带釉建筑用品、耐火砖、耐酸砖、瓷砖瓦

附件2

某省公路货物运输运价率表

货物分类 运距/km	一等货物	二等货物	三等货物	危险货物	货物分类 运距/km	一等货物	二等货物	三等货物	危险货物
1	1.750	2.013	2.275	2.625	17	0.620	0.713	0.806	0.930
2	1.240	1.426	1.612	1.860	18	0.600	0.690	0.780	0.900
3	1.140	1.311	1.482	1.710	19	0.580	0.667	0.754	0.870
4	0.930	1.070	1.209	1.395	20	0.560	0.644	0.728	0.840
5	0.880	1.012	1.144	1.320	21	0.540	0.621	0.702	0.810
6	0.840	0.966	1.092	1.260	22	0.520	0.598	0.676	0.780
7	0.820	0.943	1.066	1.230	23	0.500	0.575	0.650	0.750
8	0.800	0.920	1.040	1.200	24	0.480	0.552	0.624	0.720
9	0.780	0.897	1.014	1.170	25	0.460	0.529	0.598	0.690
10	0.760	0.874	0.988	1.140	26	0.440	0.506	0.572	0.660
11	0.740	0.851	0.962	1.110	27	0.420	0.483	0.546	0.630
12	0.720	0.828	0.936	1.080	28	0.400	0.460	0.520	0.600
13	0.700	0.805	0.910	1.050	29	0.380	0.437	0.494	0.570
14	0.680	0.782	0.884	1.020	30	0.360	0.414	0.468	0.540
15	0.660	0.759	0.858	0.990	30 以上	0.350	0.400	0.460	0.530
16	0.640	0.736	0.832	0.960					

附件 3

常见计件物品计费重量表

品名		单位	计费重量/kg
折叠自行车(20 寸以上)		辆	25
未折叠自行车(20 寸以上)		辆	30～50
残疾人车		辆	50～100
儿童脚踏车		辆	20～30
儿童摇篮车		辆	20～40
电瓶车		辆	100～250
摩托车		辆	250～400
洗衣机		台	50～100
电风扇		台	10～40
台式计算机(主机+显示屏)		台	20～60
液晶屏计算机加主机		台	20～30
微波炉		台	15～30
分体式空调		台	50～100
窗式空调		台	30～50
电视机	54cm(21 英寸)以下	台	30～50
	67cm～76cm(25～29 英寸)	台	60～80
	76cm(29 英寸)以上	台	90～100
液晶屏电视机按上述对应电视机尺寸的一般计费重量收费			

附件 4

汽车货物运输规则

第一章　总　则

第一条　为保护汽车货物运输当事人的合法权益,明确承运人、托运人、收货人以及其他有关方的权利、义务和责任,维护正常的道路货物运输秩序,依据国家有关法律、法规,制定本规则。

第二条　在中华人民共和国境内从事营业性汽车货物运输及相关的货物搬运装卸、汽车货物运输服务等活动,应遵守本规则。

除法律、法规另有规定外,汽车运输与其他运输方式实行货物联运的适用本规则。拖拉机及其他机动车、非机动车辆从事货物运输的,可参照本规则执行。

第三条　本规则下列用语的含义。

（一）承运人是指使用汽车从事货物运输并与托运人订立货物运输合同的经营者。

（二）托运人是指与承运人订立货物运输合同的单位和个人。

（三）收货人是指货物运输合同中托运人指定提取货物的单位和个人。

（四）货物运输代办人（以下简称货运代办人），是指以自己的名义承揽货物并分别与托运人、承运人订立货物运输合同的经营者。

（五）站场经营人是指在站、场范围内从事货物仓储、堆存、包装、搬运装卸等业务的经营者。

（六）运输期限是由承托双方共同约定的货物起运、到达目的地的具体时间。未约定运输期限的，从起运日起，按 200m 为 1 日运输，用运输里程除每日运距，计算运输期限。

（七）承运责任期间是指承运人自接受货物起至将货物交付收货人（包括按照国家有关规定移交给有关部门）止，货物处于承运人掌管之下的全部时间。本条规定不影响承运人与托运人就货物在装车前和卸车后对承担的责任达成的协议。

（八）搬运装卸是指货物运输起讫两端利用人力或机械将货物装上、卸下车辆，并搬运到一定位置的作业。人力搬运距离不超过 200m，机械搬运不超过 400m（站、场作业区内货物搬运除外）。

第二章　运输基本条件
第一节　承运人、托运人与运输车辆

第四条　承运人、托运人、货运代办人在签订和履行汽车货物运输合同时，应遵守国家法律和有关的运输法规、行政规章。

第五条　承运人应根据承运货物的需要，按货物的不同特性，提供技术状况良好、经济适用的车辆，并能满足所运货物重量的要求。使用的车辆、容器应做到外观整洁，车体、容器内干净无污染物、残留物。

第六条　承运特种货物的车辆和集装箱运输车辆，需配备符合运输要求的特殊装置或专用设备。

第二节　运　输　类　别

第七条　托运人一次托运货物计费重量 3t 及以下的，为零担货物运输。

第八条　托运人一次托运货物计费重量 3t 以上，或不足 3t 但其性质、体积、形状需要一辆汽车运输的，为整批货物运输。

第九条　因货物的体积、重量的要求，需要大型或专用汽车运输的，为大型特殊笨重物体运输。

第十条　采用集装箱为容器，使用汽车运输的，为集装箱汽车运输。

第十一条　在规定的距离和时间内将货物运达目的地的，为快件货物运输；应托运人要求采取即托即运的，为特快件货物运输。

第十二条　承运《危险货物品名表》列明的易燃、易爆、有毒、有腐蚀性、有放射性等危险货物和虽未列入《危险货物品名表》但具有危险货物性质的新产品的，为危险货物汽车运输。

第十三条　采用装有出租营业标志的小型货运汽车，供货主临时雇用，并按时间、里程和规定费率收取运输费用的，为出租汽车货运。

第十四条　为个人或单位搬迁提供运输和搬运装卸服务，并按规定收取费用的，为搬家货物运输。

第三节　货物种类

第十五条　货物在运输、装卸、保管中无特殊要求的，为普通货物。普通货物分为 3 等。

第十六条　货物在运输、装卸、保管中需采取特殊措施的，为特种货物。特种货物分为 4 类。

第十七条　货物每立方米体积重量不足 333kg 的，为轻泡货物。其体积按货物（有包装的按货物包装）外廓最高、最长、最宽部位尺寸计算。

第四节　货物保险与货物保价运输

第十八条　货物运输有货物保险和货物保价运输两种投保方式，采取自愿投保的原则，由托运人自行确定。

第十九条　货物保险由托运人向保险公司投保，也可以由承运人代办。

第二十条　货物保价运输是按保价货物办理承托运手续，在发生货物赔偿时，按托运人声明价格及货物损坏程度予以赔偿的货物运输。托运人一张运单托运的货物只能选择保价或不保价。

第二十一条　托运人选择货物保价运输时，申报的货物价值不得超过货物本身的实际价值；保价运输为全程保价。

第二十二条　分程运输或多个承运人承担运输，保价费由第一程承运人（货运代办人）与后程承运人协商，并在运输合同注明。承运人之间没有协议的按无保价运输办理，各自承担责任。

第二十三条　办理保价运输的货物，应在运输合同上加盖"保价运输"戳记。保价费按不超过物保价金额的 7‰ 收取。

第三章　运输合同的订立、履行、变更和解除

第一节　合同的订立

第二十四条　汽车货物运输合同采用书面形式、口头形式和其他形式。书面形式合同种类分为定期运输合同、一次性运输合同、道路货物运单（以下简称运单）。汽车货物运输合同由承运人和托运人本着平等、自愿、公平、诚实、信用的原则签订。

第二十五条　定期汽车货物运输合同应包含下列基本内容。

（一）托运人、收货人和承运人的名称（姓名）、地址（住所）、电话、邮政编码。

（二）货物的种类、名称、性质。

（三）货物重量、数量或月、季、年度货物批量。

（四）起运地、到达地。

（五）运输质量。

（六）合同期限。

（七）装卸责任。

（八）货物价值，是否保价、保险。

（九）运输费用的结算方式。

（十）违约责任。

（十一）解决争议的方法。

第二十六条　一次性运输合同、运单应包含以下基本内容。

（一）托运人、收货人和承运人的名称（姓名）、地址（住所）、电话、邮政编码。

（二）货物名称、性质、重量、数量、体积。

（三）装货地点、卸货地点、运距。

（四）货物的包装方式。

（五）承运日期和运到期限。

（六）运输质量。

（七）装卸责任。

（八）货物价值，是否保价、保险。

（九）运输费用的结算方式。

（十）违约责任。

（十一）解决争议的方法。

第二十七条 定期运输合同适用于承运人、托运人、货运代办人之间商定的时期内和批量货物运输。一次性运输合同适用于每次货物运输。

承运人、托运人和货运代办人签订定期运输合同、一次性运输合同时，运单视为货物运输合同成立的凭证。

在每车次或短途每日多次货物运输中，运单视为合同。

第二十八条 汽车货物运输合同自双方当事人签字或盖章时成立。当事人采用信件、数据电文等形式订立合同的，可以要求签订确认书，签订确认书时合同成立。

第二节 货物托运

第二十九条 未签订定期运输合同或一次性运输合同的，托运人应按以下要求填写运单。

（一）准确表明托运人和收货人的名称（姓名）和地址（住所）、电话、邮政编码。

（二）准确表明货物的名称、性质、件数、重量、体积以及包装方式。

（三）准确表明运单中的其他有关事项。

（四）一张运单托运的货物，必须是同一托运人、收货人。

（五）危险货物与普通货物以及性质相互抵触的货物不能用同一张运单。

（六）托运人要求自行装卸的货物，经承运人确认后，在运单内注明。

（七）应使用钢笔或圆珠笔填写，字迹清楚，内容准确，需要更改时，必须在更改处签字盖章。

第三十条 已签订定期运输合同或一次性运输合同的，运单由承运人按二十九条的规定填写，但应在运单托运人签字盖章处填写合同序号。

第三十一条 托运的货物品种不能在一张运单内逐一填写的，应填写"货物清单"。

第三十二条 托运货物的名称、性质、件数、重量、体积、包装方式等，应与运单记载的内容相符。

第三十三条 按照国家有关部门规定办理准运或审批、检验等手续的货物，托运人托运时应将准运证或审批文件提交承运人，并随货同行。托运人委托承运人向收货人代递有关文件时，应在运单中注明文件名称和份数。

第三十四条 托运的货物中，不得夹带危险货物、贵重货物、鲜活货物和其他易腐货物、易污染货物、货币、有价证券以及政府禁止或限制运输的货物等。

第三十五条 托运货物的包装，应当按照承托双方约定的方式包装。对包装方式没有约定或者约定不明确的，可以协议补充；不能达成补充协议的，按照通用的方式包装，没有通用方式的，应在足以保证运输、搬运装卸作业安全和货物完好的原则下进行包装。

依法应当执行特殊包装标准的，按照规定执行。

第三十六条 托运人应根据货物性质和运输要求,按照国家规定,正确使用运输标志和包装储运图示标志。

使用旧包装运输货物,托运人应将包装与本批货物无关的运输标志、包装储运图示标志清除干净,并重新标明制作标志。

第三十七条 托运特种货物,托运人应按以下要求,在运单中注明运输条件和特约事项。

(一)托运需冷藏保温的货物,托运人应提出货物的冷藏温度和在一定时间内的保持温度要求。

(二)托运鲜活货物,应提供最长运输期限及途中管理、照料事宜的说明书,货物允许的最长运输期限应大于汽车运输能够到达的期限。

(三)托运危险货物的,按交通部《汽车危险货物运输规则》办理。

(四)托运采用集装箱运输的货物按交通部《集装箱汽车运输规则》办理。

(五)托运大型特型笨重物体,应提供货物性质、重量、外廓尺寸及对运输要求的说明书;承运前承托双方应先查看货物和运输现场条件,需排障时由托运人负责或委托承运人办理;运输方案商定后办理运输手续。

第三十八条 整批货物运输时,散装、无包装和不成件的货物按重量托运;有包装、成件的货物,托运人能按件点交的,可按件托运,不计件内细数。

第三十九条 运输途中需要饲养、照料的有生动植物,尖端精密产品、稀有珍贵物品、文物、军械弹药、有价证券、重要票证和货币等,托运人必须派人押运。

大型特型笨重物件、危险货物、贵重和个人搬家物品,是否派人押运,由承运双方根据实际情况约定。除上述规定的货物外,托运人要求押运时,需经承运人同意。

第四十条 需派人押运的货物,托运人在办理货物托运手续时,应在运单上注明押运人员姓名及必要的情况。

第四十一条 押运人员每车一人,托运人需增派押运人员,在符合安全规定的前提下,征得承运人的同意,可适当增加。押运人员须遵守运输和安全规定。

押运人员在运输过程中负责货物的照料、保管和交接;如发现货物出现异常情况,应及时做出处理并告知车辆驾驶人员。

第三节 货 物 受 理

第四十二条 承运人受理凭证运输或需有关审批、检验证明文件的货物后,应当在有关文件上注明已托运货物的数量、运输日期,加盖承运章并随货同行,以备查验。

第四十三条 承运人受理整批或零担货物时,应根据运单记载货物名称、数量、包装方式等,核对无误,方可办理交接手续。发现与运单填写不符或可能危及运输安全的,不得办理交接手续。

第四十四条 承运人应当根据受理货物的情况,合理安排运输车辆,货物装卸重量以车辆额定吨位为限,轻泡货物以折算重量装卸,不得超过车辆额定吨位和有关长、宽、高的装卸规定。

第四十五条 承运人应与托运人约定运输路线。起运前运输路线发生变化必须通知托运人,并按最后确定的路线运输。承运人未按约定的路线运输增加的运输费用,托运人或收货人可以拒绝支付增加部分的运输费用。

第四十六条 货物运输中,在与承运人非隶属关系的货运站场进行货物仓储、装卸作业,承运人应与站场经营人签订作业合同。

第四十七条 运输期限由承托双方共同约定后应在运单上注明。承运人应在约定的时间内装货物运达。零担货物按批准的期限运达,快件货物按规定的期限运达。

第四十八条 整批货物运抵前,承运人应当及时通知收货人做好接货准备;零担货物运达目的地后,应在 24 小时内向收货人发出到货通知或按托运人的指示及时将货物交给收货人。

第四十九条 车辆装载有毒、易污染的货物卸载后,承运人应对车辆进行清洗和消毒。因货物自身的性质,应承运人要求,需对车辆进行特殊清洗和消毒的,由托运人负责。

第四节　合同的变更和解除

第五十条 在承运人未将货物交付收货人之前,托运人可以要求承运人中止运输、返还货物、变更到达地或者将货物交付给其他收货人,但应当赔偿承运人因此受到的损失。

第五十一条 凡发生下列情况之一者,允许变更和解除。

(一)由于不可抗力使运输合同无法履行。

(二)由于合同当事人一方的原因,在合同约定的期限内确定无法履行运输合同。

(三)合同当事人违约,使合同的履行成为不可能或不必要。

(四)经合同当事人双方协商同意解除或变更,但承运人提出解除运输合同的,应退还已收的运费。

第五十二条 货物运输过程中,因不可抗力造成道路阻塞导致运输阻滞,承运人应及时与托运人联系,协商处理,发生货物装卸、接运和保管费用按以下规定处理。

(一)接运时,货物装卸、接运费由托运人负担,承运人收取已完成运输里程的运费,返回未完成运输里程的运费。

(二)回运时,收取已完成运输里程的运费,回程运费免收。

(三)托运人要求绕道行驶或改变到达地点时,收取实际运输里程的运费。

(四)货物在受阻处存放时,保管费用由托运人负担。

第四章　搬运装卸与交接

第五十三条 货物搬运装卸由承运人或托运人承担,可在货物运输合同中约定。

承运人或托运人承担货物搬运装卸后,委托站场经营人、搬运装卸经营者进行货物搬运装卸作业的,应签订货物搬运装卸合同。

第五十四条 搬运装卸人员应对车厢进行清扫,发现车辆、容器、设备不符合装货要求的,应立即通知承运人或托运人。

第五十五条 搬运装卸作业应当轻装轻卸,堆码整齐;清点数量;防止混杂、撒漏、破损;严禁有毒、易污染物品与食品混装,危险货物与普通货物混装。

第五十六条 对性质不相抵触的货物,可以拼装、分卸。

第五十七条 搬运装卸过程中,发现货物包装破损时,搬运装卸人员应及时通知托运人或承运人,并做好记录。

第五十八条 搬运装卸危险货物时,按交通部《汽车危险货物运输、装卸作业规程》进行作业。

第五十九条 搬运装卸作业完成后,货物需绑扎苫盖篷布的,搬运装卸人员必须将篷布苫盖严密并绑扎牢固;由承、托运人或委托站场经营人、搬运装卸人员编制有关清单,做好交接记录;并按有关规定施加封志和外贴有关标志。

第六十条 承、托双方应履行交接手续,包装货物采取件交件收;集装箱重箱及其他施封的货物凭封志交接;散装货物原则上要磅交磅收或采用承托双方协商的交接方式交接。交接后双方应在有关单证上签字。

第六十一条　货物在搬运装卸中,承运人应当认真核对装车的货物名称、重量、件数是否与运单上记载相符,包装是否完好。包装轻度破损,托运人坚持要装车起运的,应征得承运人的同意,承托双方需做好记录并签章后方可运输,由此而产生的损失由托运人负责。

第六十二条　货物运达承、托双方约定的地点后,收货人应凭有效单证提(收)货物,无故拒提(收)货物的,应赔偿承运人因此造成的损失。

第六十三条　货物交付时,承运人与收货人应当做好交接工作,发现货损货差,由承运人与收货人共同编制货运事故记录,交接双方在货运事故记录上签字确认。

第六十四条　货物交接时,承托双方对货物的重量和内容有质疑,均可提出查验与复磅,查验和复磅的费用由责任方负担。

第六十五条　货物运达目的地后,承运人知道收货人的,应及时通知收货人,收货人应当及时提(收)货物,收货人逾期提(收)货物的,应当向承运人支付保管费等费用。收货人不明或者收货人无正当理由拒绝受领货物的,依照《中华人民共和国合同法》第一百零一条的规定,承运人可以提存货物。

第五章　运输责任的划分

第六十六条　承运人未按约定的期限将货物运达时,应负违约责任;因承运人责任将货物错送或错交,应将货物无偿运到指定的地点,交给指定的收货人。

第六十七条　承运人未遵守承托双方商定的运输条件或特约事项,由此造成托运人的损失,应负赔偿责任。

第六十八条　货物在承运责任期间和站、场存放期间内,发生毁损或灭失,承运人、站场经营人应负赔偿责任。但有下列情况之一的,承运人、站场经营人举证后可不负赔偿责任。

(一)不可抗力。

(二)货物本身的自然性质变化或者合理损耗。

(三)包装内在缺陷造成货物受损。

(四)包装体外表面完好而内装货物毁损或灭失。

(五)托运人违反国家有关法令,致使货物被有关部门查扣、弃置或做其他处理。

(六)押运人员责任造成的货物毁损或灭失。

(七)托运人或收货人过错造成的货物毁损或灭失。

第六十九条　托运人未按合同规定的时间和要求备好货物和提供装卸条件,以及货物运达后无人收货或拒绝收货,而造成承运人车辆放空、延滞及其他损失,托运人应负赔偿责任。

第七十条　因托运人下列过错,造成承运人、站场经营人、搬运装卸经营人的车辆、机具、设备等的损坏、污染或人身伤亡以及因此而引起的第三方的损失,由托运人负责赔偿。

(一)在托运的货物中有故意夹带危险货物和其他易腐蚀、易污染货物以及禁、限运货物等行为。

(二)错报、匿报货物的重量、规格、性质。

(三)货物包装不符合标准,包装、容器不良,而从外部无法发现。

(四)错用包装、储运图示标志。

第七十一条　托运人不如实填写运单、错报、误填货物名称或装卸地点,造成承运人错送、装货落空以及由此引起的其他损失,托运人应负赔偿责任。

第七十二条　货运代办人以承运人身份签署运单时,应承担承运人责任,以托运人身份托运货物时,应承担托运人的责任。

第七十三条 搬运装卸作业中,因搬运装卸人员过错造成货物毁损或灭失的,站场经营人或搬运装卸经营者应负赔偿责任。

第六章 运 输 费 用

第七十四条 汽车货物运输价格按不同运输条件分别计价,其计算按《汽车运价规则》办理。

第七十五条 汽车货物运输计费重量单位,整批货物运输以吨为单位,尾数不足100kg时,四舍五入;零担货物运输以千克为单位,起码计费重量为1kg,尾数不足1kg时,四舍五入;轻泡货物每立方米折算重量333kg。

按重量托运的货物一律按实际重量(含货物包装、衬垫及运输需要的附属物品)计算,以过磅为准。由托运人处理装车的,应装足车辆额定吨位,未装足的,按车辆额定吨位收费。统一规格的成包成件的货物,以某一标准件重量计算全部货物重量。散装货物无过磅条件的,按体积和各省、自治区、直辖市统一规定重量折算标准计算。接运其他运输方式的货物,无过磅条件的,按前程运输方式运单上记载的重量计算。拼装分卸的货物按最重装载量计算。

第七十六条 汽车货物运输计费里程按下列规定确定。

(一)货物运输计费里程以千米为单位,尾数不足1km的,进为1km。

(二)计费里程以省、自治区、直辖市交通行政主管部门核定的营运里程为准,未经核定的里程,由承运双方商定。

(三)同一运输区间有两条(含两条)以上营运路线可供行驶时,应按最短的路线计算计费里程或按承托双方商定的路线计算计费里程。拼装分卸从第一装货地点起至最后一个卸货地点止的载重里程计算计费里程。

第七十七条 汽车货物运输的其他费用,按以下规定确定。

(一)调车费:应托运人要求车辆调出所在地而产后的车辆往返空驶,计收调车费。

(二)延滞费:车辆按约定时间到达约定的装卸或卸货地点,因托运人或收货人责任造成车辆和装卸延滞,计收延滞费。

(三)装货落空损失费:应托运人要求车辆行至约定地点而装货落空造成的车辆往返空驶,计收装货落空损失费。

(四)排障费:运输大型特型笨重物件时,需对运输路线的桥涵、道路及其他设施进行必要的加固或改造所发生的费用,由托运人负担。

(五)车辆处置费:应托运人的特殊要求,对车辆改装、拆卸、还原、清洗时,计收车辆处置费。

(六)在运输过程中国家有关检疫部门对车辆的检验费以及因检验造成的车辆停运损失,由托运人负担。

(七)装卸费:货物装卸费由托运人负担。

(八)通行费:货物运输需支付的过渡、过路、过桥、过隧道等通行费由托运人负担,承运人代收代付。

(九)保管费:货物运达后,明确由收货人自取的,从承运人向收货人发出提货通知书的次日(以邮戳或电话记录为准)起计,第4日开始核收货物保管费;应托运人的要求或托运人的责任造成的,需要保管的货物,计收货物保管费。货物保管费由托运人负担。

第七十八条 汽车货物运输的运杂费按下列规定结算。

（一）货物运杂费在货物托运、起运时一次结清，也可按合同采取预付费用的方式，随运随结或运后结清。托运人或者收货人不支付运费、保管费以及其他运输费用的，承运人对相应的运输货物享有留置权，但当事人另有约定的除外。

（二）运费尾数以元为单位，不足一元时四舍五入。

第七十九条　货物在运输过程中因不可抗力灭失，未收取运费的，承运人不得要求托运人支付运费；已收取运费的，托运人可以要求返还。

第八十条　出入境货物运输、国际联运汽车货物运输的运价，按有关规定办理。

第七章　货物事故和违约处理

第八十一条　货物事故是指货物运输过程中发生货物毁损或灭失。货运事故和违约行为发生后，承托双方及有关方应编制货运事故记录。

货物运输途中，发生交通肇事造成货物损坏或灭失的，承运人应先行向托运人赔偿，再由其向肇事的责任方追偿。

第八十二条　货运事故处理过程中，收货人不得扣留车辆，承运人不得扣留货物。由于扣留车、货而造成的损失，由扣留方负责赔偿。

第八十三条　货运事故赔偿数额按以下规定办理。

（一）货运事故赔偿分限额赔偿和实际损失赔偿两种。法律、行政法规对赔偿责任限额有规定的，依照其规定；尚未规定赔偿责任限额的，按货物的实际损失赔偿。

（二）在保价运输中，货物全部灭失，按货物保价声明价格赔偿；货物部分毁损或灭失，按实际损失赔偿；货物实际损失高于声明价格的，按声明价格赔偿；货物能修复的，按修理费加维修取送费赔偿。运输保险按投保人与保险公司商定的协议办理。

（三）未办理保价或保险运输的，且在货物运输合同中未约定赔偿责任的，按本条第一项的规定赔偿。

（四）货物损失赔偿费包括货物价格、运费和其他杂费。货物价格中未包括运杂费、包装费以及已付的税费时，应承按运货物的全部或短少部分的比例加算各项费用。

（五）货物毁损或灭失的赔偿额，当事人有约定的，按照其约定，没有约定或约定不明确的，可以补充协议，不能达成补充协议的，按照交付或应当交付时货物到达地的市场价格计算。

（六）由于承运人责任造成货物灭失或损失，以实物赔偿的，运费和杂费照收；按价赔偿的，退还已收的运费和杂费；被损货物尚能使用的，运费照收。

（七）丢失货物赔偿后，又被查回，应送还原主，收回赔偿金或实物；原主不愿接受失物或无法找到原主的，由承运人自行处理。

（八）承托双方对货物逾期到达、车辆延滞、装货落空都负有责任时，按各自责任所造成的损失相互赔偿。

第八十四条　货运事故发生后，承运人应及时通知收货人或托运人。收货人、托运人知道发生货运事故后，应在约定的时间内，与承运人签注货运事故记录。收货人、托运人在约定的时间内不与承运人签注货运事故记录的，或者无法找到收货人、托运人的，承运人可邀请两名以上无利害关系的人签注货运事故记录。货物赔偿时效从收货人、托运人得知货运事故信息或签注货运事故记录的次日起计算。在约定运达时间的 30 日后未收到货物，视为灭失，自 31 日起计算货物赔偿时效。

未按约定的或规定的运输期限内运达交付的货物，为迟延交付。

第八十五条　当事人要求另一方当事人赔偿时，须提出赔偿要求书，并附运单、货运事故记录和货物价格证明等文件。要求退还运费的,还应附运杂费收据。另一方当事人应在收到赔偿要求书的次日起,60 日内做出答复。

第八十六条 承运人或托运人发生违约行为,应向对方支付违约金。违约金的数额由承托双方约定。

第八十七条 对承运人非故意行为造成货物迟延交付的赔偿金额,不得超过所迟延交付的货物全程运费数额。

第八十八条 货物赔偿费一律以人民币支付。

第八十九条 由托运人直接委托站场经营人装卸货物造成货物损坏的,由站场经营人负责赔偿;由承运人委托站场经营人组织装卸的,承运人应先向托运人赔偿,再向站场经营人追偿。

第九十条 承运人、托运人、收货人及有关方在履行运输合同或处理货运故事时,发生纠纷、争议,应及时协商解决或向县级以上人民政府交通主管部门申请调解;当事人不愿和解、调解或者和解、调解不成的,可依仲裁协议向仲裁机构申请仲裁;当事人没有订立仲裁协议或仲裁协议无效的,可以向人民法院起诉。

第八章 附 则

第九十一条 按法律、法规和规章的规定,对利用汽车货物运输合同危害国家利益、社会公共利益的,由县级以上人民政府交通主管部门及其所属的道路运政管理机构负责监督处理。

第九十二条 本规则由交通部负责解释。

第九十三条 本规则自 2000 年 1 月 1 日起施行。1988 年 1 月 26 日交通部发布的《货物运输规则》同时废止。

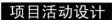 **>>> 快运及零担货物运输作业**

项目活动设计

李民在货运站锻炼的 3 个月时间内,对整车货物运输的作业流程已经比较熟悉了,当他再次接触客户时,可以为客户设计整车货物运输作业的方案了。接下来,经理安排他专门跟着零担货运业务的人员,学习零担、散件货物运输及快运货物运输作业。李民认为,都是货物运输,内容应该都一样吧? 带着疑问,李民开始了他的第三阶段的锻炼。

任务目标

1. 熟悉铁路快运、公路零担、行包货物运输作业流程。
2. 熟悉航空货物运输作业流程;熟悉快递运输作业流程。
3. 会填写货物运单;会计算相应运输方式的运费。
4. 会设计货物运输流程;能安排货物的发送、途中、到达交付作业。
5. 能合理组织零担货物的中转作业;合理积载货物。

铁路物流发展至今出现了一批具有行业知名度的企业。中铁快运股份有限公司(简称中铁快运)就是其中最具典型性的企业之一。它在全国各大中城市设有营业机构,经营全国铁路行李包裹运输,承担全国铁路行李车和特快、快速货物班列的经营工作;开行公路干、支线运输线路,构成铁路、公路运输网络,实现门到门配送业务。中铁快运公司加强运输信息化建设,研发接取、配送货物"取配通"信息系统。通过智能终端、GPS 定位及与可视化调度平台配套链接,实现对货物全程监控,实现对快运货物安全管理、满足客户服务需求①。

铁路物流运输企业经过资源整合,目前,许多铁路运输企业为发挥更多的运输优势,可以为客户提供一些物流延伸服务;在发展铁路多式联运(铁路—公路、铁路—水路—公路的联合运输)方面有了很大的进步;在发展国际货物运输方面也较以前的服务范围更广泛了,比如,铁路可以代理国际货物运输的报关作业、可以代理国际货物运输的保险业务等。

模块 1 铁路快运货物作业

零担货物是相对于整车货物而言的。目前,我国还没有统一的关于零担货物的具体规格标准;在企业实践中,基本上是以能否装满一整车作为区别。

---

① 资料来源:根据中铁快运官网 www.95572.com 公告资料整合(2013 年 2 月 14 日)。

现实生产中,货主常需要将零星货物交运,承运部门为合理利用运输资源,往往将不同货主的货物按同一运送方向凑至整车后再发运。而零担货物运输需要等待凑成整车,因而集货时间长,运输效率低。尤其是铁路货运车辆,普通棚车的承载量可达40t或以上,致使铁路零担货物集结困难,运输工具周转耗时,运输成本高。所以,铁路运输主营作业管理部门已经不再办理普通的零担运输(但在铁路货物运价表中仍然有零担货物运价)。

从目前铁路货物运输的作业模式和承运货物的条件看,铁路零担货物运输已经被中铁快运公司的包裹、小件货物运输及货物快运班列产品取代,另有部分运输需求被公路零担运输分羹。

一、知识准备

(一)铁路货物快运班列

铁路货物运输班列有快速货物班列和特快货物班列两种。快速货物班列是按照旅客列车运输方式组织,使用专用货车编组,利用铁路的行李、包裹运输基地和客、货运站场及设备,整列装载货物的运输列车。铁路快速货物班列车辆主要车型为PB型代用棚车和P65型货车。图4-1为PB型代用棚车,容积141.2m³,标记载重45t,运行速度120km/h;图4-2为P65型行包快运棚车,容积135m³,标记载重40t,运行速度120km/h。快速货物班列车辆适用于箱装、袋装货物及打包的零担货物,包括各种轻浮货物。

图4-1　PB型代用棚车

图4-2　P65型行包快运棚车

铁路特快货物班列运输采用25T型专用行李车,车厢容积160m³,标记载重23t,运行速度160km/h。

目前(2012年8月1日起),铁路快运的服务产品有:特快货物班列,使用行李车编组;快速货物班列,使用专用货车编组;普快货物班列,使用普通货车编组,一般时速80km/h。

(二)铁路快运货物范围

原铁路零担货物的定义是:原则上不够整车运输条件的,按零担运输办理承运。若按货物规格尺寸判断的条件是:一件货物体积最小不得小于0.02m³(单件重量在10kg以上的除外),每批不得超过300件。零担货物运输一般承运的是重量较小的成件包装货物,批数较多、包装条件不一,小批量的零星货物,铁路一般使用棚车装载。

铁路快速货物班列运输的货物必须适宜装入PB型或P65型专用棚车,货物的品名、包装、重量、外形尺寸和理化性质等应符合铁路运输有关规定。货物的单件重量不得超过500kg,以托盘形式包装的集装化货物,其单托重量不得超过1000kg。若单件货物体积超过

$3m^3$ 或货物单边长度超过 $6m$ 的不得承运(经发站确认不致影响到站装卸车作业的除外)。而铁路特快货物班列运输的货物必须适宜装入25T型专用行李车,品名、包装、重量、外形尺寸和理化性质等要符合铁路运输有关规定,单件重量不得超过 $300kg$。

因此,从货物快运班列的货物限制条件看,铁路零担货物运输并不是完全消失,而是将零担货物运输的服务产品进行了优化,它也鼓励发货人采用集装化的方式办理运输,且考虑到运输成本和效率,用专门车辆开行了铁路货物快运班列。

铁路小件货物运输不得办理下列货物托运。

(1)需要冷藏、保温或加温运输的货物。

(2)尸体、尸骨、骨灰、灵柩及易于污染、损坏车辆和其他货物的污秽品(例如未经过消毒处理或未使用密封不漏包装的牲骨、湿毛皮、粪便、炭黑等)。

(3)蜜蜂。

(4)不易计算件数的货物(散堆装货物)。

(5)活动物。

(6)单件货物体积超过 $3m^3$ 或长度超过 $6m$ 的;(经发站确认不致影响到站装卸车作业的除外)。

(7)托运易腐货物时(鲜花、水果、蔬菜等),应记明货物的容许运输期限。容许运输期限须大于班列货物运到期限3天以上。

（三）铁路快运货物运到期限

铁路快运是指铁路快运部门在接受托运人的运输请求后,自签发运单时起,以当日直达列车装运至到站并在指定时限内送交的服务。中铁快运公司是铁路快运货物运输的主要办理人(其也办理公路零担货物运输业务),铁路快运货物的运到期限以运价里程计算。从承运次日起:国内主要城市间有直达旅客列车运送的快运货物为3天,3500km以上为4天。其他城市间需中转运送的快运货物1000km以内为3天,超过1000km时,每增加800km增加一天,不足800km按一天计算。不足100kg的超重快运货物增加一天,100kg及其以上的快运货物增加两天。由于不可抗力等非经营人责任发生的停留时间加算在运到期限内。

铁路快运运输产品还增加了时限快运,即将当日承运的快运包裹,在当日指定的车次装运,并按照向客户承诺的交付日期(时间)交付。根据客户不同需求,时限快运可分为次日达和隔日达。次日达:自承运之日算起,在次日17时前送达(交付);隔日达:自承运之日算起,在第三日17时前送达(交付)。

二、工作任务

铁路快运货物班列运输办理不同于铁路整车货物运输,快运货物运输部分执行《铁路货物运输规程》。图4-3为中铁快运公司某营业部办理铁路货物快运班列运输作业流程图。

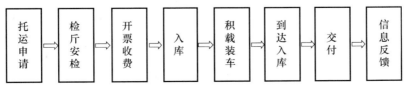

图4-3　铁路货物快运班列运输作业流程

（一）托运申请

发货方向中铁快运公司下设的承运办理站点或者是铁路第三方的物流公司的营业点提出货物运输申请,向发送网点提交货物运单,并将货物搬入承运点接受验收。铁路货物快运托运申请的方式有 3 种:网上预订、电话预约服务、营业网点办理。

（1）网上预订:在中铁快运公司全国统一的客户服务网站上提交客户订单信息,在订单生成（短信通知）时起 48 小时内办理预付款,预订成功时需交纳运费总金额 80% 的预付款,剩余款项应在营业网点制票时以现金形式补齐。工作人员会主动联系客户办理取货交接和承运制票手续。网络托运申请办理的优点是:随时可查看车次信息、舱位情况信息,发货人根据需求,提出预订日期、服务方式;若遇某次车舱位紧张可随时寻找其他车次的舱位。货物交给发送站营业部后,货物进入运输环节,客户可在网络上"我的订单"栏目中进行物流追踪。

（2）电话预约服务:铁路货物快运班列运输营业办理网点设有对外服务电话,客户可提前电话预约上门服务。电话查询系统还可提供产品咨询、舱位状态查询、订单追踪、运单追踪、办理流程等相关咨询服务。

（3）营业网点办理:客户可自行去铁路快运的营业网点（中铁快运公司营业网点）办理托运申请。由客户填写"小件货物快运运单",办理点货运员登记订舱信息,告知客户确定的车次和舱位信息。

必须注意的是:对烟草、棉花、食用盐等政令限制物资和国家归口管理物资,必须按国家有关规定办理。对军事运输、超限、超重和限速运行的货物,危险货物、理化性质不明的化工产品以及国家禁止运输的货物和不适于装入快运班列车辆的物品,不得纳入特快、快速货物班列运输。

图 4-4 为铁路快运班列托运单,粗线框内的内容由托运人填写,其余内容由承运人填写;若办理报价运输,须在声明价格栏填写实际价值,一旦发生损失,按实际损失赔偿,但不得超过声明价格。托运单分甲、乙两联,甲联（白色）承运人留存,乙联（红色）托运人持有。托运人填写托运单前应仔细阅读乙联背面的客户须知,托运人必须对运单内记载事实的真实性负责。

（二）检斤与安检

铁路快运承运办理网点在接到客户所托运的货物后,先查看货物、整理并施包装,然后,对货物检斤（过磅量方）,便于确定计费重量,这也是为了能更好地积载货物、提高运输工具实载率。检斤是用合适的设备计量货物的计费重量;量方则是用长度测量工具测算货物的体积,测量时应以货物的最长边外缘为准。注意,过磅量方均包含外包装。当铁路快运货物每立方米不足 167kg 时,应以泡货物测算计费重量,即以其实际体积按 167kg 折算计费重量。

货物检斤之后,应在外包装上标打货物标签（标签上填写的内容必须与运单相应内容一致）后入仓,即为承运。货签在每件货物的两侧各有一枚,货物堆码时,不应被遮挡。

快运货物的包装必须完整牢固,适合运输。其包装的材料和方法应符合国家或运输行业规定的包装标准。包装类型必须适合内装物品性质的要求,重物品必须用木箱或花格木箱包装。服装、百货、易散落的物品,贵重物品,除纸箱包装外必须外加编织袋或使用中铁快运专用集装袋。家用电器、音响必须采用原厂包装（原包装无衬垫的不能承运）。两件以上合包时,

中铁快运股份有限公司
托运单

（甲联）

（黑框内由托运人填写）　　20___ 年___月___日

到站:		以由:					承运人确认事项			
持票旅客请填写	客票票号:		人数:				票号:			
	车次:		客票到站:							
贷物名称	包装种类	件数	重量(kg)	体积(长×宽×高)	声明价格(保价)		件数	重量(kg)	行李	包裹
									☐	☐
									☐	☐
									☐	☐
合　计									☐	☐
选择填写	付款方式	现金☐　支票☐　协议☐　到付☐					包装费			元
	取货方式	凭原件提取　☐　凭传真件提取　☐					取货费			元
	服务要求	送货上门☐货需包装☐仓储保管☐代发传真☐					代收送货费			元
发送地										
到达地										
托运人	名称:									
	地址:									
	邮编:		电话:							
	传真电话:			电子邮件:						
收货人	名称:									
	地址:									
	邮编:		电话:							
	传真电话:			传真电话:						
托运人记事:				承运人记事:						
取货员（章）:				安检员（章）:						

托运人注意：在填写托运单前，请详细阅读乙联背面"客户须知"并在下面签字。

托运人：_____　　　　　　　　营业部（章）

图 4-4　铁路货物快运班列托运单

必须另行外加包装。采用纸箱或编织袋包装时必须用塑料打包带捆成井字型加固,木箱包装箱外应用钢带加固。易碎品、流质物品必须使用专用包装材料包装。

由于铁路快运班列运输速度快,且车辆运行通过的站点多是客流较大的客、货运站,小件货物运输安全检查显得尤为重要。承运点首先应审核货物订舱信息,查看运单上的货物信息、运输车次正确与否,运单上信息与货签上的信息是否一致等;其次,审核货物包装是否符合运输要求,是否满足运输质量及安全要求;最后,还必须使用专门设备对货物进行安全查验,防止夹带、匿报、瞒报可能产生危害公共安全的物品。对不符合运输条件的物品拒绝承运。

承运方对托运的货物认为有查验货物的必要时,可要求托运人打开包装查验。如托运人不同意查验,经营人可拒绝承运。开包查验后,由经营人恢复包装,不加收费用。

(三)开票收费

铁路快运货物检斤与安全检查完毕后即可开票收费。铁路快运货物运单一式五联,第一联为上报联,由发送站装订成册上报;第二联为运输联,随货物至到达站留存;第三联为提货凭证联,收货人必须凭此联携带有效身份证件提货;第四联为报销凭证联;第五联为存根联,由发送站留存备查。图4-5为某营业网点小件快运运单(货票)。

开票收费后,货运员将货物移至承运人仓库,仓库管理员再次核对货签内容与发货件数,将货物按发送方向堆放。货物进出仓库应履行交接手续,逐票核对,保证单货相符。

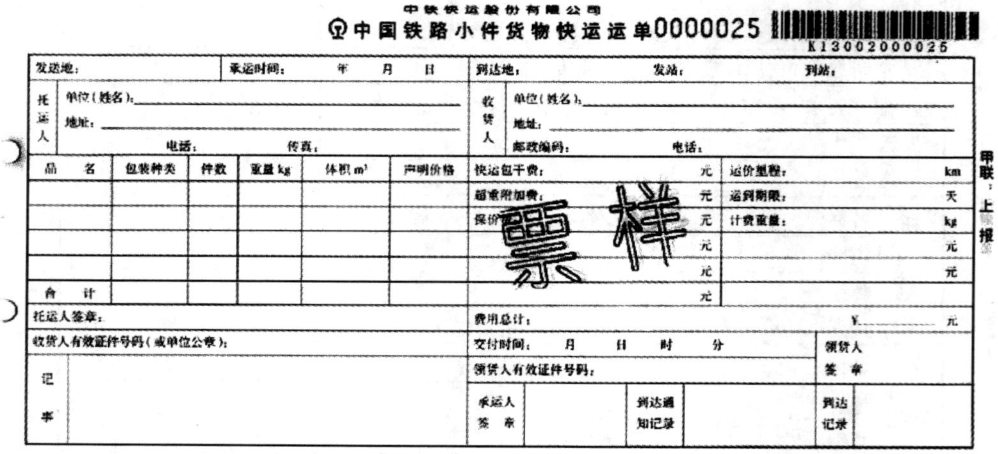
中铁快运股份有限公司
中国铁路小件货物快运运单0000025
K13002000025
发送地: 承运时间: 年 月 日 到达地: 发站: 到站:
托运人 单位(姓名): 地址: 电话: 传真:
收货人 单位(姓名): 地址: 邮政编码: 电话:

品名	包装种类	件数	重量 kg	体积 m³	声明价格	快运包干费: 元	运价里程: km
						超重附加费: 元	运到期限: 天
						保价 元	计费重量: kg
						元	元
						元	元
合计						元	

托运人签章: 费用总计: ¥ 元
收货人有效证件号码(或单位公章): 交付时间: 月 日 时 分 领货人签章
记事 领货人有效证件号码:
承运人签章 到达通知记录 到达记录
甲联:上报
票样

图4-5 铁路小件货物运单

1. 铁路快运货物运费计算

铁路快运货物运费与传统铁路零担货物运价计算方式不同。铁路零担货物运费计算准则与铁路整车货物运费计算准则相同,只是计价重量单位不同;铁路快运货物运费计算,采用点到点的计算原则。

铁路零担运费=(基价1+基价2×运价里程)×计价重量/10(其计价重量以10kg为单位,不足10kg的进为10kg。)

铁路快运班列运费=运价(元/kg)×计价重量(kg)+其他服务费

按铁路保价运输办理的快运货物按其声明价格的1%核收。费用计算最后以角为单位,不足一角的尾数按四舍五入处理。

2. 铁路快运货物计费重量

铁路快运货物对计费重量有限制条件:每批货物起码计费重量为1000kg,不足1000kg的按1000kg计算。1000kg以上的计费重量以10kg为单位递增,不足10kg按10kg计算。对有些货物不易确定计费重量的,可以按照统一的折算标准,如表4-1所列。

表 4-1　铁路快运货物规定计费重量

物品名称	计价单位	规定计价重量/kg	备注
残疾人用车	每辆	25	包裹托运时,按实际重量计算
自行车	每辆	25	
助力自行车	每辆	40	含机动自行车
两轮轻型摩托车	每辆	50	①含轻骑 ②气缸容量 50cm³ 以下时
两轮重型摩托车	每辆	按气缸容量每立方厘米折合1kg计算	气缸容量超过 50cm³ 时
警犬、猎犬	每头	20	超重时,按实际重量计算

为平衡铁路运输车辆资源利用,铁路快运货物的计费重量也有重货与泡货的区分,铁路快运货物以每立方米 167kg 折算体积重量,即货物的重量若不足 167kg/m³ 时,认定货物为泡货,计费重量应先测算出货物的体积,再折算货物的体积重量;体积计算以 m³ 为单位,保留小数点后两位数。

折算体积重量$(kg) = 167(kg/m^3) \times$ 体积(m^3)

3. 铁路快运货物运价

铁路快运运价采用点到点方式报价,分站到站运价、门到门运价。以泡货运输的货物,在托运单上应注明货物的尺寸,便于核查和运费计算。表 4-2 为部分铁路快运产品站到站、门到门的运价。

表 4-2　铁路部分快运班列运价

车次	发送城市 到达城市	始发时间 终到时间	产品等级	站到站 运到时间	站到站运价	门到门运价
X101次	北京 上海	00:38 12:12	特快	11小时34分钟	344元/吨	944元/吨
X102次	上海 北京	23:21 10:53	特快	11小时32分钟	365元/吨	965元/吨
X103次	北京 广州	05:01 03:20	特快	22小时19分钟	502元/吨	1102元/吨
X104次	广州 北京	00:02 23:08	特快	23小时06分钟	937元/吨	1537元/吨
X105次	北京 哈尔滨	04:21 16:08	特快	11小时47分钟	336元/吨	936元/吨
X106次	哈尔滨 北京	07:37 21:35	特快	13小时58分钟	336元/吨	936元/吨
X117次	上海 深圳	04:22 20:49	特快	16小时27分钟	392元/吨	992元/吨
X118次	深圳 上海	07:42 00:32	特快	16小时50分钟	392元/吨	992元/吨
X201次	沈阳 哈尔滨	11:00 23:54	快速	12小时54分钟	156元/吨	756元/吨
X201次	沈阳 长春	11:00 18:09	快速	6小时56分钟	113元/吨	713元/吨
X201次	天津 哈尔滨	23:50 23:54	快速	24小时04分钟	276元/吨	876元/吨
X202次	哈尔滨 厦门	20:34 11:15	快速	63小时33分钟	660元/吨	1260元/吨
X202次	哈尔滨 广州	20:34 23:00	快速	72小时31分钟	651元/吨	1251元/吨

[资料来源:中铁快运公司网站]

铁路货物快运服务的其他费用包括各种项目的服务费、仓储保管费、搬运理货费、装卸费及送货费等。比如:保险费率,未声明货物价值的按运输费用的 2% 收取保险基金;有货物声明价值的按 5‰ 收取保险费,最低收费 5 元/票;签单回传业务,10 元/票,保证签单 30 天内返回;还有诸如包裹承运、送达代办服务、楼层搬运服务费、打包服务费等。

(四)积载装车和在途理货

铁路货物快运班列车辆型号、车种不同,货物积载能力不同。货物配载装车的原则是:急件先运、先托先运、中转先运。货物的配载应充分利用配载工具,合理配载,尽可能多载,必要时,可先画好配载图,然后按图装车。网点货物理货员应按照货物发送方向填制货物配装单与货物交接清单,且货物配装单和货物交接清单上货物的顺序应方便装车和理货员理货;一般顺序是:先远后近,先重后轻,先大后小,先方后圆。同一到站的货物,填制在同一张单证上。随车理货员在运输途中注意查看货物的存放情况,到站交接时应报告货物在途情况。

(五)到达交付

快运货物运输的到达交付作业,分在到达站的交付和至客户"门"的服务。

在到达站的服务,随车理货员必须先将货物交给到达站的货运仓库,由到站通知收货人提取货物。到达站的货运值班员应会同仓库管理员与随车理货员交接,先交接单证,后凭单证验收货物,填写货运记录表及交接清单签字,将货物搬入到站仓库。

收货人接到提货通知后,凭有效证件和提货单,先至到站结算后即可提货。若有货物损害,按照运输规章进行索赔。快运货物从发出到达通知日起,免费保管3天,逾期到达的快运货物免费保管10天。超过免费保管期限时,保管方按日核收保管费。

若是到达站至客户"门"的服务,到达地快运网点对一批快运包干费在50元及其以上的,收货人在快运机构公布的到达城区范围内时,免费送货。不符合上述条件时,按每5km(不足5km按5km计算)每件5元收取送货费。超重快运货物(以50kg为基准重量)每超出20kg加收5元计费。

快运货物发生灭失、短少、损坏或超过运到期限20天尚未到达,托运人、收货人有权向经营人提出赔偿,快运机构会立即受理和处理。托运人、收货人要求赔偿时,应提出赔偿要求书,应附下列证明:事故记录、快运单或裹票、证明物品内容和价格的证明。

(六)结算与统计

基本内容与整车相同,但快运货物件小、数量多、物的类别也多、客户较分散,给运输统计工作带来一定难度,统计时应细心。

模块2　铁路行包运输作业

一、知识准备

(一)铁路行包运输

铁路运送的货物还有一类特殊类别的称为行李包裹。铁路行李是指旅客自用的被褥、衣服、个人阅读的书籍、残疾人车和其他旅行必需品,见表4-3。行李每件的最大重量为50kg。体积以便于装入行李车为限,但体积最小不得不小于$0.01m^3$。铁路包裹则是指适合在旅客列车行李车运输的小件货物。包裹每件体积、重量与行李相同。铁路行包货运输就其"物"的性质属于货物,但由于其运输车辆按客运车辆编组,其执行的运输规章到目前为止还是适用《铁路旅客运输规程》,行李包裹运价计算仍然适用《铁路旅客运输规程》。特快货物班列每列编组为:特快货物班列车厢16节、押运保鲜车厢2节。每节特快货物班列车厢容积160m³,最大载重23t,每节保鲜车厢容积115m³,最大载重15t。要求每件行李、包裹、邮件最大单重不超过300kg。

表4-3 铁路包裹范围类别

序号	托运品品类	托运品品名
1	一类包裹	自发刊日起5日以内的报纸;中央、省级政府宣传用非卖品;新闻图片和中、小学课本
2	二类包裹	抢险救灾物资,书刊、鲜或冻鱼类、肉、蛋、奶类、果蔬类
3	三类包裹	不属于一、二、四类包裹的物品
4	四类包裹	1. 一级运输包装的放射性同位素、油料箱、摩托车 2. 泡沫塑料及其制品 3. 国务院铁路主管部门指定的其他需要特殊运输条件的物品

《铁路旅客运输规程》中规定,旅客可凭客票办理一次行李托运,行李中不得夹带货币、证券、珍贵文物、金银珠宝、档案材料等贵重物品和国家禁止、限制运输物品、危险品。包裹单件重量超过50kg,视为超重包裹。

《铁路旅客运输规程》中还规定了不能按包裹运输的物品,如:骨灰、易于污染、损坏车辆的物品;蛇、猛兽和每头超过20kg的活动物(警犬和运输命令指定运输的动物除外);国务院及国务院铁路主管部门颁发的有关危险品管理规定中规定的危险品、枪支弹药以及承运人不明性质的化工产品;国家禁止运输的物品和不适于装入行李车的物品。图4-6为铁路专用行李车,加挂在客运列车尾部,行李车上有专门的行李员跟车理货。

图4-6 铁路专用行李车

客户托运贵重物品和特种物品时,须提供有关部门签发的运输证明。如:警犬运输必须提供卫生防疫部门出具的卫生检疫证明、公安部门出具的运输许可证、铁路运输管理部门出具的准运证等。

全国铁路行李、包裹运输办理站点,可以通过铁道部网站客户服务中心查询。

(二)铁路行包运输服务产品

铁路行包运输服务不同于货物快运班列,行包运输是以专用行李车装载的运送特定的货物。

（1）批量包裹运输服务。批量标准：在同一批货物中，每件货物的重量均不超过 50kg（非铁路行李车运输方式的除外），每批货物的总重量达到 200kg 及以上时，即为批量标准。

运到期限：从承运次日起，国内主要城市间有直达旅客列车运送的为 3 日，3500km 以上为 4 日；其他城市间需中转运送的 1000km 以内为 3 日，超过 1000km 时，每增加 800km 增加一日。

送货费：在快递包裹免费送货区域内，每批货物的起码送货费为 70 元；一批货物的总重量超过 500kg 时，每增加 100kg（不足 100kg 按 100kg 计算）增加 10 元。超出免费送货区域时（经到达机构同意后），在上述标准基础上，每 10km（从配送点起至收货地点，不足 10km 按 10km 计算）另增加送货费 20 元；送货中产生的过路（桥）费另行核收。

（2）合同客户包裹运输服务。合同客户主要针对发货量长期稳定，合作信誉较好，无任何拖欠运费和呆坏账现象，运费定期结算，并给予一定运价优惠的、具有一定规模的客户。各承运机构根据客户的发货频率、一定时间内的总发货量、单位信誉、客户的需求和以往的合作情况等综合因素来确定其是否为合同客户。

合同客户还包括无运费优惠需求，但要求定期结算（月结）、汇总开票的客户。

（3）轻小型货物运输服务。凡适于装入中铁快运"轻小型包裹快递盒"的单据、票据、文件资料、照片、贺卡、书籍、样品、电子元器件、轻小物品等，且又不超过轻小型包裹快递盒最大重量限制的均可称为轻小型货物。

（三）运到期限

行李、包裹的运到期限以运价里程计算，从承运日起，行李 600km 以内为 3 日，超过 600km 时，每增加 600km 增加一日，不足 600km 按一日计算。包裹 400km 以内为 3 日，超过 400km 时，每增加 400km 增加一日，不足 400km 按一日计算。由于不可抗力等非承运人责任发生的停留时间加在运到期限内。快运包裹按承诺的运到期限计算。

行李、包裹超过规定的运到期限运到时，收货人凭行李票、包裹票在行李包裹到达日期 10 日以内提出索赔，承运人应按逾期日数及所收运费的百分比向收货人支付违约金。行李、包裹变更运输时，逾期运到违约金不予支付。行李、包裹超过运到期限 30 天以上仍未到达时，收货人可以认为行李包裹已灭失而向承运人提出赔偿。

二、工作任务

行李、包裹运输合同的基本凭证是行李票、包裹票。行李、包裹运输合同自承运人接受行李、包裹并填发行李票、包裹票时起成立，到行李、包裹运至到站交付给收货人止履行完毕。图 4 - 7 为铁路行包发送受理作业流程。[流程图资料来源：中铁快运网站]

（一）托运申请

在《铁路旅客运输规程》中规定，旅客凭客运乘车票可限重（50kg 以内）托运行李一次。托运人必须提供旅客或托运人、收货人的基本信息，如实说明行李、包裹包装内的物品，接受承运方的安全检查。托运人填写托运

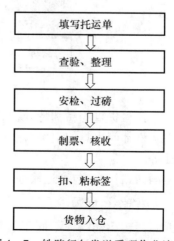

图 4 - 7　铁路行包发送受理作业流程

单中相关内容,如:发站和到站,托运人、收货人的姓名、地址、联系电话、邮政编码,行李和包裹的品名、包装、件数,声明价格等。

（二）查验理货过磅

（1）查验:查验又叫安检。由于行李、包裹运输车辆是直接加挂在普通客运列车组中,所以查验的主要目的是保障运输安全。查验主要是依据行李票、包裹票的填写内容,核实货物,物品名称、件数是否与托运单记载相符,物品状态是否完好,有否夹带危险品及国家禁止或限制运输的物品,必要时拆开包装检查有无夹带、瞒报物品。包装是否符合运输要求;货签、安全标志是否齐全,填写是否正确。查验方式可以通过观察、触摸、仪器检查等。查验内容包括行李、包裹的包装,其包装必须牢固,适合货物安全运输,符合国家或运输行业规定。

（2）理货:行李、包裹的包装必须完整牢固,要适合运输,不能有开口、破裂、短缺等现象;其包装的材料和方法应符合国家或运输行业规定的包装标准。办理点货运员在查验货物同时,整理包装,将不符合包装要求的物品选出,指导托运人按要求包装,或者帮助托运人打包。检查包装有无破漏现象,收取承运的行李、包裹的存放管理单据,汇总行李、包裹承运清单。

（3）过磅:按照行李、包裹承运条件称重,测量长、宽、高,为计算运费取得基础数据。

等待入承运人仓库的每件行李、包裹物品应在两端各拴挂一个符合铁路主管部门规定的技术标准货签。货签中填注的内容与行李、包裹托运单及行李、包裹票有关内容相符,不得省略和使用代码、代号。货签上的行李、包裹票号栏应用号码机或号码戳打印,其他各栏如填写时应整洁、清晰,使用规范的文字。如分件保价的物品还应在件数栏注明“总件数之几”字样。

若是易碎品、流质物品或一级运输包装的放射性同位素时,应在包装表面明处贴上“小心轻放”、“向上”、“一级放射性物品”等相应的安全标志。

（三）核算开票

此过程类似于货物运输货票的制单过程。填制行李票、包裹票的其余内容（货物重量、运价里程、车次安排等）,算出运费,通知托运人缴费。

1. 行李包裹运费计算

行李运价率为硬座客票票价率的1%。即每100kg·km的行李运价率等于1人km的硬座客票基本票价率。行李包裹重量以kg（千克）为单位,不足1kg按1kg计算;行李的起码运价里程为20km。

包裹票价率是以三类包裹运价率为基数,其他各类包裹运价率按三类包裹的运价率加成或减成的比例确定。普通包裹的起码运价里程为100km;行李、包裹运价的起码计费重量为5kg,计费重量超过5kg时,尾数不足1kg按1kg计算。每张行李、包裹票的起码运费为1元。

行李、包裹运价是根据规定的运价区段,以每千克每千米的运价率乘以通过递远递减后而确定的计价里程,再乘以5kg,即得5kg为单位的运价基数。其他重量的运价,则以5kg的运价基数推算。运价不同的物品混装为一件时,按其中运价高的计算。

托运的行李在50kg以内,按行李运价计算,超过50kg时（行李中有残疾人用车时为75kg）,对超过部分按行李运价加倍计算,如表4-4所列。

表4-4　行包超重附加费率表

单件货物/kg	超重附加费率(快运综合包干费标准的百分比)
51~100	5%
101~200	10%
201~300	20%
301~400	30%
400以上	50%

行李包裹运输费不包括其他费用,比如,装卸费是由发站、到站分别收取装费或卸费。

2. 保价运输

保价运输是货物运输中规避风险的一种方式,它又分为保价运输和不保价运输,由托运人自由选择。保价运输作为运输合同的组成部分,托运人一旦选择了保价运输,必须缴纳保价运输费用,运单中托运人记载事项栏里要注明"保价运输"。发生赔偿时,按照保价条款进行赔付。按保价运输时,可分件声明价格,也可按一批全部件数声明价格;按一批办理时,不得只保其中一部分;一段按行李、一段按包裹托运时,全程按行李核收保价费。承运人对按保价运输的行李、包裹可以检查其声明价格与实际价格是否相符。保价的行李、包裹发生运输变更时,保价费不补不退。因承运人责任造成的取消托运时,保价费全部退还。行李保价费按声明价格的0.5%、包裹保价费按声明价格的1%计算。

[任务实践]

4月4日,发货人张杰(住石家庄市裕华西路85号),由石家庄站托运木箱一件,内装苹果、板栗,共重23kg,声明价格100元。到站杨楼,收货人张磊(住杨楼站前街361号)。如何办理此项业务?

解:(1)查运价里程表,石家庄 衡水 杨楼:633km

(2)判断包裹类别为三类。铁路包裹运价以三类为基价,其他类别分别减成或加成计算。如表4-5所列。

表4-5　铁路包裹运价

包裹类别	运价比例/%	运价率/(元/kg·km)
一类	20	0.1718
二类	70	0.6013
三类	100	0.859
四类	130	1.1167

(3)查运价率表,1kg三类包裹运价:0.859元。

23kg 三类包裹运费:23×0.859 = 19.757 ≈ 19.80(元)

(4)包裹保价费:100×1% = 1.00(元)

合计:19.80 + 1.00 = 20.80(元)

填写包裹票,如图4-8所示。

(四)扣货签

行李、包裹承运后,在交付收货人前包装破损、松散时,承运人应负责及时整修并承担整修

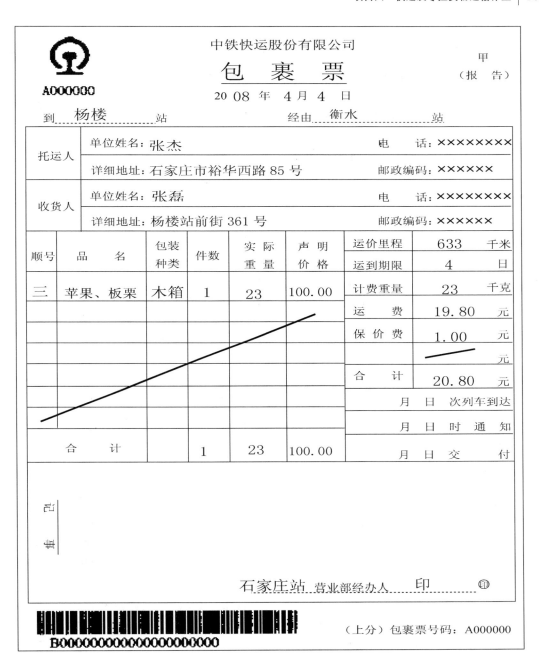

图 4-8　铁路包裹票

费用。每件行李、包裹的两端应各扣贴一个铁路货签。货签上的内容应清楚、准确并与托运单上相应的内容一致。

（五）理货装车

行李包裹有承运营业站点负责分方向、分车次集装，在车次到达时，由承运人员装载上车。行包车乘务员（理货员）应清点行包件数和到发站信息，集中管理行包票，票据传递方式和作用与铁路货票相似。

（六）途中转运

行李、包裹需要中转时，行李车乘务员应理清行包清单，清点转运的行李、包裹，到达转运站时，票、物清点交接。

转运站将接受到的行李、包裹分单，重新按照其终到站进行集中，装车前再次核对行包票的信息及货物信息，防止漏票、甩货现象的发生。

（七）交付签收

行李、包裹到达目的站的作业内容有理货、保管，分单并通知收货人货物到达情况，收货人凭行李、包裹领取凭证领取行李、包裹。

到达保管：行李从运到日起、包裹从发出通知日起，承运人免费保管3天，逾期到达的行李包裹免费保管10天。因事故或不可抗力等原因而延长车票有效期的行李按车票延长日数增加免费保管日数。超过免费保管期限时，按日核收保管费。

签收：收货人领取行李、包裹时，如发现有短少或异状应在领货时及时提出。检查发现确有损失时，应编制事故记录交收货人作为要求赔偿的依据。

旅客如继续旅行，要求将行李继续运至新到站时，可凭新车票及原行李票重新办理托运。

模块3　公路零担运输作业

零担货物是指一次托运、计费重量不足3t的货物。零担货物来源不一，货物的数量、体积、重量不足以装载整车，所以，往往一辆货车里包含多家客户的货，其货源集中时间较长，货流方向多样化，货物运输积载要求复杂。承运者为控制运输成本，往往采取多样化的作业方式和优化措施，满足运输市场的需求。

一、知识准备

公路运输是在公路上运送货物的运输方式，是交通运输系统的重要组成部分。公路运输主要承担中、短途货运。现代所用运输工具主要是汽车。在地势崎岖、人烟稀少、铁路和水运不发达的边远和经济落后地区，公路为主要运输方式。集装箱汽车运输、整批货物运输、大型特型笨重物件运输、快件货物运输是常见公路运输的组织方式。根据零担货物的性质将其分为普通零担货物、笨重零担货物和危险零担货物3种。

（1）普通零担货物指普通成件包装、无危险性或危险性极小的，并容易和其他货物拼装，件重、体积、长度均不足整车装运的货物。

（2）笨重零担货物指一件货物重量超过1t，体积大于$2m^3$或长度在5m以上，其性质适宜用敞车装运和吊装吊卸的货物。

（3）危险零担货物指在运输过程中具有易燃爆炸、腐蚀、毒害和放射性等特性，并能按零担办理的危险货物。

（一）公路货物运输条件

同一份运单上的货物不足规定整车重量限额货物的运输，称为零担货物运输。我国《公路汽车货物运输规则》规定：托运人一次托运的货物，其重量不足3t者为零担货物。按件托运的零担货物，单件体积一般不得小于$0.01m^3$（单件重量超过10kg的除外）不得大于$1.5m^3$；单件重量不得超过200kg；货物长度、宽度、高度分别不得超过3.5m、1.5m和1.3m。

不符合这些要求的,不能按零担货物托运、承运。零担货物作为零星交运,承运部门将不同货主的货物按同一到站凑整一车后再发运,因而集货速度慢。为克服这一缺点,许多物流运输企业已发展出定线路、定时间的零担班车,如日本现在大量使用的"宅配便"、"宅急便"就属于这种形式。

货运班车是公路零担货物运输的主要形式。零担货物运输主要作业内容可归纳如图4-9所示。

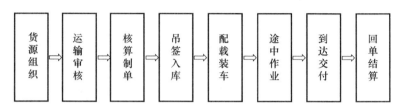

图4-9　公路零担运输作业流程

（二）零担运输的组织形式

零担货物运输由于货源集中时间长,承运部门需将不同货主的货物按同一到站凑成一整车后再发运,此时的承运经济效益较高,但货物的运送速度慢;"四固定"零担班车运输较好地协调了这一问题。"四固定"就是行驶固定线路、固定发车时间、固定车辆的起讫点和主要停靠站、固定班期,也称为班线运输。

（1）直达式班线车:是指在起运站将不同发货人的货托运至同一到站,且性质适宜配载的各种零担货物同时装运,一站直达目的地的运输组织形式。

（2）中转式班线车:是指在起运站将不同发货人同一方向不同到站,且性质适宜配载的各种零担货物,同时装运至规定的中转站,以便另行配送,然后继续零担货物运输过程的运输组织形式。

零担货物中转方式按照货物在车上转移的特点分为过车法、坐车法、落地法。过车法是指将原车上的货物（不一定全部）直接转移装载到另外的车上继续运输,这部分货物从一辆车过到了另一辆车上;坐车法是指原车上的货部分落地中转;落地法是指原车上的货物全部搬下车,再装车中转。零担货物中转作业组织无论采用哪种方式,均应视作业成本大小而定,以经济方便为主。图4-10为中转式零担运输组织的作业方式。

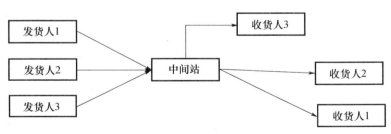

图4-10　中转式零担运输

（3）沿途式班线车:是指在起运站将各个发货人托运同一线路、不同到站,且性质适宜配装的各种零担货物,同车装运至沿途各计划作业点,卸下或装上零担货物后继续行驶,直至最后终到站的运输组织形式。图4-11为沿途式零担运输作业组织方式。

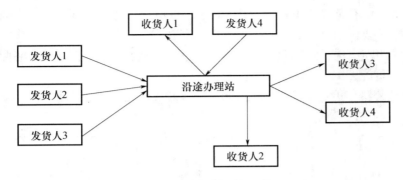

图 4 - 11　沿途式零担运输

零担货运班车一般有普通零担班车和快运零担班车两种,有时还会开行临时加班零担车,为非班车形式。

开行公路零担货运班车应选择合理的运输线路,确定运行周期,建立相应的集散货运中心。零担货运线路一般以城市为中心,或以铁路、水路的重点站港为枢纽,通往周围集散货物的乡镇。集散货运中心最好配有与货流量相适应的存货仓库、装卸设备和识别、分拣设备。零担货运班车的班期时间依据零担货物的流量和零担货运车辆的载重量确定,一般分每日班、隔日班、三日班、五日班、十日班等。

二、工作任务

运输企业在承办公路零担货运时,通常实行起点站受托,一次托运,一次计费,中转站换装,到达站交付的运输办法。

(一) 货源组织

公路零担货源具有量小、批次多、货物品种繁杂、货物流向广泛、货物价格不一等特点,因此,零担货源组织方式也比较特别。零担货源组织由货源市场调查开始,货源多少取决于客户的需求,不确定因素多,货源集货时间长,所以公路零担货物的货源需要运输公司不断地跑市场,调查市场货源的流量、流向,多种方式收集货源信息,保持与客户的沟通。一般零担公路货运公司货源组织渠道是:业务员开拓市场寻找合作客户、在货源集散中心开设营业网点拓展货源市场、借助电子商务平台收集货源信息等。

为便于零担货物的托运,也便于广开货源,为托运者提供电话托运、信函电报托运、上门装货、送货到家、代办包装等多种服务形式也是货源组织的手段。

(二) 承运审核

零担货物始发站负责承运的业务人员根据货物的性质及受运限制等业务规则(零担货运承运注意事项或零担货物承运管理规则)和本企业营运范围内的线路、站点、到达站点的装卸能力、有关规定来承接托运零担货物,办理托运手续。受理托运时,业务员必须严格遵守本企业承运货物的有关规程,根据托运要求向托运人询问清楚后认真填写托运货票,并交由托运人审核无误后方可承运。

公路运输承运核对的主要内容是:货物品名、规格、形状大小、数量,客户运送要求,货物运输包装,确认的装车时间、地点。

公路货物运输托运单由承运人提供,不同的物流运输企业有各自不同的托运单格式。托运单的主要内容包括发货人和收货人的基本信息,便于及时联系;托运单上还必须有装货卸货地点和时间、货物名称与规格、货物体积或重量、运输时间、运输费用、具体运输要求等相关项目。托运单由发货人填写发货人及收货人的基本信息并提供货物的信息,由承运人填写货物信息及计算运费和承运人记载事项等。表4-6为某公路运输公司零担货物运输托运单。

表4-6　公路零担货物托运单

＊＊公司汽车零担货物托运单

托运日期　　　　　年　　月　　日

起运站＿＿＿＿＿＿＿＿＿＿＿　　到达站＿＿＿＿＿＿＿＿＿＿＿＿

托运单位＿＿＿＿＿　详细地址＿＿＿＿＿＿＿　电话＿＿＿＿＿

收货单位(人)＿＿＿＿　详细地址＿＿＿＿＿＿　电话＿＿＿＿＿

货物名称	包装	件数	实际质量	计费质量	托运人注意事项
					1. 托运单一式两份。 2. 托运货物必须包装完好,捆扎牢靠。 3. 托运人应真实填报货物,否则托运人承担由此引起的一切后果。 4. 不得夹带易燃易爆危险货物。
合计					
发货人记载事项			起运站记载事项		检验签收

进货仓位＿＿＿＿＿　仓库理货员＿＿＿＿＿　发运日期＿＿＿＿＿

到站交付日＿＿＿＿＿　托运人(签章)＿＿＿＿＿

一般情况下公路货物运输《托运单》为两联,发货人和承运人分别持有存档备查,也有些物流运输公司将托运单与货票合并。

零担货物运输托运单原则上与整车运输的托运单功能作用基本一致,填写要求也相同。当托运人提出运输申请时,承运人应指导其填写托运单,并审核托运的货物与托运单的填写是否相符、单证填写是否正确、货物包装是否符合运输规范等。

零担货物受理人员在填写好托运货票后,必须马上对单验货,认真点件交接,作好记录,按托运货票编号填写标签及有关标志,对笨重货物,贵重货物,易损坏的货物以及其他易出危险应打上醒目标志,实施重点移交。

如果托运人托运的物品较多(比如搬家运输),在一张托运单内不能完全写下所运输物品信息,则需另外附上物品清单,与托运单一起作为运输凭证。

(三)核算制单

托运人提交托运单后,承运人应审核货物包装,对货物称重、测量货物的长、宽、高尺寸,核算运费,填制公路运输运单,收取运杂费。

1. 汽车货物运输费用计算

基本计算公式如下:

零担货物运费＝零担基本运价×计费重量×计价里程＋其他费用

汽车零担货物运输计费重量以kg为单位,最小1kg。散装货:按车辆吨位、按体积折算。

2. 制单

公路货物运单是公司内部财务性质的货运票据,是清算运输费用、确定货运进款和运送里程(计费吨千米)和计算有关货运工作指标的依据,货票根据货物运单记载的内容填写,字迹要清晰,金额不得涂改,填写错误时按作废处理,其他事项如有更改,必须盖章。

公路货物运单的主要内容有:发货人、收货人的基本信息,货物的品名规格等信息,托运人要求,承运人确定的计价重量、计价里程和核算的运费等信息,与铁路货物运输不同的是,公路运输一般填写托、收双方的厂休日,便于实现门到门运输。一般公路运输的货票为三至五联,具体情况视公司情况定。运单为三联的,第一联存根,第二联报销凭证,第三联签收;运单为四联的,第一联(字黑色)存根,第二联(字红色)运费收据,第三联(字浅蓝色)报销单,第四联(字绿色)收货回单经收货人盖章后送车队统计;运单为五联的,第一联托运人备查联,第二联存根联,第三联财务联,第四联随货同行联,第五联提货签收联,四、五两联存在到货公司备查。公路货物运单的签收联随货物到达到站。

铁路货票、公路运单或者是其他运输方式的运单,尽管表现形式不同亦或是联数不同,但其性质具有共同点:都是具有财务性质的票据。在发送站点,它是向托运人收取运费的依据,在到站是与收货人办理货物交接的凭证之一;货票上必须盖有承运人的印章,表示承运责任的开始。它也是货物物权的证明文件。此外,货票还是企业统计运输各项指标、核算营运收入的原始凭证。

(四)吊签入库

在办理完相关托运手续后,负责办理手续的业务员应将货物过磅量方,将货物粘贴运输标签,每件货物的两端或正、侧两面明显处各扣(贴)一张。货物应及时交由负责保管的仓库人员,存放于仓库或者是及时转运至地区的配载转运中心,等待装车运输。负责保管的仓库人员应及时填写货物入库单,严格按货物种类、急缓要求、运输方向、到达站点实施分类码放。

公路运输公司的货运站或者地区转运中心承担着货物的集散和短时间存储作用。公路零担货物在仓库的存放时间短、周转快、货物的批次多、流向分散,货物包装规格不统一,因此,仓库管理人员应合理安排储存场所,货物必须按流向堆码在指定的货位上;一批货物不要堆放两处,库内要做到层次分明、留有通道、互不搭肩、标签向外、箭头向上;应妥善堆码苫垫,保持仓库整齐、清洁,露天堆放的货物要注意下垫上盖。货物进出仓库要严格执行照单入库或出货,做到以票对货,票票不漏,货票相符。

总之,在货物入库的过程中,仓库负责人员应根据货物的性质,从安全和加速货物流通、提高经济效益出发,对货物进行分类码放。

(五)配载装车作业

零担货物运输多采用厢式车,保证货物运输途中不受损失。

驾驶员领受调度命令后应再次检查车辆状况是否正常。货物装车前,驾驶员或随车理货员应按物品交接清单点件交接,查看货物包装情况,按照货物装车顺序、积载要求进行装车。

零担货物较多使用人力和手推车、台车、输送机等作业工具,可先将零担货放入周转箱(笼)集装化作业,提高装车作业效率。货物装车后必要时可以采取加固措施,保证货物安全。

1. 配载装车要求

零担货物来自于不同客户,货物的属性也可能不同,送达的目的地也不尽相同,所以,配载装车效果影响运输成本。

（1）按车辆容载量和货物的形状、性质进行合理配载，依据货票填写好货物装车清单，对不同到达站点要分单填制。将装车货物货票附于装车清单后面。

（2）为了减少或避免差错，尽量把外观相近、容易混淆的货物分开装卸；包装规格不同的货物应注意合理堆码，尽量减少存放空间的浪费。

（3）货物属性不同的，甚至具有污染或怕被污染的货物，应用隔离材料合理隔离。不可将散发臭味的货物与具有吸臭性的食品混装；尽量不将散发粉尘的货物与清洁货物混装；切勿将渗水货物与易受潮货物一同存放。

（4）重不压轻，大不压小，重货应放在轻货下面，包装强度差的应放在包装强度好的上面；怕压的货物放在上面。

（5）装载应注意装车先后顺序；按到达站点先后和货物运输实际要求点件装车。装货完毕应在门端处采取适当的稳固措施，以防开门卸货时，货物倾倒造成货损或人身伤亡。

（6）对不便要求司机点件移交的车辆，装完车后，要按规定打上铅封，但相关货票清单必须交由司机，由司机交由到达站。

（7）包装不同的货物应分开装载，如板条箱货物不要与纸箱、袋装货物堆放在一起；具有尖角或其他突出物的货物应和其他货物分开装载或用木板隔离上，以免伤及其他货物。装载易滚动的卷状、桶状货物，要垂直摆放；货与货之间、货与车辆之间应留有空隙并适当衬垫，防止货损。

2. 配载装车技术

零担货物积载应尽量采用合理的集装技术，在充分保证货物的质量和数量完好的前提下，尽量提高车辆空间利用率、提高车辆载重量、降低运输成本。

当给定车辆的额定载重量时，零担货物有 n 种，每种（件）的重量分别为 W_1、W_2、W_3、$\cdots$、W_n。每种货物应对不同客户、不同要求、不同运价、不同货物价值及不同客户价值。货物积载时，可以统筹考虑装载影响因素，制定合理装载方案，让客户满意、利于运输成本控制。此种思想是以货物装载的影响价值来确定配载货物的数量和重量，以期达到最佳的配载效果。

设：每种货物装载的影响因素用 P_1、P_2、P_3、$\cdots$、P_n 表示；X_1、X_2、X_3、$\cdots$、X_n，表示每种货物在该辆车的实际装载数。

该车辆实际总装载量：$X_1 W_1 + X_2 W_2 + X_3 W_3 + \cdots + X_n W_n \leqslant$ 车辆的额定载重量

具体装车作业时，根据每种货物的装载影响因素值 P，确定各种货物的具体装载数量和装载重量，对于每辆车，判定混合装载的最大载重量，此时，即是货物配载的最佳状态。操作的方法步骤如下。

第一步，装入第 1 种货物 X_1 件，装载重量最大影响价值为 $F_1(w) = \text{Max}[P_1 X_1]$；其中，$0 \leqslant X_1 \leqslant [$额定载重量$/W_1]$，货物总装载件数应取整数。

第二步，装入第 2 种货物 X_2 件，装载重量最大影响价值应是加上第 1 种货物积载之后的总的影响价值，$F_2(w) = \text{Max}[P_2 X_2 + F_1(W - W_2 X_2)]$。其中，$0 \leqslant X_2 \leqslant [$额定载重量$/W_2]$，货物总装载件数应取整数。

装入第 n 种货物 X_n 件，装载重量最大影响价值应是加上已装载货物积载之后的总的影响价值，$F_n(w) = \text{Max}[P_n X_n + F_{n-1}(W - W_n X_n)]$。

其中，$0 \leqslant X_n \leqslant [$额定载重量$/W_n]$，货物总装载件数应取整数。

[任务实践]

载重量为8t的货运汽车，运输 4 种机电产品，货物数量不等，每件重量分别是 3t、3t、4t、

5t,如何配装才能充分利用车辆的运能？每种货物价值影响系数如表4-7所列。

表4-7　货物价值影响系数表

货物编号	货物重量/t	价值影响系数
1	3	3
2	3	3
3	4	4
4	5	5

注:可以将货物重量值设为价值系数。

按照上面的操作思路,将货物价值影响系数值大小排序,优先安排价值影响系数大的货物装车,依照从大到小的顺序,结合车辆额定装载量要求,进行装载计划分配,有效控制车辆空间利用,提高车辆实载率。

解:装载作业方案

(1) $X_1 = 1, X_2 = 0, X_3 = 0, X_4 = 1$

装载重量为: $W = 1 \times 3 + 1 \times 5 = 8(t)$

(2) $X_1 = 0, X_2 = 1, X_3 = 0, X_4 = 1$

装载重量为: $W = 1 \times 3 + 1 \times 5 = 8(t)$

(3) $X_1 = 0, X_2 = 0, X_3 = 2, X_4 = 0$

装载重量为: $W = 2 \times 4 = 8(t)$

以上三组解,都可使装载重量达到车辆的最大载重量。

此种方法,对货物种类多、批量也多的情况,应用较为方便。

（六）途中作业

零担运输车辆应按时发车,按规定线路行驶。中途卸货站要由中途站的值班人员在行车路单上鉴定到发车时间与装卸车后货物的装载状况。货物途中作业还包括负责对货物的照看,中转货物的及时理货,遇车辆行驶故障,应先自行检查排除障碍,不能及时排除的或遇突发事件时应及时向公司班主管、调度中心报告,必要时对货物采取安全措施。尤其是运输贵重和保密货物时,不能向任何人透漏货物的信息、运输线路、时间、地点等,应严格遵守安全保卫制度。

沿途式零担班车进行货物交接时,应双方在物品交接清单上签字确认,理货员应随时按照装车顺序和积载规范进行理货。遇有货物换装时,应充分考虑作业成本和作业效率,选择合适的方法。

1. 中转式途中作业

前面已经提到,货物运输中转式途中作业主要有:落地法中转作业、坐车法中转作业、过车法中转作业。货物中转次数越多,越易发生货损,安全生产很重要。

落地法作业:将待转运的货物全部卸下车,存放到仓库中,等待调度安排车辆重新装运上车,继续下一阶段的货物运输。落地法中转作业简便易行,车辆载重和积载效果好,但装卸作业次数增多,仓库占用面积大,中转时间长。

坐车法作业:货物转运时,部分货物(一般视具体情况,核心货物不动)留在原车上不动,卸下向另外方向转运的货物(落地或者过车),原车上装载新的货物继续运输的作业方式。这种作业方式减少了装卸作业量,加快了货物中转,但不易对货物准确清点。

过车法作业:将要转运的货物(部分或者全部)直接换装装载到另外的车辆上,继续新的运程。这种作业方法在货物卸车的同时,直接完成装车作业,提高了作业效率,加快中转速度,但对车辆的衔接技术要求高,若发生意外很容易影响运输计划。

货物中转作业的具体方式除了应看货物中转作业的成本和繁琐程度,以简便、快捷、高效为主外,另外还要注意车辆上货物的积载情况。中转式途中作业的货物交接清单要按中转站点的多少制作货物交接清单,货物交接时要仔细、认真地查看、验收货物,并在货物交接清单上签字。

2. 沿途式途中作业

沿途零担货物作业主要体现在货物到达第一转运站时,要卸下一部分货,再重新装上另一部分货物,完整的运输途中,边下货边上货的现象有多次。

车辆调度作业计划应事先协调好,及时传递车辆在途状况,方便下站点作业准备;沿途作业单证较多,及时汇总和整理单证是保证货物交接验收的重要根据。表 4－8 为某公司货物运输交接单。

表 4－8 公路零担货物运输交接清单

＊＊公司汽车零担货物交接清单

No 000001

本次	起运站				车属单位_____车号(自编号)_____司机(随车理货员)_____										
	到达站														
	里程(千米)														

序号	受理站	中转站	终点站	运单号	货票号	托运单位	收货单位	货物名称	货物类别	包装	件数	重量/kg		备注
												实际重量	计费重量	
1														第
2														
3														联
4														
5														
6														＊
7														＊ ＊
8														＊
9														
合　计			票						件					

起运站发货人_____制单 年 月 日 到站收货人_____ 年 月 日

说明:零担货物交接清单一式四联;第一联起运站存查;第二联报核(起运站财务结算依据);第三联运费核算随车同行,到达站收货人签收后财务结算依据;第四联到达站存查。

(七)到达交付

货物运输到达目的地,驾驶员或随车理货员应先根据货物运单上的联系方式,确认货物交货方式、交付地点、时间。货物交付时,如发现货物短缺、丢失、损坏等情况,应会同收货人和到站货运员或有关人员认真核实,在物品交接清单上做好原始记录,签字证明。收货人凭有效证件收货,收货人验货后,在货物运单上签字,最好加盖单位公章。

到站后,到达站仓库负责人员应首先查验货物车载外围状况,如无异常方可卸货,如有异常情况,应及时向承运司机问明情况,并依据规定进行相应处理。

如果是货物先进入运输公司仓库代存时,在卸货入库的过程中,到达站的仓库负责人员应对单入库核对随车来的托运货票和货物清单,按照票、单、货相符的原则验货入库。发现货票不符、有票无货、有货无票、票单不清、货物破损等情况,应立即与发送站核对,超越处理权限的应报请有关负责人协同处理。

(八)回单结算

回单是公路零担运输结算的重要凭据,货物安全交付给收货人,收货人验货认可之后在客户签收处签字。若有货损,应在签收和应回单联记录货损情况,便于货损认定和赔偿。

(九)运输事故处理

在货物运输执行中一旦发生货运事故,驾驶员或者货物押运员应及时向有关部门、领导报告。比如:仅仅是货物受损或车辆问题影响,但不是交通事故,应向公司值班调度汇报发生的情况,简述货物受损情况,引起货物延迟交付的,应及时与客户沟通,告知大概到达时间;若涉及交通事故的,应先向交通管理部门报告、再向公司部门报告。

货运事故发生后,应及时填写货运事故记录,便于认定事故责任和便于赔偿,如表4-9所列。货运事故记录分为普通货运事故记录,重大货运事故记录或者是危险货物运输事故记录。当货物运输责任确定后,受损害一方应填写赔偿要求书索赔。表4-10为道路运输赔偿要求书。

表4-9　公路货运事故记录(普通)

公路货运事故记录

						运单号码		
						记录编号		

托运人		地址			电话		邮编	
收货人		地址			电话		邮编	
承运人		地址			电话		邮编	
车号		驾驶员		起运日期	年　月　日　时		到达日期	年　月　日　时
出事地点				出事时间		记录时间		

原运单记载	编号	货物名称及规格型号	包装	件数	新旧程度	体积/cm³ 长×宽×高	重量/kg	保险保价 价格

事故发生详细 情况及原因分析				
承运人签章	年　　月　　日	托运人或 收货人签章		年　　月　　日
注意事项	本记录一式三份,承运人、托运人、责任方各一份,每增加一个责任方增加一份			

表 4 – 10　道路运输赔偿要求书

赔偿要求书

第　　号

索赔人姓名		运单号码	
赔偿的货物名称及损失情况			
赔偿款项及计算方法			
货运事故记录编制单位			
领款地点及账号			
附件名称及份数			
此致		索赔人(签章)　　　　　　　 年　　月　　日提出	

赔偿要求书收据

第　　号

兹收到＿＿＿＿＿＿＿＿＿＿＿＿＿　于＿＿＿＿年＿＿＿月＿＿＿＿日提出的关于＿＿＿＿＿＿＿＿＿ 要求赔偿＿＿＿＿＿＿＿＿＿＿＿元的赔偿要求书壹份。
附件：　　　经办人：　　(签章)　　　年　　月　　日

模块 4　快速运输作业

一、知识准备

在所有货物运输方式中,航空运输和特快专递业务最显著的特点是货物送达速度快。当今全球经济发展迅速,促进了工作节奏变快,人们的生活节奏也加快,因此,社会对物流速度的期盼也加快,快速货物运输产品满足了社会的需求。

20 世纪 70 年代末期以来,快递业务在我国开始发展。中国对外贸易运输总公司是我国第一家从事航空快运业务的公司,我国邮政部门先后于 1980 年、1984 年开办了国际、国内特快专递业务。直至目前,我国快递业发展迅速,部分大城市和特大城市已经成为区域性快运产业发展中心,而且在全国范围内基本形成了以航空和公路交通运输干线为基础的快运速递通道。快速货物运输体系的特点表现在:运送速度快,破损率低、安全性好,对高价值、高附加值、高时效性要求的产品运输尤其明显。

(一)航空货物运输

1. 航空货运条件

航空货运是以飞机作为主要运输工具,将货物运送至目的地、并收取劳务报酬的方式。由于飞机的舱容、机型尺寸的限制,对大件货物或大批量货物的运输要求不能超出航空货运的储运条件,航空货运代理一般根据航班机型及始发站、中转站和目的站机场的设备条件、装卸能力确定可收运货物的最大尺寸和重量。但除直接可以附货运单的文件、信函类货物外,其他货物的长、宽、高之和不得小于40cm。

飞机执行飞行运输任务时,按照飞行计划在指定的航线飞行,每架次飞机的飞行都以每个航班次表示。航线的种类有国际航线、国内航线、地区航线。飞行航班次汇总成航班表对外公告,方便客户直接查询和选择。

为保证航空安全、也便于航空承运人开展货物运输业务,航空货物运输实行运输代理制,我国航空货运代理人的资格认证由中国航空运输协会(简称中国航协CATA)及其授权单位负责培训考核与管理。

2. 航空货物运输方式

1)班机运输

班机运输是指具有固定始发港、固定航线、固定停靠航站、固定途经港、固定开航时间,在一定时间内有相对固定收费标准的飞机航班。一般航空公司都使用客货混合机型,舱容有限,难以满足大批量的货物运输要求,运价较贵,但由于航期固定,有利于客户安排鲜活商品或急需商品的运送。

2)包机运输

包机运输又分整包机和部分包机运输。整包机运输指由航空公司或包租代理公司按照事先约定的条件和费用将整机租给租机人,从一个或几个空港站将货物运至指定目的地,适合运送大批量的货物,运费不固定,一架次一议,并按每一飞行里程费用的80%收取空放费。因此,大批量货物使用包机时,均要争取来回程都有货载,这样费用才比班机运费低。若只使用单程,运费比较高。图4-12为待装机的航空运输货物。

图4-12 航空快运货物

部分包机运输由几家货运代理公司或发货人联合包租一架飞机,或者由包机公司把一架飞机的舱位分别租给几家空运代理公司,其运费虽较班机低,但运送的时间比班机长。

办理包机至少需在发运前一个月与航空公司洽谈并签订协议,以便航空公司安排运力办理包机过境、入境、着陆等有关手续。如货主找空运代理办理包机应在货物发运前40天提出申请。办理包机运输时还需双方签订包机合同,双方按协议支付或收取费用,履行包机合同规定的责任和义务。

3)集中托运

航空货代在组织货物运输时,可以把若干批单独发运的、到达地相同的货物组成一批向航空公司办理"包板"托运,代理只要填写一份总运单,由目的站的航空代理负责收货、报关,并将货物分别拨交给各收货人。集中托运成为航空进出口货物的主要运输方式。集中托运可以采用班机或包机方式运输。

集中托运的优点在于运输经济的规模效应。由于航空运输的运费按不同重量标准确定不同的等级运费率,运量越多,费率越低。例如,有 10 批货物空运至美国芝加哥,每批 20kg,如单批发运,运价为每千克人民币 19.34 元,若将此 10 批货物集中托运,开列一张运单,按 200kg 级运价,仅为每千克 13.69 元。因此,这种托运方式可争取较低的运价,在航空运输中使用较为普遍。

集中托运的具体做法是先将每一票货物分别制定航空运输分运单,即出具货运代理的运单(HAWB);制定航空公司的总运单(MAWB),总运单的发货人和收货人均为航空货运代理公司;汇总该总运单项下的货运清单,即此总运单有几个分运单,号码各是什么,其中件数、重量各多少等;把该总运单和货运清单作为一整票货物交给航空公司,一个总运单可视货物具体情况随附分运单(也可以是一个分运单,也可以是多个分运单);例如:一个 MAWB 内有 10 个HAWB,说明此总运单内有 10 票货,发给 10 个不同的收货人;货物到达目的地机场后,当地的货运代理公司作为总运单的收货人负责接货、分拨,按不同的分运单制定各自的报关单据并代为报关、为实际收货人办理有关接货交货事宜;实际收货人在分运单上签收以后,目的站货运代理公司以此向发货的货运代理公司反馈到货信息。

（二）快送运输业务

快送运输业务是按照客户的指定要求,在特定的时间内,以较快的速度及时送达货物的业务形式,是目前物流运输中最快捷的方式,实行"门到门"服务。通常情况,铁路执行的是快速运输,简称快运,而在公路和航空运输中则称快递业务。快速运输业务的市场基础是对于时间比较敏感的运输需求。

铁路快运与公路快递、航空快递在运输时间要求上都突出"快速",但在行业实践中还是有差别的。

（1）快递比快运的货物重量小、体积要小。目前世界上还没有统一的快运、快递货物最大重量分界标准,但是各国一般将快递货物的单件重量限制在 35kg 以内,单件重量大于 35kg 的货物必须拆分成小于 35kg 的货物,并分件办理快递。而铁路快运货物的单件重量限制在50kg 以内,超过 50kg 的称为超重快运货物,另外再收取超重货物附加运费。

（2）快递主要以文件和小件货物为主,快运主要以小件货物为主。如:我国邮政快递承运的信函单件重量一般在 3kg 以内,货物的单件重量一般在 10kg 以内。快递的文件包括银行票据、贸易合同、贸易发票、商务信函、提单等。

1. 快递运输业务

我国《快递市场管理办法》于 2013 年 3 月 1 日起施行。"快递,是指在承诺的时限内快速完成的寄递活动。寄递,是指将信件、包裹、印刷品等物品按照封装上的名址递送给特定个人或者单位的活动,包括收寄、分拣、运输、投递等环节。"因此,快递运输是物流公司通过专门的运输工具、专门的运输通道,为客户快速送达物品的运输手段。体现了市场经济发展中,物流服务满足现代经济高速发展需求的新理念。快递运输的货物对象大致分为两类:文件、资料和包裹,但公路和航空快递方式对包裹尺寸和质量的界定略有差别。

我国《快递市场管理办法》中规定,国务院邮政管理部门负责对全国快递市场实施监督管理,省级以下邮政管理机构负责对本辖区的快递市场实施监督管理。

快递行业近几年发展迅猛,UPS、DHL、FedEx 等国际知名快递企业进入我国,加速了国内快递市场的变革,2008 年前我国信件运送管理办法遵从《邮政法》,2008 年国家颁布了《快递市场管理办法》,这是针对快递行业的第一部法规,随着国内快递企业的壮大,民营资本参与快递竞争,顺丰速递、申通快递、圆通快递等企业已经被社会认可,2013 年 3 月 1 日起施行新版的《快递市场管理办法》,新《办法》中,对从业者的管理更符合现代社会发展要求。

2. 快递运输的服务方式

快递运输服务主要体现"迅速"、"便捷",所以服务多以桌到桌快递、门到桌快递、门到门快递、专人护送快递和门到机场的方式,公路、航空方式较为多见。2012 年 5 月 1 日起施行《快递服务》管理规定,快递行业停止使用"先签字后验货"的行规。

1) 公路快递运输

公路运输机动灵活、迅速便于实现门到门投递,所以在内陆快递业务中占有市场份额较大。尤其是电子商务的发展促进了快递运输企业的迅猛成长,其承担了内陆地区大量的电商销售的物流配送业务。此种运输服务收费较低,适合一般物品的运送。国内知名的公路快递运输公司有中国邮政速递(EMS)、顺丰速运、申通快递、中通速递、圆通速递、汇通快运、韵达快递等。

2) 航空快件运输

航空快件运输主要依托航空运输速度快的特点,由专门经营快递业务的公司与航空公司合作,设专人用最快的速度在货主、机场、用户之间进行传递;适应跨地区、国际间的快速运输。提供的快递服务内容有桌到桌、门到门、门到机场、专人派送。门到门适合文件、样品的快送,门到机场必须由收货人自己清关,专任派送实则是专人随身携带送达,免除了清关的手续,高效但费用高。

3. 快递作业的主要特征

1) "桌到桌"服务更加方便客户

快递服务的时效性是企业市场竞争的关键因素之一。国际知名快递企业一般在办理城市中只设很少的固定的营业网点,只要客户事先预约好取货时间,快递公司的员工开着取货车上门取件,现场办理所有投递业务。如江苏南京 DHL 分公司,在江宁区设有营业部,城区内的客户进行网上预约上门服务时间即可。这种服务方式尤其对商务人士来说,节省了到营业部的时间。

这种快递员工流动办理业务的取货车有固定的服务区域,没有取货任务时,将汽车停在服务区域内便于停车和不收费的地点,车辆装满货返回营业部卸车后,再返回服务区域。取货车同时承担服务区域内到达货物的配送。

国内快递公司则采用固定布点设置营业部的方式,每个营业部有固定的取件和派送件人员,可以办理预约上门服务,也接受客户门店办理;但是,当客户住址较远时,往往需客户自己前往营业网点取货。

2) 分拨采用自动化和集装化运输

无论国外知名快递公司,还是国内快递公司,它们越来越多地将现代化的先进技术应用到了快递作业过程。首先,快递收件员接单是采用手持式传输设备,将托运单信息传送至信息中心,进行信息登记,便于信息跟踪;然后,收件员将货物交至营业网点集中后,再将货物运到地区级分拨中心,分拨中心实行机械化自动分拣,按照不同到达国家或城市将分拣完的货物装入集装笼中,按照运输方案分别用汽车或飞机运输至到达城市的分拨中心。

快递货物在转运中心进行货物的分拣和交换后再用飞机运到到达国家或地区。日本快递企业的国内快递货物,500km以内的采用公路运输,能够直达运输的安排直达运输,不能安排直达运输的,先向有直达运输线路的分拨中心集结。德国邮政除还利用飞机和汽车运输外,还利用欧洲高速铁路晚上的运能开行快速直达货物列车。

3)及时送交货物

为了方便上班族客户,许多快递企业开展了晚上20点至22点送货服务。国内的快递公司有多种服务产品提供客户选择,顺丰的航空快运、"四日件"的经济产品;美国、日本和欧洲快递企业在快递单上印有客户选择的多种时间,客户填写单据时进行选择和标注,快递企业会按照客户选择的送货时间段及时送货。

二、工作任务

(一)航空货运作业

国际贸易中经由航空运输所承运的货量有限,所以航空货运一般由规模较大的专门航空货运公司或一些综合性的航空公司(图4-13)在货运量较为集中的航线开辟。

图4-13　航空货运机场

1.作业流程

航空货物运输中,涉及货方、承运代理、承运人、承运方及其代理仓储、海关等,就货物的移动过程看,航空货物运输作业分为进口和出口作业过程。

1)航空货物进口

航空货物进口作业一般是收货人寻找到进口代理人,确认进港航班信息,准备结算资金,准备清关单证和文件;对于承运人则是发布进港航班信息,随航班理货员整理将要落地或中转的货物单证并且做好分单准备,飞机进港后,与机场货运站单、货对应清点交接,登记到达货物信息,安排存储仓位,待货方清关后缴费、提货(图4-14)。若有货损应及时索赔。

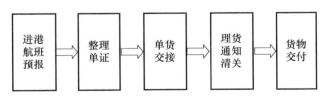

图4-14　航空货运进口作业流程

需要说明的是,航空货物入境时,与货物相关的单据也随机到达,运输工具及货物处于海关监管之下。货物卸下后,货物移入航空公司或机场的监管仓库,进行进口货物舱单录入,将舱单上总运单号、收货人、始发站、目的站、件数、重量、货物品名、航班号等信息通过计算机传输给海关留存,供报关用。

2)航空货物出口

航空货代接受出口委托代理时,应了解清楚货物性质、包装、重量、件数等信息,便于预配舱、预订舱位;由于飞机货舱形状特殊,所以,要想在有限的空间内尽可能多地容纳货物,必须靠专门的积载测算才能提高有效积载率。然后,货代向航空公司正式确认定舱、提交航空运单、结算航空运费。承运人则汇总所有的订舱信息,分配舱位,货方或货代应将货物按照运输要求捆扎贴货签,送到指定的货运站仓库存放;机场货运站则按照货物出港的航班信息、货物所在飞机的舱位,堆码至飞机集装板上裹膜、加固(打板),或者堆放到航空集装箱内,等待装运。同时机场货运站操作人员将航班飞机上货物制作清单,并将货物运单汇总(要有运单清单),单、物点交给航班理货员进行交接签收(图4-15)。

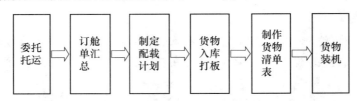

图4-15 航空货运出口作业流程

航空运单是运输合同,也是货物收据,是报关的单据,但不具有物权凭证的性质,不能转让也不凭此提货。收货人提货凭航空公司发出的通知单。

航空运单有正本和副本之分。正本三联,分3种不同颜色:蓝色的交托运人,绿色的承运人留存,粉红色的随货同行(在目的地交收货人)。副本至少五联,有需要还可增加联数,分别发给代理人,目的港,第一、二、三程承运人和用作提货收据。副本除提货收据为黄色外,其余均为白色。

航空公司发出的运单也称为主运单;每批货物必须有主运单;若货运代理办理集中托运时,货运代理人必须向各发货人签发航空分运单(不得用主运单代替),并在运送的货物上粘贴分运单。

由于航空运输的特殊性,发货人所托运货物应根据中国民航各有关航空公司的规定,所交运的货物必须符合有关始发、中转和到达国家的法令和规定以及中国民航各有关航空公司的一切运输规章。凡中国及有关国际政府和空运企业规定禁运和不承运的货物,不得接受。每批货物(即每份货运单)的声明价值不得超过10万美元或其等值货币(未声明价值的,按毛重1kg20美元计算)。超过时,应分批交运(即分两份或多份货运单),如货物不宜分开,必须经有关航空公司批准后方可收运。

2. 运费计算

航空货运运费指从始发港到目的港机场所需要付出的运输费用,通常由空运费、燃油附加费、其他附加费组成。空运费会随行业淡旺季、航线开行情况调整,燃油附加费则由国际原油的价格进行调整,其他附加费则是各种经济因素或其他因素而定。

航空运费计算公式:运费=计费重量×运价+附加费+其他

1)运价与运费

运价是承运人为运输货物对规定的单位重量(或体积)收取的费用,不同货物适用不同的费率。各国际货运航班按所制定的费率收取国际航空运费。运价一般以千克或磅为计算单位;运价通常使用当地货币公布。航空运单中的运价是按出具运单之日所适用的运价。

运费是根据适用运价计得的发货人或收货人应当支付的每批货物的运输费用。运费指机场与机场间的空中费用,不包括承运人、代理人或机场收取的其他费用。航空公司办理一批货物运输时,不论货物的重量或体积大小,应收取最低金额的最低运费,保证承运人的利益。不同地区、不同航线、不同机型有不同的最低运费。运价的货币单位一般以起运地当地货币单位为准,费率以承运人或其授权代理人签发空运单的时间为准。

2）计费重量

航空公司承运货物的计费重量可以是货物的实际重量(指毛重)与体积重量做比较,择其大者作为计费依据。如果某一运价要求有最低运量,而无论货物的实际重量或者是体积重量都不能达到要求时,以航空公司规定的最低运量为计费重量。

由于飞机载运货物的货舱容积有限,航空公司在收取货运费用时,为了平衡货物实际重量与货物所占容积的关系,由国际航空运输协会(IATA)统一确定了"体积重量"的标准公式。货物体积重量(kg) = 货物体积(cm³)/6000,即6000cm³体积的货物相当于1kg重量,1cm³体积的货物要按照167kg计算运费。航空公司在测量货物体积时,应测量货物的最长、最宽、最高边。以体积重量作为计费重量的货物叫做轻泡货。

国际航协(IATA)规定,国际货物的计费重量以0.5kg为最小单位,重量尾数不足0.5kg的,按0.5kg计算;0.5kg以上不足1kg的,按1kg计算。

集中托运时,一批货物由几件不同的货物组成,有轻泡货,也有重货,其计费重量则采用整批货物的总毛重或总的体积重量,按两者之中较高的计算。

3）运费计算准则

（1）普通货物运价(代号N):指45kg以下货物适用的普通货物运价,若不存在45kg以下普通货物运价时,指100kg以下普通货物运价。普通货物运价是适用最为广泛的一种运价。当一批货物不能适用特种货物运价,也不属于等级货物时,就应该适用普通货物运价。

（2）重量分界点运价(代号Q):通常,各航空公司公布的普通货物运价针对所承运货物数量的不同规定几个计费重量分界点。最常见的是45kg分界点,即将货物分为45kg以下的货物和45kg以上(含45kg)的货物。常规情况下,根据航线货流量的不同还可以规定100kg、300kg分界点,甚至更多;按重量登记的重量分界点运价有"Q45"、"Q100"、"Q300"等不同重量分界点运价,重量分界点可查国际航协组织公告的运价表。运价的数额会随运输货量的增加而降低(分界点越高,运价越低),这是航空运价的显著特点之一。

由于对大运量货物提供较低的运价,有时会发现对一件75kg的货物,按照45kg以上货物运价计算的运费反而高于一件100kg货物所应付的运费,这显然是不合理的。因此航空公司规定,对航空运输的货物除了要比较其实际的毛重和体积重量并以高的为计费重量以外,如果适用较高的计费重量分界点计算出的运费更低,则也可适用较高的计费重量分界点的费率,此时货物的计费重量为那个较高的计费重量分界点的最低运量。

（3）等级货物运价(代号S):等级货物运价适用于指定地区内部或地区之间的少数货物运输,通常表示为在普通货物运价的基础上增加或减少一定的百分比。急件、生物制品、珍贵植物和植物制品、鲜活易腐物品、贵重物品、活体动物和作为货物运输的骨灰、灵柩、行李等特种货物实行等级货物运价,按照基础运价的150%计收。还有些物品,如报纸、杂志、期刊、书籍、商品目录、盲人和聋哑人专用设备和书籍等出版物、作为货物托运的行李等,作为等级货物运价运输时,按照基础运价减成计算。

（4）指定商品运价（代号 C）：对于一些批量大、季节性强、单位价值低的货物，航空公司可申请建立指定商品的优惠运价，也叫特种货物运价。

指定商品运价通常是承运人根据在某一航线上经常运输某一种类货物的托运人的请求或为促进某地区间某一种类货物的运输，经国际航空运输协会同意所提供的优惠运价。

国际航空运输协会公布指定商品运价时将货物划分为以下类型。

0001～0999：食用动物和植物产品。

1000～1999：活动物和非食用动物及植物产品。

2000～2999：纺织品、纤维及其制品。

3000～3999：金属及其制品，但不包括机械、车辆和电器设备。

4000～4999：机械、车辆和电器设备。

5000～5999：非金属矿物质及其制品。

6000～6999：化工品及相关产品。

7000～7999：纸张、芦苇、橡胶和木材制品。

8000～8999：科学、精密仪器、器械及配件。

9000～9999：其他货物。

其中每一组又细分为 10 个小组，每个小组再细分，这样几乎所有的商品都有一个对应的组号，公布指定商品运价时只要指出本运价适用于哪一组货物就可以了。

因为承运人制定指定商品运价的初衷主要是使运价更具竞争力，吸引更多客户使用航空货运形式，使航空运力得到更充分的利用，所以指定商品运价比普通货物运价要低。不同的指定商品运价优惠程度不同，所以应熟悉国际航协公告的指定商品分组和编号，尤其是常见的制定商品的代码，如：水果、蔬菜类的代码是 0007，新鲜的水果、蔬菜则是 0008，2199 指纱、线、纤维、纺织原料、纺织品、服装（包括鞋、袜），2211 指成卷、成包但未加工的纱、线类等。

适用指定商品运价的货物除了满足航线和货物种类的要求外，还必须达到承运人所规定的起码运量。如果货量不足，而托运人又希望适用指定商品运价，则货物的计费重量应以所规定的最低运量为准，该批货物的运费就是计费重量（在此是最低运量）与所适用的指定商品运价的乘积。

（5）最低运费（代号 M）：最低运费也称起码运费，是航空公司办理一批货物所能接受的最低运费，这是因为航空公司在办理即使很小的一批货物运输也会产生基本的固定费用。如果承运人收取的运费低于最低运费，就不能弥补运送成本。因此，航空公司规定无论所运送的货物适用哪一种航空运价，所计算出来的运费总额都不得低于最低运费。若计算出的数值低于起码运费，则以起码运费计收，另有规定的除外。我国每票国内航空货物最低运费为人民币30 元，国际航线视具体规定。

（6）分段相加组成运价时，不考虑实际运输路线，不同运价组成点组成的运价相比取其低者。

（7）直达货物运价优先于分段相加组成的运价，且公布的直达运价是一个机场至另一个机场的运价，而且只适用于单一方向；公布的直达运价仅指基本运费，不包含提货、报关、接交和仓储等附加费。

（8）指定商品运价优先于等级货物运价和普通货物运价。

（9）等级货物运价优先于普通货物运价。

4）普通货物运费计算步骤

第一步：确认货物计费重量。

体积重量(kg) = 货物体积/6000cm3/(kg);总重量 = 单个商品重量×商品总数。

第二步:根据公布运价,找出适合计费重量的适用运价。

第三步:计算航空运费。

第四步:比较不同重量等级分界点相对应的运价,算出对应等级分界点运费,取低者。

第五步:比较计算出的航空运费与最低运费 M,取高者。

[任务实践]

某托运人欲托运一批普通货物从上海至日本东京。单件货物重量 42kg,货物包装尺寸 70cm×60cm×45cm,上海至东京的运价表如下。若燃油附加费按运价的 10% 收取,试计算航空运费。

SHANGHAI	CN			SHA
Y. RENMINBI	CNY			KGS
TOKYO	JP	M		230.00
		N		30.22
			45	22.71

解:① 确定货物计费重量:体积重量 $= \dfrac{70 \times 60 \times 45}{6000} = 31.5(\mathrm{kg}) < 42(\mathrm{kg})$

计费重量 = 42kg

② 计算运费:

运费 = 运价×计费重量 + 附加费 + 其他费用

$\quad\quad = 30.22 \times 42 + 30.22 \times 42 \times 10\%$

$\quad\quad = 1396.20(\mathrm{CNY})$

③ 比较重量等级分界点运价。

货物重量 42kg 接近 45kg,若按 45kg 运价计费。

运费 = 运价×计费重量 + 附加费 + 其他费用

$\quad\quad = 22.71 \times 45 + 22.71 \times 45 \times 10\%$

$\quad\quad = 1124.90(\mathrm{CNY})$

所以将货物按照"Q45"计收运费 1124.90 元。

④ 与起码运费 M 比较:大于 30 元。

故:最终收取运费 1124.90 元人民币。

3. 航空运单

航空货运单一式八联。其中正本三联。三联正本具有同等法律效力。一联交承运人;一联交收货人;一联交托运人,分别由托运人签字或盖章,由承运人接受货物后签字或盖章。货运单的承运人联应当自填开次日起保存两年。

第一联,甲联:正本 3,蓝色,为托运人联,作为托运人支付货物运费、并将货物交由承运人运输的凭证。

第二联,乙联:正本 1,绿色,为财务联,作为收取货物运费的凭证交财务部门。

第三联,丙联:副本 7,白色,为第一承运人联,由第一承运人留交其财务部门作为结算凭证。

第四联,丁联:正本 2,粉红色,为收货人联,在目的站交收货人。

第五联,戊联:副本4,黄色,为货物交付联,收货人提取货物时在此联签字,由承运人留存,作为货物已经交付收货人的凭证。

第六联,己联:副本5,白色,为目的站联,由目的站机场留存,也可作为第三承运人联,由第三承运人留交其财务部门作为结算凭证。

第七联,庚联:副本6,白色,为第二承运人联,由第二承运人留交其财务部门作为结算凭证。

第八联,辛联:副本8,白色,为代理人联(存根联),由货运单填置人留存备查。货运单的三联正本具有同等法律效力。

(二)快递运输作业

快递服务是承运人依托快速网络,加快货物运输的移动渠道,在特定的时间内将货物运至收货人手中。快递运输的时效性强,中间环节多,甚至是长距离运输,往往需要使用多种运输工具、变换运输方式,通过多次装卸搬运、分拣等,因此,按时装运、及时将货物运至目的地,满足商品竞争市场的需求,是快递运输的基本要求。快递企业可以以不同的规模运作,小至服务特定市镇,大至区域、跨国甚至是全球服务。

1. 快递作业流程

快递作业与传统的货物运输不同,快递的对象一般是邮件、行李、包裹等,体积不是很大(航空快递尺寸最长边不能超过102cm或长宽高之和不大于175cm,邮政快运货物长度不超过1m)、重量一般是以正常可以人力搬运为界(航空包裹不大于32kg;邮政包裹不大于20kg;快件的单件物品重量一般不应超过50kg,其包装规格任何一边分长度不应超过150cm,长、宽、高之和不超过300cm)。

公路快递、邮政快递、航空快递作业流程相似(图4-16)。

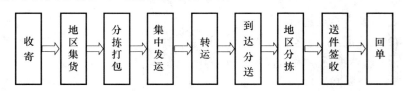

图4-16 快递运输作业流程

快递作业的直接操作人是快递员(也叫收派员),收寄是快递业务的开始,收寄包括收件和验视,收件提供上门取件和在营业场所收件服务,客户一般事先与快递公司电话或网络预约,说明货物的性质和重量状况、包装要求,快递员按照约定时间上门取件,指导客户填写运单、收取快递运费;查验主要是检查有无国家禁运的物品及运单填写内容与交寄物品是否一致;必要时可拆包检查,若客户拒绝查验,快递员应拒绝承运;查验合格的物品应及时封装在专用包装内。

收派员将收寄的货物集中交递至地区集货中心,中心操作员将信息登记、制作并粘贴运输条码;按照运输方向、时限要求等分类集中组配、打包,运输途中运作类似零担货物中转作业,运输到达目的地中心后,由专人集中分拣、组配,按照收派员投递分区安排投递,客户查验货物签收后,收派员回收签收单,回公司进行信息登记。

与货物运输最大的区别是,目前从事快递业务的公司,运输信息化程度很高。从货物收件开始,至货物在途跟踪、至货物签收回单,全程可以查询。这充分体现了现代物流服务的先进设备和先进技术的应用,体现了现代服务业的进步与发展。

　　快递单可以手工填写,客户也可以在快递企业的网站上填写、打印快递单。美国的快递企业借鉴邮局信箱的方法,在城市内小区或邮局旁边设置装快递货物的箱子,客户在家登录快递企业的网站填写、打印快递单、缴费后,快递企业在网站上给客户一个开启装货箱的密码,客户将快递单贴在货物上,到附近的货物箱输入密码便可将货物放入箱内。快递公司在箱子上标明取货的时间,并按时取走箱内的货物。

　　2. 运输包装要求

　　快递货物的运输包装首先必须满足运输要求,便于保护产品;便于装卸作业工具的使用;便于分拣中心快速分拣。应恰当选择包装材料,需要加装垫层的、需要隔离稳固的,应尽量选择轻小型材料;有放置方向要求的货物,在外包装上应粘贴方向标志。包装件的重心和其几何中心应该合一或比较接近,可以防止货物在运输过程中由于车辆起动、转弯和刹车给货物带来的损失。图 4-17 为国际知名快递公司标准作业流程。

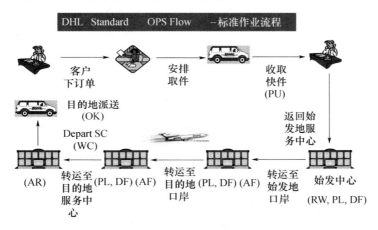

图 4-17　快递公司标准作业流程

　　3. 快递运费

　　不同运输方式及不同的运输公司制定的运价不同,但运费收取原则相同。一般说来,运费多少与运送距离、所在地的投递环境(有无营业网点)、货物性质、重量、体积大小有关。快递运费分为邮件类和包裹类。

　　快递邮件类运费按件收取,考虑运送距离和具体航线,例如:普通邮件快递国内运费价格,中国邮政 EMS20.00 元/件,顺丰速递 12.00 元/件,韵达快递 8.00 元/件。我国民营快递企业的快递价格属于市场化价格管理,具有根据市场情况自行调整价格的权利。

　　快递包裹类运费按首重、续重形式计费。为确保承运者的基本运输成本而规定的最低计费重量为首重,首重所对应的资费为首重资费;快递件的重量超出最低计费重量的部分称为续重,续重所对应的资费为续重资费。计费时先确定首重资费(如 20 元/kg),然后分阶段等级向上续重加价的运价(如续重 9 元/kg)。一般来说,快递包裹以每 0.5kg 为一个计费重量单位,每增加 0.5kg 为一个续重。

　　(1) 当寄递物品实际重量大于体积重量时,运费 = 首重运费 + [重量(kg)×2-1] × 续重运费

　　(2) 当寄递物品实际重量小于体积重量时,运费需按体积重量标准收取,然后再按 上列公式计算运费总额。

　　求取体积重量公式如下。

① 规则物品:长(cm)×宽(cm)×高(cm)÷6000=体积重量(kg)

有些快递公司,如 UPS、DHL、TNT 则按此计算:长(cm)×宽(cm)×高(cm)/5000。

② 不规则物品:最长(cm)×最宽(cm)×最高(cm)÷6000=体积重量(kg)

注:国际快件有时还会加上燃油附加费。

例如:5kg 货品通过 EMS 运输,首重 150 元、续重 30 元,每包总重不能超过 30kg。则运费总额 = 150 + (5×2-1)×30 = 420 元。

不同的运价里程,首重资费不同,续重运价也不同。特殊包裹或货物按包裹快递的,查看公司的特殊包裹运价管理办法。

我国民营快递企业的快递价格属于市场化价格管理,具有根据市场情况自行调整价格的权利。邮政部门快递属于备案制价格管理,邮政快递企业根据市场情况向政府主管部门提报价格调整的建议,政府主管部门可以干预。民营快递企业为了争取市场份额,一般采取低于邮政快递价格的策略。

工作任务总结

1. 比较零担货物运输与整车(船)货物运输组织作业的相同点与不同点。
2. 比较铁路、公路、水路、航空货物运输的特点。
3. 结合整车、零担货物运输要求,说明货物运输作业的基本单证及其作用。
4. 航空货物运输组织作业方式有几种?作业特点有哪些?
5. 比较行包运输与零担运输的区别。
6. 零担货物中转作业方式有几种?作业特点是什么?
7. 快递的方式有几种?快递运费的计算准则有哪些?
8. 零担、行包运单填写有哪些注意事项?
9. 航空主运单填写的主要内容有哪些?为什么要有分运单?
10. 说明航空货运的作业流程。

项目活动实践

1. 如果将家乡的特产 10kg(重货)分别通过铁路、公路、水路、航空、快递运输到上海,查找资料,分别计算其运费。
2. 填写货物运输托运单;填制货票。
3. 设计该票货物的运输作业流程。
4. 以各组建营业部为单位,设计将家乡特产经南京的转运中心后再运输到上海的运输方案,并进行角色模拟展示。
5. 以各组建营业部为单位,结合前期的货源调查报告,为即将毕业的同学做货物运输服务方案。
6. 以各组建营业部为单位,以加盟商的身份设计一份校园快递运输产品的企划书。

项目活动设计

李民在工作过程中发现,集装箱运输已经很普遍了,经过向公司的老员工、经理请教,李民发现集装箱货物运输可不简单,在公路运输、铁路运输、海运甚至航空运输中都有集装箱运输的身影。那么,集装箱运输有哪些优势?集装箱运输作业与普通货物运输作业的要求有区别么?怎样才能做好集装箱货物运输?这些都是李民很感兴趣的问题。

任务目标

1. 认识各种集装箱;能读懂集装箱的标记和技术参数。
2. 能办理集装箱公路运输业务。
3. 会填写集装箱进出口货物的主要单证。
4. 能读懂多式联运合同,知道多式联运的业务流程。

在美国,铁路集装箱专列平均速度为 70km/h ~ 90km/h,在专用线、编组站等环节疏导很快,基本上不压箱。在港口,船舶到港之前一般可向海关预申报,因而船到港后,当天就可以卸箱装上集装箱货车或铁路车辆(若当天有车辆),或在第二天转运到口岸地区其他集装箱站场。美国的多式联运服务大致包括 4 个独立的作业环节。

(1)港口作业。船停港总共 3 天 ~ 5 天,其中通关作业一般为 1 天 ~ 2 天。

(2)港口附近周转作业(即从港口转到火车上)。

(3)铁路内陆长途运输。多式联运陆地长途运输方式主要是铁路,一般工作日集装箱在列车出发前 3h ~ 4h 集中到站场,列车的运输距离可以达每天 1200km ~ 1500km。

(4)内陆中转站的作业。出于商业考虑,集装箱运输过程由集装箱所有者来控制,当港口至货主的运距为 1500km 时采用集装箱货车运输,若配备两个驾驶员则会减少停车时间,则 24h 内最大运输范围可达 2000km。因此,集装箱很快到达货主手中,返空箱再用 2 天,集装箱的总周转时间为 4 天;而对于出口货物,公路运输则只需 3 天。

模块 1   集装箱的选择

李民某天接触到这样一票业务。上海某进出口贸易公司受理了某客户一票出口服装请求。这票货物的货号为 HNS – 02003 女式套头衫,一共有 9110 件至纽约,销售单位是 PC(件),包装单位是 CARTON(箱),单位换算显示是每箱 20 件,每箱毛重 13KGS,每箱净重 11KGS,每箱体积 0.14308CBM。李民的工作从哪里开始?他如何选择集装箱?

一、知识准备

（一）集装箱的定义

集装箱又称"货柜"或"货箱"。集装箱是一种运输设备,应具备以下条件:

（1）具有耐久性,其坚固强度足以反复使用。

（2）便于商品运送而专门设计的,在一种或多种运输中无需中途换装。

（3）设有便于装卸和搬运,特别便于从一种运输方式到另一种运输方式的装置。

（4）设计时应注意到便于货物装满或卸空。

（5）内容积为 1m³ 或 1m³ 以上。

集装箱这一概念不包括一般车辆和包装。在运输实践中,集装箱又分为货主箱（S. O. C）和承运人提供的集装箱（C. O. C）。目前使用的国际集装箱规格尺寸主要是 ISO/TC104 制订的第一系列的 4 种箱型,即 A 型、B 型、C 型、D 型。它们的外部尺寸和重量如表 5 - 1 所列。

表 5 - 1　A 列集装箱规格尺寸和总重量

规格（英寸）	箱型	长		宽		高		最大总重量	
		公制/mm	英制/ft in	公制/mm	英制/ft in	公制/mm	英制/ft in	kg	LB
40	1AAA	12192	40′			2896	9′6″	30480	67200
	1AA					2591	8′6″		
	1A					2438	8′		
	1AX					< 2438	< 8′		
30	1BBB	9125	29′11. 25″	2438	8′	2896	9′6″	25400	56000
	1BB					2591	8′6″		
	1B					2438	8′		
	1BX					< 2438	< 8′		
20	1CC	6058	19′10. 5″			2591	8′6″	24000	52900
	1C					2438	8′		
	1CX					< 2438	< 8′		
10	1D	2991	9′9. 75″			2438	8′	10160	22400
	1DX					< 2438	< 8′		

其中,1A 型是业务中常见的 40ft 集装箱（FEU）,最多可载货 66m³ ~ 67m³,最大载重 26t 左右;1C 型是业务中常见的 20ft 集装箱,最多可载货 33m³,最大可载重 21t。1AAA 和 1BBB 是两种超高箱型。从载货容积与重量数可知,40ft 箱型适用于轻泡货,20ft 箱型适用于重货。

为了便于计算集装箱数量,以 20ft 的集装箱作为换算标准箱（TEU）,并以此作为集装箱船载箱量、港口集装箱吞吐量等的计量单位。故存在下列换算关系:40ft 箱 = 2TEU,30ft 箱 = 1. 5TEU,20ft 箱 = 1TEU,10ft 箱 = 0. 5TEU。

（二）集装箱的类型

集装箱分类有多种方法,如以制造材料不同或尺度不同等进行分类。集装箱如按照用途进行分类,可使货代工作人员在工作中根据所运输的货物来选择不同类型的集装箱。

（1）干货集装箱。干货集装箱也称杂货集装箱或通用集装箱,是实践中最常见的集装箱,适于装载一般件杂货,如玩具、电子产品、日常用品等。

（2）散装集装箱。散装集装箱主要适用于运输啤酒、豆类、谷物、硼砂、树脂等散装货物。

（3）通风集装箱。通风集装箱是为了防止由于箱内外温差引起在箱内壁或货物表面形成汽水而设计的。其外表与干货集装箱相同,是一种带有箱门的密闭式集装箱,为了通风,一般在侧壁或端壁和箱门上设有 4 个～6 个通风口,该类集装箱适于装载不需要冷冻而需通风、防止汗湿的货物,如水果、蔬菜等。

（4）冷藏集装箱。冷藏集装箱是指装载冷藏货并附设有冷冻机的集装箱,适于装载需要冷藏或冷冻的货物,如冷藏食品、新鲜水果、鱼、肉等。

（5）敞顶集装箱。敞顶集装箱又称开顶集装箱,目前,敞顶集装箱仅限于装运较高货物或需从顶口装卸的货物。

（6）台架式集装箱。台架式集装箱没有箱顶板和侧壁板,也没有门,只有厚度较一般通用集装箱厚许多的箱底板及连接在箱底板上的框架。这种集装箱没有水密性,怕水湿的货物不能装运,通常用于装运长大件和重件货,如重型机械、钢材、木材、钢管、机床等。

（7）平台式集装箱。平台式集装箱是无上部结构、只有底部结构的一种集装箱。平台集装箱打破了过去一直认为集装箱必须有容积的概念。它主要用来装运外形尺寸过高、过宽的货物。

（8）罐式集装箱。罐式集装箱主要由罐体和箱体框架两部分组成。它适用于装载各种液体货物,如液体食品、酒类、液体药品、化工品等。

（9）专用集装箱。专用集装箱是专门为特定货物装运的集装箱,如牲畜集装箱、服装集装箱、汽车集装箱等。

（三）集装箱的标记识别

为了方便集装箱的运输管理,国际标准化组织拟订了集装箱标志方案。集装箱上的标志主要有以下内容。

1. 箱门上的标记

主要标记及其表示内容如下。

1）标记:COSU800563 $\boxed{1}$

COSU 表示箱主代码,由 4 位大写的拉丁字母表示,前 3 位表示箱主代号,第 4 位字母为 U 则表示海运集装箱代号。这里的 COSU 表示中国远洋运输(集团)公司。

800563 表示顺序号,是集装箱的编号,用 6 位阿拉伯数字表示不足 6 位需在左补 0。

1 为核对数,用于计算机核对箱主号和顺序号记录的正确性。核对号一般位于顺序号之后,用 1 位阿拉伯数字表示并加方框以醒目。

2）标记:45G1

45 为尺寸代码,表示集装箱的外形尺寸,G1 为箱型代码,表示集装箱的箱型及其特征。45 表示 1AAA 型箱,G1 表示货物上部空间设有透气孔的通用集装箱。外形尺寸与箱型代码都可查询国际标准相应表得知。

3）MAX. GROSS、TARE、PAYLOAD、CUBE

MAX. GROSS 为额定重量(总重),是指自重与载重之和。TARE 为自重,是指集装箱本身的重量,即空箱重量。PAYLOAD 为载重量,是指载货量,它是集装箱最大容许承载的货物重量。CUBE 为箱的容积。

2. 侧壁上的标记

集装箱侧面的标记主要有以下几种。

1）超高标记

凡箱高超过 2.6m（8ft6in）的集装箱均应标打下列必备标记。

（1）在集装箱两侧标打集装箱高度标记，该标记为黄色底上标出黑色数字和边框。

（2）在箱体每端和每侧角件间的顶梁及上侧梁上标打长度至少为 300mm（12in）的黄黑斜条的条形标记。

2）通行标记

集装箱在运输过程中要能顺利地通过或进入他国国境，箱上必须贴有按规定要求的各种通行标记，主要有安全合格牌照、集装箱批准牌照、检验合格徽、防虫处理板和国际铁路联盟标记。

另外，装有危险货物的集装箱，应有规格不小于 250mm × 250mm 的至少 4 幅《海运危险货物运输规则》类别标志，并贴于外部明显的地方。

（四）集装箱配载

1. 集装箱的检查

利用集装箱装载货物，首先应根据所运输货物的种类、包装和其运输要求选择符合条件的集装箱；其次，在货物装箱前必须严格检查集装箱。通常对集装箱的检查包括进行外部检查、内部检查、箱门检查、清洁检查、附属件检查。

（1）外部检查：察看箱子的六面，外部是否有损伤、变形、破口等异样情况，如有异常需对修改部位进行标志。

（2）内部检查：察看箱子内侧的六面，内侧是否漏水、漏光、有无污点、水迹等。

（3）箱门检查：检查门的四周是否水密，门锁是否完整，箱门是否能 270 度开启。

（4）清洁检查：察看箱内是否有残留物、污染、锈蚀异味、水湿。如不符合要求应清扫、甚至更换。

（5）附属件的检查：对货物的加固环节的部件进行检查。

2. 集装箱装箱注意事项

集装箱装箱工作看似简单，但如果装载不合理、不正确就会造成货损、设备损坏、甚至人身伤亡。因此，集装箱装箱应遵循一些原则，装箱注意事项如下所述。

货物装箱很重要，箱型随货要知道，装前检查证书校，混装一箱货区分；

上轻下重不能忘，重量均衡防故障，堆码层数要限量，上下左右有空隙；

隔板隔垫防碰撞，垫料清洁货损少，箱门附近易损伤，关前措施一定要；

堆装系固要做好，积载合理能防损，特殊货用特殊箱，箱子超重不允许；

危险货物更重要，要求不符不能装，不能外突门封好，不相容的不混装；

包装合格才能装，包件必须固定牢，液气货物要批条，操作循规安全保；

以上几条要记牢，人员设备免损伤，货运质量有保障，省钱省时麻烦少。

（五）集装箱交接方式

1. 整箱货与拼箱货

集装箱运输是将散件货物汇成一个运输单元（集装箱），使用船舶等运输工具进行运输的方式。集装箱运输的货物流通途径与传统的杂货运输有所不同，集装箱运输不仅与传统杂货运输一样以港口作为货物交接、换装的地点,还可以在港口以外的地点设立货物交接、换装的站点。集装箱运输改变了传统的货物流通途径,在集装箱货物的流转过程中,其流转形态分为两种,一种为整箱货,另一种为拼箱货。

1)整箱货

整箱货(FCL)是指由货方负责装箱和计数,填写装箱单,并加封志的集装箱货物,通常只有一个发货人和一个收货人。国际公约或各国海商法没有整箱货交接的特别规定,而承运人通常根据提单正面和背面的印刷条款以及提单正面的附加条款(如:Said To Contain:S. T. C. Shipper's load and count and seal;S. L&C&S 等"不知条款"),承担在箱体完好和封志完整的状况下接受并在相同的状况下交付整箱货的责任。在目前的海上货运实践中,班轮公司主要从事整箱货的货运业务。

2)拼箱货

拼箱货(LCL)是指由承运人的集装箱货运站负责装箱和计数,填写装箱单,并加封志的集装箱货物,通常每一票货物的数量较少,因此装载拼箱货的集装箱内的货物会涉及多个发货人和多个收货人。承运人负责在箱内每件货物外表状况明显良好的情况下接受并在相同的状况下交付拼箱货。在目前的货运实践中,主要由拼箱集运公司从事拼箱货的货运业务。货运代理人可以从事拼箱货的货运业务,但此时其身份也发生了变化。货运代理人参与拼箱货的货运业务,提供了小批量货物快速和高效率运输的服务,解决了集装箱班轮运输大量替代传统杂货班轮运输后批量货物的运输等问题。

3)整箱货与拼箱货比较

整箱货(FCL)与拼箱货(LCL)的积载方法、积载效率不同,可以用表 5-2 进行比较。

表 5-2　整箱货(FCL)与拼箱货(LCL)比较

项目	整箱货(FCL)	拼箱货(LCL)
货主数量	一个货主	多个货主
装箱人	货主	货运站、集拼经营人、NVOCC
制装箱单加封	货主	货运站、集拼经营人、NVOCC
货物交接责任	只看箱子外表状况良好、关封良好即可交接	须看货物的实际情况(如件数、外观、包装等)
提单上的不同	加注不知条款,如: ①SLAC(货主装箱、计数) ②SLACS(货主装箱、计数并加封) ③SBS(据货主称) ④STC(据称箱内包括)	SLAC、SLACS、SBS、STC 等不知条款无效
流转程序	①发货人;②装货港码头堆场;③海上运输;④卸货港码头堆场;⑤收货人	①发货人;②发货地车站、码头货运站;③装货港码头堆场;④海上运输;⑤卸货港码头堆场;⑥收货地车站、码头货运站;⑦收货人

2. 集装箱货物的交接地点

货物运输中的交接地点是指根据运输合同,承运人与货方交接货物、划分责任风险和费用的地点。目前集装箱运输中货物的交接地点有门(双方约定的地点)、集装箱堆场、船边或吊钩或集装箱货运站。

1)门(Door)

门指收发货人的工厂、仓库或双方约定收、交集装箱的地点,在多式联运中经常使用。

2）集装箱堆场（Container Yard，CY）

集装箱堆场（又简称"场"）是交接和保管空箱和重箱的场所，也是集装箱换装运输工具的场所。

3）船边或吊钩

船边或吊钩（又简称"钩"）指装货港货卸货港装卸船边或码头集装箱装卸吊具，并以此为界区分运输装卸费用的责任界限。

4）集装箱货运站（Container Freight Station，CFS）

集装箱货运站（又简称"站"），是拼箱货交接和保管的场所，也是拼箱货装箱和拆箱的场所。集装箱堆场和集装箱货运站也可以同处于一处。

门、场、钩主要是整箱货（FCL）的交接场所，站主要是拼箱货（LCL）的交接场所。

3. 集装箱货物的交接方式

根据集装箱货物的交接地点不同，理论上可以通过排列组合的方法得到集装箱货物的交接方式为16种。这里仅介绍通常大家认识到的9种情况，其他情况可以根据图5-1内容推导。

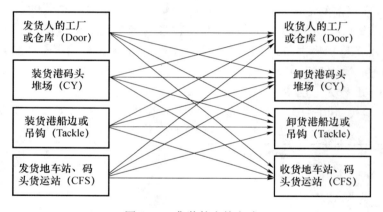

图5-1　集装箱交接方式

1）门到门（Door to Door）交接方式

门到门交接方式是指运输经营人由发货人的工厂或仓库接受货物，负责将货物运至收货人的工厂或仓库交付。在这种交付方式下，货物的交接形态都是整箱交接。

2）门到场（Door to CY）交接方式

门到场交接方式是指运输经营人在发货人的工厂或仓库接受货物，并负责将货物运至卸货港码头堆场或其内陆堆场，在CY处向收货人交付。在这种交接方式下，货物也都是整箱交接。

3）门到站（Door to CFS）交接方式

门到站交接方式是指运输经营人在发货人的工厂或仓库接受货物，并负责将货物运至卸货港码头的集装箱货运站或其在内陆地区的货运站，经拆箱后向各收货人交付。在这种交接方式下，运输经营人一般是以整箱形态接受货物，以拼箱形态交付货物。

4）场到门（CY to Door）交接方式

场到门交接方式是指运输经营人在码头堆场或其内陆堆场接受发货人的货物（整箱货），并负责把货物运至收货人的工厂或仓库向收货人交付（整箱货）。

5）场到场（CY to CY）交接方式

场到场交接方式是指运输经营人在装货港的码头堆场或其内陆堆场接受货物（整箱货），并负责运至卸货码头堆场或其内陆堆场，在堆场向收货人交付。

6）场到站（CY to CFS）交接方式

场到站交接方式是指运输经营人在装货港的码头堆场或其内陆堆场接受货物（整箱），负责运至卸货港码头集装箱货运站或其在内陆地区的集装箱货运站，一般经拆箱后向收货人交付。

7）站到门（CFS to Door）交接方式

站到门交接方式是指运输经营人在装货港码头的集装箱货运站及其内陆的集装箱货运站接受货物（经拼箱后），负责运至收货人的工厂或仓库交付。在这种交接方式下，运输经营人一般是以拼箱形态接受货物，以整箱形态交付货物。

8）站到场（CFS to CY）交接方式

站到场的交接方式是指运输经营人在装货港码头或其内陆的集装箱货运站接受货物（经拼箱后），负责运至卸货港码头或其内陆地区的货场交付。在这种方式下货物的交接形态一般也是以拼箱形态接受货物，以整箱形态交付货物。

9）站到站（CFS to CFS）交接方式

站到站的交接方式是指运输经营人在装货码头或内陆地区的集装箱货运站接受货物（经拼箱后），负责运至卸货港码头或其内陆地区的集装箱货运站，（经拆箱后）向收货人交付。在这种方式下，货物的交接方式一般都是拼箱交接。

如果根据集装箱交接时的形态，可以通过排列组合的方法得到集装箱货物的4种交接方式。

（1）整箱交、整箱接（FCL→FCL）

在9种常见的集装箱交接方式中，门到门、门到场、门到钩、场到门、场到场、场到钩、钩到门、钩到场、钩到钩属于这种方式。

（2）整箱交、拼箱接（FCL→LCL）

在9种常见的集装箱交接方式中，门到站、场到站、钩到门、钩到站属于这种方式。

（3）拼箱交、整箱接（LCL→FCL）

在9种常见的集装箱交接方式中，站到门、站到场、站到钩属于这种方式。

（4）拼箱交、拼箱接（LCL→LCL）

在9种常见的集装箱交接方式中，只有站到站属于这种方式。

以上各种交接方式是集装箱运输中集装箱货物理论上所存在的一些交接方式。了解集装箱货物的交接方式，可以使人们知道在集装箱运输中承运人与货方之前就有关货物交接责任、费用分担等的划分问题。

目前在船边交接的情况已很少发生，实践中，海运集装箱货物交接的主要方式为CY/CY，班轮公司通常承运整箱货，并在集装箱堆场交接，CY/CY是班轮公司通常采用的交接方式。CFS/CFS，集拼经营人则承运拼箱货，并在集装箱货运站与货方交接货物。CFS/CFS是集拼经营人承运拼箱货时通常采用的交接方式。

二、工作任务

现代物流运输中，集装箱积载效率高，可以提高货物运输质量，正确选择集装箱、合理使用集装箱是正确运输的开始。集装箱选箱过程依照图5-2所示流程操作。

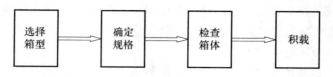

图5-2　集装箱选箱作业流程

（一）选择集装箱箱型

集装箱箱型主要根据集装箱的结构、功能、集装的货物类别区分（表5-3）。

表5-3　集装箱箱型及对应货物

普　通　货　物	干货集装箱、通风集装箱
超尺度和超重货物 冷冻、冷藏货物	开顶集装箱、台架式、平台式集装箱 冷藏集装箱、通风集装箱
散装货物	罐式集装箱
贵重货物	干货集装箱
动植物	动物集装箱、通风集装箱
危险货物	适合于危险货物及有关法规集装箱

不同的货物存放条件不同，积载要求也不同。上表表示各种类别的货物对应的适应集装箱，一般参照选择使用。

（二）选择集装箱规格尺寸

通用的、且适应各种运输方式使用的集装箱规格尺寸主要有两种20ft、40ft。对集装箱规格尺寸的选择一般需要综合考虑多种因素，这些因素主要包括以下内容。

（1）与国内外船公司、货主的合作问题。在集装箱货物多式联运中，经常发生与国外船公司进行箱子互换、互用，因此应选用便于互换使用的集装箱。目前国际上使用最多的是1AA（$40' \times 8' \times 8.5'$）、1AAA（$40' \times 8' \times 9.5'$）和1CC（$20' \times 8' \times 8.5'$）4种规格的集装箱。

（2）货物的数量、运输批量和货物的密度。一般来说，在货物数量大时，应尽量选用大规格箱；某航线上货运批量较小时，配用的集装箱规格不宜过大；货物密度较大时，选用集装箱规格不宜过大；轻泡货较多时应采用规格较大的集装箱。

（3）全程（特别是内陆）运输的条件。集装箱货物国际运输中，全程可能涉及多种运输方式。一般来说，海上运输各环节（装卸、船舶）可以满足各种规格集装箱货物运输需要，但在内陆运输中却很不平衡，可能存在道路、桥涵承载能力不足，装卸设备不能适应大型集装箱装卸需要；集装箱内陆货运站不能办理大型箱（20ft、40ft）业务；库场运输工具不符合运输要求等问题。在选用集装箱规格尺寸时，应给予充分考虑，在允许情况下，采用子母箱形式是一种可以选择的方案。

（4）经济合理性。对于特定数量的货物选择集装箱规格和数量时，首先应保证能装下这些货物。由于集装箱运输中大多采用包箱费率，对各种规格集装箱总重的规定（单位尺度平均值）有较大差别，所以对特定数量的货物选择规格时，存在通过规格数量的不同组合使全程总费用最小的经济合理性问题。

（三）检查集装箱箱体

经过选择的集装箱，必须经过严格检查，包括外部、内部、箱门、清洁状况、附属件及设备等。无论由托运人、承运人或站场负责装箱，都应使选择的集装箱符合下列条件。

（1）符合集装箱国际标准（ISO）和国际安全公约标准（CSC），具有合格检验证书。

（2）集装箱的4个角柱、6个壁、8个角要外表状态良好，没有明显损伤、变形、破口等不正常现象。板壁凹损应不大于30mm，任何部件凸损不得超过角配件外端面。

（3）箱门应完好、水密，能开启270°，栓锁完好。

（4）箱子内部清洁、干燥、无异味、无尘污或残留物，衬板、涂料完好。

（5）箱子所有焊接部位牢固，封闭好，不漏水、不漏光。

（6）附属件的强度、数量满足有关规定和运输需要。

（7）箱子本身的机械设备（冷冻、通风等）完好，能正常使用。

（四）集装箱货物装载

集装箱货物装载时要注意3个方面的问题：合理积载；均衡分布货物重量；做好货物的堆码、衬垫和系固，并且货物的装载应严密、整齐。货区之间、货物与货物之间、货物与箱体之间的空隙应加适当的隔垫以防止货物移动、撞击、沾湿和污损。对靠近箱门附近的货物要采取系固措施，以防止开箱和关箱时货物倒塌造成货物损坏和人身伤亡事故。装载箱内的货物总重量不得超过箱子允许的额定载重量，包括箱子本身的毛重决不允许超过ISO规定的各种规格尺度集装箱的总重量标准。由于货物超重而造成的运输全程中的一切损失均由装箱人负责。装箱时使用的隔垫料（胶合板、草席、缓冲器材、隔垫板等）和系固所用材料应清洁、干燥，以防止水渍、汗渍等货损事故。

三、任务实践

李民一边自学，一边向师傅请教，同时通过查阅一些资料，终于完成了以下工作。帮他检查下，是否应该这样处理呢？

任务：货物的货号为HNS－02003女式套头衫，一共有9110件运至纽约，销售单位是PC（件），包装单位是CARTON（箱），单位换算显示是每箱20件，每箱毛重13KGS，每箱净重11KGS，每箱体积0.14308CBM。

1. 计算毛重、体积

毛重的计算　　包装箱数 = 9110 ÷ 20 = 455.5，进位取整456箱

箱子重量 = 13 − 11 = 2KGS

单件的净重 = 11 ÷ 20 = 0.55KGS

总净重 = 0.55 × 9110 = 5010.5KGS

总毛重 = 总净重 + 箱子总重量 = 5010.5 + 2 × 456 = 5922.5 = 5.9225TNE

体积的计算

总体积 = 每箱体积 × 箱数 = 456 × 0.14308 = 65.24448CBM

2. 如何用整箱装

（1）根据毛重、体积计算需要几个集装箱。

查到普通每20′集装箱可装体积为33CBM，限重25TNE（25000KGS），每40′集装箱可装体积为67CBM，限重29TNE（29000KGS），1TNE = 1000KGS

按重量

总毛重 <25TNE，所以如果按重量算，只要 1 个 20′ 集装箱。

按体积

20′ 集装箱：65.24448/33 = 1.98，进位取整得 2。

40′ 集装箱：65.24448/67 = 0.97，进位取整得 1。

所以，可以选择 2 个 20′ 集装箱或者 1 个 40′ 集装箱。

（2）计算海运费，取较低者。

在货运公司网站中的"航线及运费查询"查得上海至纽约海运费如下。

20′ 集装箱 USD2366，40′ 集装箱 USD2954。

如果选择 2 个 20′ 集装箱，海运费为 2366 × 2 = USD4722。

如果选择 1 个 40′ 集装箱，海运费为 USD2954。

因此，选择 1 个 40′ 集装箱，海运费为 USD2954。

3. 如何选拼箱

在货运公司网站中的"航线及运费查询"中查到普通拼箱按体积算的运费为 USD98，按重量算为 USD142。

按体积算：运费 A = 65.24448 × 98 = 6393。

按重量算：运费 B = 5.9225 × 142 = 840.995。

因为 A > B，因此，如果选择拼箱，运费为 USD6393。

4. 比较选择整箱和拼箱时的海运费

可见，选择 1 个 40′ 集装箱的运费比较少，所以应该选择 1 个 40′ 集装箱，海运费为 USD2954。

模块 2　公路集装箱运输作业

李民的公司为某客户进口两个 20ft 集装箱食品，从上海发往郑州。现交由货运代理公司办理拖装，空柜从上海拖至郑州，再从郑州将重箱拖回上海，郑州至上海公路里程约 800km。李民该如何为客户报价？

一、知识准备

1. 我国公路的等级划分

我国的公路划分为高速公路、一级公路、二级公路、三级公路和四级公路五个等级。表 5－4 与表 5－5 为我国等级公路年平均交通流量和不同地形状况交通限制的基本要求。

表 5－4　公路等级划分表

公路等级	在效通网中的作用	年平均昼夜交通量
高速公路	具有特别重要的政治、经济意义。专供汽车分道行驶，全部控制出入	25000 辆以上
一级公路	连接重要政治、经济中心，通往重点工矿区，可供汽车行驶，部分控制出入	5000 辆 ~ 25000 辆

（续）

公路等级	在效通网中的作用	年平均昼夜交通量
二级公路	连接政治、经济中心或大工矿区的干线公路；运输任务繁忙的城郊公路	2000 辆～5000 辆
三级公路	沟通县以上城市的一般干线公路	200 辆～500 辆
四级公路	沟通县、乡、村等的支线公路	200 辆以下

表 5-5　各级公路设计车速表

公路等级	一		二		三		四	
地形	平原微丘	山岭重丘	平原微丘	山岭重丘	平原微丘	山岭重丘	平原微丘	山岭重丘
设计车速(km·h)	100	60	80	40	60	30	40	20

2. 集装箱运输对公路技术规格的要求

运输 20ft、40ft 的集装箱，公路必须满足下列要求。

（1）车道宽度 3m。

（2）路面最小宽度 30m。

（3）最大坡度 1:10。

（4）停车视线最短距离 25m。

（5）最低通行高度 4m。

根据我国国家标准《货运挂车系列型谱》的规定，要求集装箱卡车的最大载重量不超过 45t，单轴最大载重量不超过 12t，双联轴最大载重量不超过 20t，按国际标准，40ft 集装箱最大额定重量为 30.48t，则装载 40ft 集装箱的卡车，其最大总重在 43t～45t，基本上可以适合在我国二级公路上行驶。但如果一辆集装箱卡车装载两只 20ft 集装箱，则必须限制每箱净载重在 15t 以下，或一只空箱、一只重箱配载。

二、工作任务

（一）公路集装箱作业流程

集装箱公路运箱的业务形式多变，不像水路运输与铁路运输那么规范，所处理的货物数量也变化悬殊，所以很难规范地描述其业务程序。这里仅就以口岸或大型公路集装箱中转站为背景的集装箱卡车运输公司的典型业务为对象，说明其业务程序和运行管理。

1. 进口货运业务

这里的"进口"，是指班轮运输的集装箱，到达目的港卸下以后，通过集装箱卡车运往收货人处的货运业务。

1）编制进口箱运量计划

集装箱卡车运输公司根据港口企业或公路运输代理公司提供的集装箱班轮船期动态，或者船公司、货运代理公司提供的进口船期，载箱量，需要通过公路疏运、送达的箱量等，结合本公司的运力情况，编制月、旬、周或日的运量计划。

2）受理托运

集装箱卡车公司通过各种方式接受公路运输代理公司、货运代理公司或货主等提出的进口集装箱陆上运输申请，根据自身条件许可情况接受托运。

3）申请整箱放行计划

在接受托运以后，集装箱卡车运输公司向联合运输营业所申请整箱放行计划；如为拆箱货，则向陆上运输管理处申请批准。

4）提取重箱

集装箱卡车运输公司根据各种托运条件，合理派车，安排运输。对各种超重、超高等超标准箱，应向有关管理部门申请超限证；如属跨省运输，则应开具行车路单。

如待运的集装箱在码头、公路中转站，应提前向码头与公路中转站申请装车机械和相应人力。如需拆箱，还应代替收货人向有关部门提出理货、卫检和其他一些特殊需要的申请。

完成以上程序后，集装箱卡车运输公司派出集装箱卡车，持集装箱放行单和设备交接单到指定箱区提取重箱，并在大门检查站办理出场集装箱设备交接。

5）交箱

集装箱卡车将重箱送往收货人处。如系在收货人处拆箱、同时运回空箱的，须由理货公司派员理货。货主接受货物后在交接单上签收，集装箱卡车运输的货物交接过程遂告结束。

6）送还空箱

集装箱的空箱应按规定时间、地点送回。集装箱卡车在送回空箱时，应在码头大门检查站进行检查，凭进场集装箱设备交接单，然后到堆场办理空箱交接。

图5－3为集装箱进口业务中，货运代理公司提取重箱，掏箱完成后交箱的作业流程。

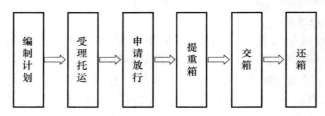

图5－3　进口集装箱公路作业流程

2. 出口货物业务

这里的"出口"，是指发货人通过集装箱卡车，将集装箱重箱送达起点港，装上集装箱班轮，运往目的港的货运业务。

1）受理托运

集装箱卡车运输公司通过各种形式接受公路运输代理公司、货运代理公司或货主的托运申请，在了解掌握待装货物情况和装箱地点后，有能力接受的，予以承运并订立运输合同。

2）安排作业计划

集装箱卡车运输公司根据承运合同编制集装箱卡车作业计划。对有超重、超高、跨省运输的，提前向有关管理部门办理申请。同时，在送箱的前一天，向码头申请装卸机械与人力。

3）领取空箱

集装箱卡车运输公司凭货运代理签发的出场集装设备交接单和托运单，到指定地点提取空箱，送往托运人处装箱。

4）送交重箱

装箱完毕，集装箱卡车运输公司将重箱连同装箱单、设备交接单送到指定码头交付，办理集装箱设备交接。

图5－4为出口集装箱公路作业流程。

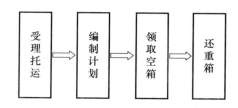

图 5 - 4　出口集装箱公路作业流程

3. 集装箱货运站业务

集装箱货运站的业务流程,可以分成进口业务流程和出口业务流程两大部分。

1）进口业务流程

（1）取得进口箱相关信息。

集装箱货运站在船舶到港前几天,从船公司或其代理人处取到以下单证。

① 提单副本或场站收据副本。

② 货物舱单。

③ 集装箱装箱单。

④ 装船货物残损报告。

⑤ 特殊货物表。

货运站根据以上单据做好拆箱交货准备工作。

（2）发出到货通知。

货运站根据船舶进港时间及卸船计划等情况,联系码头堆场决定提取拼箱集装箱的时间,制定拆箱交货计划,并对收货人发出交货日期的通知。

（3）从码头堆场领取重箱。

货运站经与码头堆场联系后,即可以从码头堆场领取重箱,双方应在集装箱单上签字,对出堆场的集装箱应办理设备交接手续。

（4）拆箱交货。

货运站从堆场取回重箱后,即开始拆箱作业,拆箱后,应将空箱退回码头堆场。收货人前来提货时,货运站应要求收货人出具船公司签发的提货单,经单货核对无误后,即可交货,双方应在交货记录上签字。如发现货物有异常,则应将这种情况记入交货记录的备注栏内。

（5）收取有关费用。

集装箱货运站在交付货物时,应检查保管费及有无再次搬运费,如已发生有关费用,则应收取费用后再交付货物。

（6）制作报告。

制作交货报告或未交货报告交送船公司,以便船公司据此处理有关事宜。

2）出口业务流程

（1）出口拼箱货的集货与配货:为拼箱做好各种前期准备工作。

（2）拼箱货装箱:应根据货物的积载因数和集装箱的箱容系数,尽可能充分利用集装箱的容积,并确保箱内货物安全无损。

（3）制作装箱单:货运站在进行货物装箱时,应制作集装箱装箱单,制单应准确无误。

（4）将拼装的集装箱运至码头堆场货运站在装箱完毕后,在海关监管下,对集装箱加海关封志,并签发场站收据。同时,应尽快联系码头堆场,将拼装的集装箱运至码头堆场。

（二）公路集装箱运费计算

1. 公路集装箱运输计价标准

公路集装箱货以箱为单位计算运费、以元每箱千米为计价单位。

2. 公路集装箱运输运价价目

集装箱货物公路运费由基本运价、箱次费和其他收费项目构成。

（1）基本运价。

集装箱基本运价是指各类标准集装箱重箱在等级公路上运输的每箱千米运价。集装箱基本运价又分为标准集装箱运价、非标准集装箱运价、特种箱运价；另外，基本运价还要考虑道路等级情况。

标准集装箱重箱运价按照不同规格的箱型的基本运价执行。标准集装箱空箱运价在标准集装箱重箱运价的基础上减成计算。

非标准集装箱重箱运价按照不同规格的箱型，在标准集装箱基本运价基础上加成计算。非标准集装箱空箱运价在非标准集装箱重箱运价的基础上减成计算。

特种箱运价在标准集装箱基本运价基础上按所载货物的不同加成幅度加成计算。

非等级公路货物运价在货物基本运价基础上加成 10% ~ 20% 。

出入境汽车货物运价，按双边或多边出入境汽车运输协定，由两国或多国政府主管机关协商确定。

（2）箱次费。

对汽车集装箱运输，考虑到其作业时需要装卸设备和人工成本，在计算集装箱运费的同时加收箱次费，此项按不同箱型分别确定。

（3）其他收费。

① 调车费：应托运人要求，车辆往外省、自治区、直辖市参加营运往返空驶者，可按全程往返空驶里程、车辆标记吨位和出省基本运价的 50% 计收调车费。

② 装箱落空损失费：应托运人要求，车辆开至约定地点装箱落空造成的往返空驶里程，按其运价的 50% 计收装箱落空损失费。

③ 道路阻塞停车费：汽车货物运输过程中，如发生自然灾害等不可抗力造成的道路阻滞，无法完成全程运输，需要就近卸存、接运时，卸存、接运费用由托运人负担。已完成运程收取运费，未完运程不收费用。

托运人要求回运，回程运费减半；应托运人要求绕道行驶或改变到达地点时，运费按实际行驶里程核收。

④ 车辆处置费：应托运人要求，运输非标准箱等需要对车辆改装、装卸和清理所发生的工料费用，均由托运人负担。

⑤ 车辆通行费：车辆通过收费公路、渡口、桥梁、隧道等发生的收费，均由托运人负担。其费用由承运人按当地有关部门规定的标准代收代付。

⑥ 运输变更手续费：托运人要求取消或变更货物托运手续的，收取变更手续费。因变更运输，承运人已发生的有关费用，应由托运人负担。

3. 公路集装箱运输运费

重箱运费 = 重箱运价 × 计费箱数 × 计费里程 + 箱次费 × 计费箱数 + 其他费用

空箱运费 = 空箱运价 × 计费箱数 × 计费里程 + 箱次费 × 计费箱数 + 其他费用

三、任务实践

李民所在公司为某客户进口两个20英尺集装箱食品,从上海发往郑州。现交由货运代理公司办理拖装,空柜从上海拖至郑州,再从郑州将重箱拖回上海,郑州至上海公路里程约800km。李民该如何为客户报价?

首先,要查找公路集装箱运输相应的基本运价:从上海到郑州的20ft集装箱重箱基本运价是3.5元/箱·km,空箱基本运价在重箱的基本运价上减20%。

其次,要查找箱次费,并计算运输其他运费费用:查找上海至郑州的箱次费是50元,计算相关的运输其他费用单程合计400元。

最后,根据集装箱公路运输运费计算公式计算运费。

重箱运费 = 重箱运价 × 计费箱数 × 计费里程 + 箱次费 × 计费箱数 + 其他费用

$$= 3.5 \times 2 \times 800 + 50 \times 2 + 400 = 6100(元)$$

空箱运费 = 空箱运价 × 计费箱数 × 计费里程 + 箱次费 × 计费箱数 + 其他费用

$$= 3.5(1 - 20\%) \times 2 \times 800 + 50 \times 2 + 400$$

$$= 4980(元)$$

总运费 = 重箱运费 + 空箱运费

$$= 6100 + 4980$$

$$= 11080(元)$$

模块3　集装箱海运作业

李民接到某客户一单从张家港出口到欧洲费力克斯特的货物运费运价询问。货物装在两个20ft集装箱中FCL,货物要在上海转船。李民该如何回答客户的询价?

一、集装箱海运进口流程和单证

1. 进口运输流程

(1)接收货运单证。出口方货代在集装箱船舶开航后,将有关单证航空邮寄给目的航区公司的集装箱管理处。

(2)分发单证。集装箱管理处收到这些单证后,即分发给代理公司和集装箱码头。

(3)发出到货通知。代理公司将集装箱船舶到货时间及有关情况通知收货人,收货人向银行付清货款并领取单证后,即可携签署后的单证和正本提单向代理公司换取提货单。

(4)签发提货单。代理公司核对正本提单后,如未有异常,即向收货人签发提货单。

(5)提货准备。收货人携进口许可证和提货单,到集装箱码头办理提箱(提货)手续。提货手续包括核实应缴费用和安排拖车,手续完结后,即可用拖车将集装箱运送至收货人处掏箱。

集装箱海运进口流程如图5-5所示。

2. 进口运输主要单证

(1)提货单,是收货人向集装箱码头货运站或内陆货运站提货的凭证,也是船公司对码头货运站交货的通知。

(2)卸箱清单,由码头理货人编制。其作用是记录卸船集装箱的数量和有关情况。承运

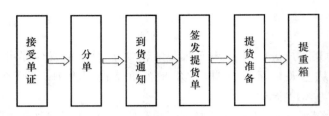

图5-5　集装箱海运进口流程

船公司、船名、航次、卸箱、卸箱日期以及集装箱经营者、箱号、集装箱状况等内容都需记录入卸箱清单。

（3）理货单证，由码头理货人员编制。主要有两种：理货计数单和溢短残损单。在货运站拆箱时，理货人员核对装箱单及货物舱单并点验件数，然后由其编制成理货计数单，并将出现的异状、件数不符等情况填入此单证。理货人员根据卸货时所编制的卸箱清单进行批注，并参照出口的批注清单编制溢短残损单。

（4）集装箱催提单和催提进口货清单：在卸箱作业完成后的规定时间内，如收货人尚未提货，码头编制这两种单证，请收货人尽快提货。

（5）拆箱单，由货运站根据理货计数单编制，其中包括船公司、船名、航次、箱号、拆箱日期及起诡时间和提单号等内容。

3. 进口提单作用

集装箱海运进口商先要寻找进口代理人，代理办理报关、报检，卸船监督；海运进口代理凭出口提单找船公司换取进口提货单（俗称小提单），即进口五联单（江浙一带是五联，有些港口地区是七联）；小提单经盖报关、报检验讫章后，办理进口货物提取。进口五联单各联的作用如下。

第一联：到货通知书：进口货代从船公司确认货物到达时间后，通知收货人。

第二联：提货单（D/O）：凭报关单、报检单和五联单清关；清关后在此联应该验讫章。

第三联：费用账单（1）：与第四联合用，进口货代办理交付港口、码头各项费用后，盖费用收讫章，凭章放货；货主报销凭证，另一联货代留底。

第四联：费用账单（2）。

第五联：交货记录：凭以上单证及相关章印放货。

二、集装箱海运出口流程和单证

1. 出口运输流程

（1）订舱：发货人根据贸易合同或信用证条款的规定，在货物托运之前规定时间内填报订舱单，向船公司代理人申请订舱。

（2）接受托运申请：船公司经理人在考虑发货人提出的运行航线、船舶、港口条件、运输时间等运输要求后，再决定是否接受发货人的托运申请。一旦接受申请，就要编制订舱清单，然后分送给集装箱码头后方堆场、集装箱货运站，并由它们办理空箱及货运交接。

（3）发放空箱：整箱货运输时，空箱由发货人到集装箱码头后方堆场领取；拼箱货运输则由集装箱货运站负责领取。当发货人到集装箱后方堆场领取空箱时，要与后方堆场办理交接手续并填制设备交接单。

（4）交还重箱：集装箱重箱交还分为两种情况：整箱货交还、拼箱货交还。

整箱货由发货人自行负责装箱并施加海关封志,再通过内陆运输至集装箱码头堆场,并由码头堆场根据订舱清单核对场站收据及装箱单办理交接。

拼箱货交接是指发货人将不足一整箱的小批量零星货交给集装箱货运站,货运站根据订舱清单核对发货人填写的场站收据,并负责整理装箱。

(5)单证办理:集装箱重箱交还后即办理交接签证。集装箱码头堆场在验收货箱后,立即在场站收据上签字,并将签署的场站收据交还给发货人,由发货人向负责集装箱运输的人换取提单,然后去银行结汇。

(6)装船:集装箱码头堆场或集装箱装卸区根据接受待装的货箱情况,制订出装船计划,等船靠泊后即可装船并寄送文件。

2.出口运输单证

集装箱海运出口过程(图5-6)中,为记录集装箱货运站、货运代理公司和船公司等方货物交接情况、明确运输责任,参与运输各方必须正确使用出口运输单证。

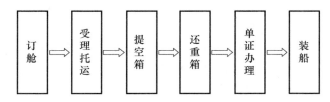

图5-6　集装箱海运出口流程

(1)订舱单:是承运人根据发货人或托运人的口头或书面申请货箱托运时,用来安排集装箱运输制作的单证。该单证在承运人确认后,便成为承运人、托运人双方订舱的凭证。

订舱单的内容包括货名、件数、包装式样、标志、质量、尺寸、目的地、装运期限、结汇期限、能否分批或转船运输等。注意,订舱单填写的装运条件必须与信用证条件一致。

(2)装货单:由承运人代理人签字盖章,即可成为办理货箱托运的凭证和通知装箱船舶接受承运货箱装船的凭证。在货箱装船后,理货人员根据理货计数单进行核对,并在装货单上签注实际装船数量、装载位置和装货日期。

装货单一般为一式三联:第一联代理人留底,用以编制装货清单;第二联为装货单,货方用以向海关申报货箱出口手续,故又叫关单;第三联为收货单(又称大副收据)是承运人收到货箱的凭证,也是发货人换取提单的依据。

(3)装货清单:是由承运代理人根据本航次所托运的货物,按先后到顺序把性质接近的货物加以归类后制成的一张装货汇总单。

(4)危险品清单:在承运危险品时,承运人往往要求除填入装货清单外,还要在备注栏内注明有关特殊性。同时,还要求货物托运人或发货人填制危险品清单。装船时应根据规定,申请有关部门监督装卸。

(5)装箱单:是详细记录集装箱内货物的名称、数量等内容的单证。每一件装货集装箱都要根据已装进的货物制作这一单证。

(6)码头收据:通常,码头收据由发货人代理人根据船公司制定的规定格式填制,并同货物一起运至集装箱码头堆场或集装箱货运站,由接受货物方在收据上签字后返回给发货人,证明托运的货物已收到。

(7)提单:集装箱运输中的货运提单是一张待运提单,在大多数情况下,船公司根据发货人的要求,在提单上填写具体的装船日期、船名后,该收货待运提单便生效,它同样具有普通货运中的装船提单的性质和作用。

为了说明货物在使用集装箱运输时所签发的提单的性质和作用,在现行的集装箱提单中都有正面条款。该条款由确认条款、签署条款、承诺条款组成。

① 确认条款。集装箱待运提单在正面都设有"装船备忘录"一栏,等货物实际装船完毕后,在该栏内填写具体的装船日期、船名。此时,该收货待运提单便可作为装船提单。

② 签署条款。该条款表明谁是签发提单方以及签发几份正本提单。集装箱提单一般是由承运人或承运代理方签字,提单副本上要注"不可转让"字样。

③ 承诺条款。该条款表明货箱的托运人同意并接受提单中的所有条件,并受其约束。

(8) 订舱清单:是船公司代理人根据很多不同的订舱单上所记录的货物内容,分别对不同的货物交接地和装卸地制成的单证。

(9) 批注清单:集装箱码头堆场或集装箱货运站在接受货箱时,如发现有异状,则应将异状程度、内容记在场站收据的备注栏内,然后依此编制成的单证叫做批注清单。其作用是划分责任界限并作为索赔的参考依据。

(10) 交接单填写:空箱交接单由用箱人或其代理人填写,它是货主使用船公司的集装箱时填写的单证、船公司依此指示集装箱保管人将空箱交给此单证持有人。

此外,集装箱货物运输还有以下单证。

① 设备收据:由码头堆场编制。它是集装箱、机械设备交接的证据,由租用方和出租方共同签字,经双方签字后,便成为设备交接的单证。

② 发票:由出口人编制并签字。发票是出口人向国外进口人证明已合理地履行了贸易合同的集装箱运输的有关明细说明书。

由于出口货物的货主和货物的不同,所以发票的格式和内容也不同。但基本上均包括货物名称、货物标志、件数、质量、价格、总额、外汇汇率、包装说明、容积、总质量以及贸易合同条款等内容。

③ 保函:集装箱运输中承运人的责任从接受货箱时起,而对交货前已发生的货物及货箱的损伤,应详细记载在站场收据上,继而将这一记载也写入提单,这在事实上就构成不清洁提单。对这种加批注的提单,银行不接受结汇,发货人要想结汇,按惯例应清除提单上加批注的内容,由发货人提出由发货人负责赔偿因提单上的不诚实记载而使承运人遭受损失为内容的证书称为保函。

保函是当承运人签发与事实不符的提单时,发货人提供给承运人补偿的证书,使善意的提单持有人享有免责,然后承运人签发清洁提单。

④ 报关单证:凡一切出口货物的发货人、进口货物的收货人或他们的代理人,在货物进、出口时,都必须填写进、出口报关单并向海关申报。申报时还要出示批准货物进、出口的证明文件和有关货运单证。海关依此审核进、出口货物合法与否,然后确定征收的关税并编制海关统计表。

⑤ 出口许可证:是海关在对出口货物和出口申报单证进行审查后,认为是正当出口货物时对出口申请人签发的单证,即出口许可证。

3. 出口提单作用

海运提单是承运人签发给托运人的货物收据,确认承运人已收到货物并已装船,或者承运人已接管了货物,已代为装船;海运提单也是托运人与承运人的运输合同证明。我国海运的法规中规定,承运人接受托运人的运输请求后,意味着承运人和托运人之间约定了相互间的权利义务关系,双方权利义务关系以提单作为运输契约的凭证;海运提单还是物权凭证。海运提单是有价凭证,可以买卖,谁持有提单,谁就有权要求承运人交付货物,并且享有占有和处理货物的权利。

集装箱货物海运一般采用海运班轮方式,集装箱货物海运出口提单有十联,也被称出口十联单,其各联的作用功能不同。通常情况,出口商会委托货运代理人(货代)办理集装箱运输事宜;货代接受委托后向船公司办理订舱业务,之后进行出口业务操作。

第一联:集装箱货物托运单(货主留底)(B/N)。

第二联:集装箱货物托运单(船代留底)。

第三联:运费通知(1):与第四联的其中一联向委托方收取运费,货主作为报销凭证;另一联货代自己留底。

第四联:运费通知(2)。

第五联:场站收据(装货单)(S/O),也叫关单或下货纸,经船代盖章有效,海关完成验关手续后,在装货单上加盖海关放行章,船方收货装船,并在收货后留底,有时候是第四联。

第五联副本:缴纳出口货物港务费申请书。

第六联:大副联(场站收据副本),收货单,又叫大副收据。与收货单一起流转,装货完毕后大副据理货公司的清单在此单上签字确认,货主凭其换取正本提单。如果理货结果不清洁,大副也会做不清洁批注,正本提单也会做不清洁批注。

第七联:场站收据(D/R),货运代理公司留底。

第八、九联:配舱回单。货代订好舱,将船名、关单号填入后把配舱回单返给出口公司。

第十联:缴纳出口货物港务费申请书:货上船后凭此收取港务费用。

有些提单还会有第十一、十二联:一般空白,由码头作桩脚标记各仓库存查之用。

4. 十联单流转程序

(1)托运人填制集装箱货物托运单即场站收据一式十联,委托货运代理人代办托运手续。

(2)货运代理人接单后审核托运单,若能接受委托,将货主留底联(第一联)退还托运人备查。

(3)货运代理人持剩余的九联单到船公司或船公司的代理人处办理托运订舱手续。

(4)船公司或其代理人接单后审核托运单,同意接收托运,在第五联即装货单上盖签单章,确认订舱承运货物,并加填船名、航次和提单号,留下第二至第四联后,将余下的第五至第十联退还给货运代理人。

(5)货运代理人留存第八联货代留底,编制货物流向单供今后查询;将第九、十联退托运人作配舱回执。

(6)货运代理人根据船公司或其代理人退回的各联编制提单和其他货运单证。

(7)货运代理人持第五至第七共三联:装货单、大副联和场站收据正本,随同出口货物报关单和其他有关货物出口单证至海关办理货物出口报关手续。

(8)海关审核有关报关单证后,同意出口,在场站收据副本(1)即装货单上加盖放行章,并将各联退还货运代理人。

(9)货运代理人将此三联送交集装箱堆场或集装箱货运站,据此验收集装箱或货物。

(10)若集装箱在港口堆场装箱,集装箱装箱后,集装箱堆场留下装货单;若集装箱在货运站装箱,集装箱入港后,港口集装箱堆场留下装货单和大副收据联,并签发场站收据给托运人或货运代理人。

（11）集装箱装船后，港口场站留下装货单用作结算费用及以后查询，大副联交理货部门送大副留存。

（12）发货人或其货运代理人持场站签收的正本场站收据到船公司或其代理人处，办理换提单手续，船公司或其代理人收回场站收据，签发提单。在集装箱装船前可换取船舶代理签发的待装提单，或在装船后换取船公司或船舶代理签发的装船提单。

图5-7是集装箱海运出口十联单流转程序示意图。

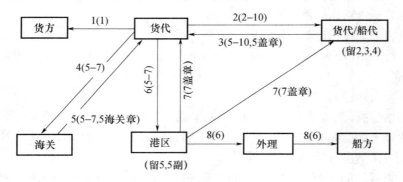

图5-7　集装箱出口十联单流转程序

进、出口货物运输中，货运代理人在发货人与收货人之间架起了实体移动的桥梁，利用自己的优势，合理地制定运输方案、选择运输方式、选择运输路线，及时、经济、方便、安全、快捷地完成运输任务是主要目标。货运代理人的代理作用如图5-8所示。

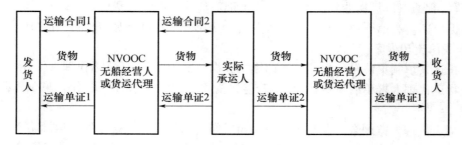

图5-8　独立经营人代理作用示意图

三、集装箱海运运费计算

集装箱进出口海运运费包含基本运费和附加费用。

（一）拼箱货海运运费

目前，各船公司对集装箱运输的拼箱货运费的计算，基本上是依据件杂货运费的计算标准，按所托运货物的实际运费吨计费，即尺码大的按尺码吨计费，重量大的按重量吨计费；另外，在拼箱货海运运费中还要加收与集装箱有关的费用，如拼箱服务费等。但在拼箱货海运运费中没有选港附加费和变更目的港附加费。

（二）整箱货海运运费

当前整箱货主要有按"集装箱最低利用率"和"集装箱最高利用率"支付海运运费的规定。

1．按集装箱最低利用率计费

目前，按集装箱最低利用率计收运费的形式主要有 3 种：最低装载吨、最低运费额以及上述两种形式的混合形式。

最低装载吨可以是重量吨或体积吨，也可以是占集装箱装载能力（载重或容积）的一定百分比。

最低运费额则是按每吨或每个集装箱规定一个最低运费数额，其中后者又被称为"最低包箱运费"。

至于上述两种形式的混合形式则是根据下列方法确定集装箱最低利用率。

（1）集装箱载重能力或容积能力的一定百分比加上按集装箱单位容积或每集装箱规定的最低运费额。

（2）最低重量吨或体积吨加上集装箱容积能力的一定百分比。

2．亏箱运费

当集装箱内所装载的货物总重或体积没能达到规定的最低重量吨或体积吨，而导致集装箱装载能力未被充分利用时，货主将支付亏箱运费。

在计算亏箱运费时，通常是以箱内所载货物中费率最高者为计算标准。

此外，当集装箱最低利用率是以"最低包箱运费"形式表示时，如果根据箱内所载货物吨数与基本费率相乘所得运费数额，再加上有关附加费之后仍低于最低包箱运费，则按后者计收运费。

3．按集装箱最高利用率计收运费

集装箱最高利用率的含义是，当集装箱内所载货物的体积吨超过集装箱规走的容积装载能力（集装箱内容积）时，运费按规定的集装箱内容积计收，也就是说超出部分免收运费。

计收的费率标准，如果箱内货物的费率等级只有一种，则按该费率计收；如果箱内装有不同等级的货物，计收运费时通常采用下列两种做法：一种做法是箱内所有货物均按箱内最高费率等级货物所适用的费率计算运费；另一种做法是按费率高低，从高费率起往低费率计算，直至货物的总体积吨与规定的集装箱内容积相等为止。

（三）附加费

国际集装箱海运运费除计收基本运费外，也要加收各种附加费。附加费的标准与项目，根据航线和货种的不同而有不同的规定。集装箱海运附加费通常包括以下几种形式。

1．货物附加费

某些货物，如超长货物、超重货物、需洗舱（箱）的液体货等，由于它们的运输难度较大或运输费用增高，因而对此类货物要增收货物附加费。

2．变更目的港附加费

变更目的港仅适用于整箱货，并按箱计收变更目的港附加费。

3．选卸港附加费

选择卸货港或交货地点仅适用于整箱托运整箱交付的货物，而且一张提单的货物只能选定在一个交货地点交货，并按箱收取选卸港附加费。

4．服务附加费

当承运人为货主提供了诸如货物仓储对已关或转船运输以及内陆运输等附加服务时，承运人将加收服务附加费。对于集装箱货物的转船运输，包括支线运输转干线运输，都应收取转船附加费。

除上述各项附加费外,其他有关的附加费计收规定与普通班轮运输的附加费计收规定相同。这些附加费包括:港口附加费、燃油附加费、货币贬值附加费、绕航附加费、港口拥挤附加费等。

四、任务实践

面对客户的询盘,李民的主要工作是核算相应的集装箱海运运费。

(1) 查询上海到费力克斯特的基本费率 USD1850.00。

(2) 查阅相关的附加费,得知货币贬值附加费 10%,燃油附加费 5%。

(3) 查询转船费率是在基本费率上加 USD100/20'。(货物从张家港到上海还要转船。)

(4) 根据集装箱海运运费计算公式计算运费。

① 基本运价 = 基本费率 × 计费箱数

$$= (1850 + 100) \times 2$$

$$= 3900 (USD)$$

② 附加费 = 货币贬值附加费 + 燃油附加费

$$= 3900 \times 10\% + 3900 \times 5\%$$

$$= 585 (USD)$$

③ 运费合计 = 基本运价 + 附加费

$$= 3900 + 585$$

$$= 4485 (USD)$$

模块 4　认知多式联运

一、大陆桥集装箱运输

(一)大陆桥集装箱运输的概念

"大陆桥运输"是指利用横贯于大陆的铁路或者公路,乃至航空运输系统作为中间桥梁,通过各种运输方式的相互衔接,把大陆两端的海洋连接起来的联合运输方式,即海—陆—海的连续运输。它可有海—陆(铁路)—海、海—陆(公路)—海和海—陆(航空)—海 3 种形式。但是,不论哪种形式,一般都是以集装箱为媒介的,即以集装箱这种运输方式完成其相互间的连接贯通,故又名大陆桥集装箱运输。

大陆桥运输在途中一般均要经过两装两卸,若采用传统的海陆联营方式,则会加长运输时间,而且会大大增加装卸费用和损货率,而以集装箱为运输单位,可简化理货、搬运、储存、保管和装卸等操作环节和过程。集装箱是经海关铅封的,中途不必开箱检验,可以迅速而直接地转换运输工具,是开展大陆桥运输的理想形式。从这个意义讲,大陆桥运输既是当代国际贸易迅速发展的需要,亦是集装箱运输开展以后的产物。大陆桥运输给海洋沿岸国家(地区)、特别是太平洋和大西洋区域各国(地区)、亚欧两洲的贸易往来提供了便捷之路,从而也给有关国家(地区)带来良好的收益,促进其经济发展和繁荣。

国际贸易货物使用大陆桥运输具有运费低廉、运输时间短、货损货差率小、手续简便等特点,大陆桥运输是一种经济、迅速、高效的现代化的运输方式。

（二）大陆桥集装箱运输的发展

世界大陆桥集装箱运输是从前苏联和美国开始的。20世纪30年代，苏联西伯利亚大铁道修通后，即把大西洋沿岸国家的铁路线和太平洋岸的符拉迪沃斯托克（海参崴）连接了起来，日本的部分国际贸易（货物）即利用这个大陆桥进行运输，不过，那时不是集装箱运输，而是传统的海陆联运。经过30多年的发展，大型集装箱运输的条件不断成熟，大陆桥运输的组织管理、计费原则和运输线路相继得到解决。1967年，由欧洲经西伯利亚铁路发往日本的第一批集装箱货物联运获得成功。1971年，远东航运公司利用商船装运集装箱货物，开辟了日本—前苏联—欧洲的海陆（铁路）联运，至此，西伯利亚大陆桥正式开通。

1967年6月，以色列侵略埃及，爆发了第三次中东战争，导致苏伊士运河封闭，航运中断。当时，巴拿马运河又被堵塞，远东与欧洲之间的海上货运船舶不得不改道，绕航非洲好望角，或者南美的麦哲伦海峡，致使航运距离和运输时间倍增。加上当时世界石油价格上涨，航运成本猛增，却又正逢集装箱运输的勃然兴起之际，美国大陆桥运输于1967年应运而生。

将原来全程海运改为海—陆—海大陆桥运输方式，可以缩短运输里程、减少运费、降低运输成本和加速货物运输，取得了良好的经济效果，故而，大陆桥运输越来越普遍地受到重视，大有继续发展之势。

二、国际集装箱多式运输

（一）国际集装箱多式运输的概念及其优越性

1. 国际集装箱多式运输的基本概念

在《国际集装箱多式联运规则》中对有关多式联运基本概念性的名词用语做了说明解释，其定义如下。

（1）"国际集装箱"是指符合国际标准化组织规定的技术标准的集装箱。

（2）"国际集装箱多式联运（以下简称多式联运）"是指按照国际集装箱多式联运合同，以至少两种不同的运输方式，由多式联运经营人将国际集装箱从一国境内接管的地点运至另一国境内指定交付的地点。

（3）"国际集装箱多式联运合同（以下简称多式联运合同）"是指多式联运经营人凭以收取运费，负责完成或组织完成国际多式联运的合同。

（4）国际集装箱多式联运单据（以下简称多式联运单据）是指证明多式联运合同以及证明多式联运经营人接管集装箱货物（以下简称货物）并负责按合同条款交付货物的单据。该单据包括双方确认的取代纸张单据的电子数据交换信息。

（5）"国际集装箱多式联运经营人（以下简称多式联运经营人）"是指本人或者委托他人以本人名义与托运人订立一项多式联运合同并以承运人身份承担完成此项合同责任的人。

2. 国际集装箱多式联运的特点和优越性

世界国际集装箱运输在20世纪80年代已进入多式联运时代。从各国的实践效果来看，它已成为各国保证国际贸易的最优运输方式和改善投资环境的必备条件，并获得当今世界的公认。

国际集装箱多式联运的特点是：不管运输距离多长，运输方式转换几次，货主只签订一份运输合同、一次支付、一次保险、一次托运，即可由多式联运经营人负责全程运输。这种运输方式的优越性在于减少了中间环节，简化了制单和结算手续，加快了货物资金周转，提高了货运速度,提高了货运质量,可真正为货主提供"快速、准时、便捷、价廉、安全、优质"的服务。

我国自开办国际集装箱多式联运以来,已证实其具有多方面的优越性。多式联运与原有的分段运输相比,能达到从发货地点到收货地点"快速、高效和廉价"的一贯运输目的,因为它是由多式联运经营人与托运人签订一个运输合同,在两种以上不同运输方式中实行运输全程一次托运、一票到底,采用单一费率一次收费、统一理赔和对货物联运全程负责的一种高级运输组织形式。它把水运的运量大、成本低,铁路运输不受气候影响、可横贯内陆实现准时运输,公路运输机动灵活、便于送货上门等各种运输优势综合利用起来,因而它比原有的分段运输更加方便了托运人和货主,不仅缩短了运输时间、降低了运输成本,还可获得规模经济效益和巨大的社会效益。国际集装箱多式联运的兴起和发展,对世界贸易结构、各种运输方式以及口岸和车站的功能与组织形式均产生重大的影响,促使其发生重大的变化。所以,目前世界各国对国际集装箱多式联运的发展都极为重视,正在建立和完善国际集装箱多式联运体系,制定相关法规,以从体系和法律上来保障其得到顺利的、健康的发展。

（二）国际集装箱多式运输的有关规定

1. 国际集装箱多式联运单据

国际集装箱多式联运经营人在接收集装箱货物时,应由本人或其授权的人签发国际集装箱多式联运单据。多式联运单据并不是多式联运合同,而只是多式联运合同的证明,同时是多式联运经营人收到货物的收据和交货的凭证。根据我国于 1997 年 10 月 1 日施行的《国际集装箱多式联运管理规则》,国际集装箱多式联运单据（简称"多式联运单据"）是指证明多式联运合同以及多式联运经营人接管集装箱货物并负责按合同条款交付货物的单据,该单据包括双方确认的取代纸张单据的电子数据交换信息。

2. 集装箱多式联运中心

集装箱运输是以全部机械化作业来提高运输效率的现代交通运输方式。当集装箱作为一个运输单元,由一种运输方式转换到另一种运输方式时,不需要将箱内货物移动。这就大大简化和加快了换装作业,而且口岸监管单位可以加封或验封转关放行。这种能把海运及内陆的铁路、公路、水路等多种运输方式以及与进、出口运输业务有关的口岸监管工作联合起来进行一体化的集装箱运输方式,人们称之为集装箱多式联运。而组织、管理多式联运的多功能中心,称之为集装箱多式联运中心。多式联运一语最早见于 1929 年《华沙公约》（关于国际航空运输若干规定的统一公约）。

现代多式联运的目标是使承运人能够通过一定的连续体系,自始至终地对货物加以控制,并在此基础上,将从托运人那里接受的集装箱货物,从接受货物的地点运送到交付货物的地点。换言之,即是由多式联运经营人同托运人签订一个运输合同,实行全程运输、一次托运、一单到底、一次收费、统一理赔和全程负责的一种门到门的货运组织形式。因此,作为组织、管理的联运中心应具有以下功能。

（1）内陆口岸功能:经政府机关认可,并设置海关、动植物检疫等监管机构,可供各类货物及交通工具等办理出入境手续。

（2）集装箱还箱点功能:经船舶公司箱管中心认可并签署业务协议,作为船舶公司或代理人调度、交接、集中、保管和堆存空箱的场所,并具有集装箱动态跟踪和电子数据交换系统（EDI）以及集装箱清洁、维修设施设备的能力。

（3）堆场、货站业务功能:作为办理进出口集装箱重箱或空箱整箱交换、保管和堆存的场所;同时,还可作为船货双方办理拼箱货物交接并进行装、拆箱作业及场所和设施。

（4）中转仓储功能：提供装卸、理货、仓储、分发、中转等服务项目。

（5）国际货运代理功能：分为进口货运代运业务和出口货运代运业务。接受国内外货主的委托，代办接货、发运业务。

（6）国内货运代理和配载服务功能。

（7）信息管理及服务功能：联运中心应建立以计算机为中心的管理信息系统（MIS），包括进行事务处理的数据处理系统（DPS）和以辅助决策为内容的决策支持系统（DSS）。

（8）生产、生活辅助服务功能。

三、多式联运合同

我国《合同法》、《海商法》和《多式联运单证规则》专门对多式联运合同做了比较细致的规范。多式联运合同"是指多式联运经营人以两种以上的不同运输方式，其中一种是海上运输方式，负责将货物从接收地运至目的地交付收货人，并收取全程运费的合同"。集装箱运输的多式联运主要是利用现代化的组织手段，将单一运输方式有机结合，发挥各种运输方式的优势，整合优势资源的应用，是现代管理在运输业中运用的结果。

1. 多式联运经营人

多式联运承运人又称多式联运经营人，是指与托运人订立多式联运合同，并负责组织履行合同，对全程运输负责，享有承运人权利、承担承运人义务的人。多式联运经营人与区段承运人不同，区段承运人与多式联运经营人存在合同关系，区段承运人只对自己负责运送的过程承担责任。

2. 多式联运合同的特点

（1）必须有两种以上的运输方式，其中一般有海上运输方式。在我国由于国际海上运输与沿海运输、内河运输分别适用不同的法律，所以国际海上运输与国内沿海、内河运输可以视为不同的运输方式。

（2）按《合同法》规定，多式联运经营人负责履行或者组织履行多式联运合同实施，对全程运输享有承运人的权利，承担承运人的义务。多式联运虽涉及到两种以上不同的运输方式，但托运人只和多式联运经营人订立一份合同，只从多式联运经营人处取得一种多式联运单证，只向多式联运经营人按一种费率交纳运费。

3. 多式联运合同的订立方式

（1）托运人与多式联运经营人订立合同。

多式联运经营人以自己的名义与托运人签订运输合同，承担全程运输，而实际上经营人在承揽运输任务后再将运输任务交由其他承运人完成。但托运人仅与联运经营人直接发生运输合同关系。因此，联运经营人处于一般运输合同的承运人的地位，享受相应的权利并承担相应的责任。而联运经营人面对实际承运人时，以托运人的身份与其建立运输合同关系，因此，多式联运经营人是一手托两家。

（2）托运人与第一承运人订立运输合同。

有时，托运人可以直接找第一阶段承运人签订运输合同，此时，第一阶段承运人以多式联运经营人的身份签约，其相关责权利与多式联运经营人的相同。在履行合同时，第一阶段承运人与后阶段的承运人依照相互间的协议完成运输作业。

4. 签订多式联运合同的注意事项

（1）多式联运合同在签订时，一般应明确各个换装港（站）及货物交接办法或各区段承运人的责任。至于承运人之间的责任,一般先由多式联运承运人与各区段承运人来协议约定,然后在运输合同中加以明确。但是,联运承运人与各区段承运人之间就其责任的约定,不得影响或者减少联运经营人对全程运输所承担的义务。如果约定联运承运人仅对某一区段运输负责,而不对全程运输负责的,该约定应为无效。

(2)联运经营人对运输的全过程承担义务。货物的毁损、灭失无论发生在哪一运输区段,联运经营人都要承担赔偿责任。货物的毁损、灭失发生于多式联运的某一运输区段的,多式联运经营人的赔偿责任和责任限额适用调整该区段运输方式的有关法律规定。

(3)因托运人的过错造成多式联运经营人损失的,即使托运人已经转让多式联运单据,托运人仍然应当承担损害赔偿责任。

工作任务总结

1. 集装箱可以分为哪几类?说明各种集装箱对应积载的适箱货源。
2. 说明集装箱积载注意事项。
3. 说明集装箱的交接方式和交接流程。
4. 说明集装箱海运进口、出口货运流程。
5. 说明集装箱海运进口、出口货运的主要单据及其作用。
6. 说明集装箱海运进口、出口货运代理人的主要作业内容。
7. 什么是提单?提单的作用是什么?提单的流转程序是怎样的?
8. 什么是多式联运经营人?其特点有哪些?
9. 多式联运合同可以和谁订立?说明多式联运经营人的特征。
10. 大陆桥集装箱运输的优势有哪些?

项目活动实践

1. 查看身边的集装箱,说明集装箱的标志分别在集装箱的什么位置。
2. 查阅资料,说明目前世界上有几条大陆桥,它们的起点、终点分别是哪里?主要经过哪些国家或地区?
3. 以各组建营业部为单位,模拟演练海运进口、出口提单的作业流程。
4. 从马赛出口02003女式套头衫200件至纽约,销售单位是PC(件),包装单位是CARTON(箱),单位换算显示是每箱20件,每箱毛重13kg,每箱净重11kg,每箱体积0.14308CBM。试分别计算毛重、体积并指出如何选择集装箱?海运费是多少?(航线及运费查询"中查得20′集装箱运费为USD1671,40′集装箱运费为USD2881,普通拼箱按体积算的运费为USD74。)
5. 以各组建营业部为单位,设计营业部集装箱运输作业流程。

项目活动设计

李民到公司已经半年多了,他在锻炼中积极努力,不怕苦,公司准备将他作为储备干部培养。李民也觉得物流运输行业虽然很辛苦,但很能锻炼人。近期,公司一位老客户提出要求,由于自己合作伙伴的关系,需要运输一些特殊货物,有些很重,有的甚至有危害性,公司经理便让小李安排一下这些货物的运输,小李该如何解决呢?

任务目标

1. 了解危险货物运输相关知识;会进行危险货物运输组织。
2. 了解鲜活易腐货物运输要求;会进行鲜活易腐货物运输组织。
3. 了解超限货物运输特点;会进行超限货物运输组织。

"安全责任重于泰山"。货物运输中,常常把具有危险性、危害性的货物作为特别的运输保护对象对待,因为一旦发生意外会产生很大的经济损失,甚至危害到人身安全。作为物流运输工作者来说,要想提高货物运输质量、防止和减少安全事故、保障人民群众生命和财产安全、促进经济发展,就必须加强运输安全生产管理。任何运输生产经营单位都必须遵守《中华人民共和国安全生产法》和其他有关安全生产的法规,加强安全生产管理,建立、健全安全生产责任制度,完善安全生产条件,确保安全生产。

运输经营单位的特种作业人员必须按照国家有关规定经专门的安全作业培训,取得相应操作资格证书,方可上岗。生产经营单位使用的涉及生命安全、危险性较大的设备,以及危险物品的容器、运输工具,必须按照国家有关规定,由专业生产单位生产,并经取得专业资质的检测、检验机构检测、检验合格,取得安全使用证或者安全标志,方可投入使用。

模块 1 危险货物运输作业

在我国,道路货物运输市场开放程度高,安全管理的薄弱环节多,安全管理难度大。尤其是一次死亡 10 人以上的特大交通事故和危险品车辆的剧毒品扩散或爆燃事故,会在社会上产生巨大不良影响。因此,危险货物运输作业必须严格按照安全规范的要求操作。

一、认识危险货物

(一)危险货物定义

危险货物是指具有爆炸、易燃、毒害、腐蚀、放射性等性质,在运输、装卸和贮存保管过程中,容易造成人身伤亡和财产损毁而需要特别防护的货物。

危险货物运输是指承运了《危险货物品名表》中列明的易燃、易爆、有毒、有腐蚀性、有放射性等危险货物和虽未列入《危险货物品名表》但具有危险货物性质的新产品。危险货物的危险性主要取决于货物自身的理化性质,以及外界的环境条件。自身特性受到外界环境激发就会产生意外的事件。比如,黄磷能自燃这是它本身的理化性质,但黄磷只能在有氧气的条件下才能自燃,而黄磷不能和水发生作用。因此,在货物运输中将黄磷封存在水中使之隔绝氧气,在这个条件下即使将水加热到100℃,黄磷也不会自燃起来。在危险货物运输中,承运人应以科学的态度掌握危险货物的性质和变化条件,严格按规章办事,在搬运、装卸、运送、保管过程中事先做好安全防范,就能保证安全、迅速地完成运送工作。

根据中华人民共和国 GB 6944《危险货物分类和品名编号》和中华人民共和国 GB 12268《危险货物品名表》等有关国家标准,将危险货物划分为以下 9 类。

第 1 类:爆炸品。

第 2 类:压缩气体和液化气体。

第 3 类:易燃液体。

第 4 类:易燃固体、自燃物品和遇湿易燃物品。

第 5 类:氧化剂和有机过氧化物。

第 6 类:毒害品和感染性物品。

第 7 类:放射性物品。

第 8 类:腐蚀品。

第 9 类:杂类。

(二)危险货物判定

危险货物品种繁多,性质复杂,运输要求和保管条件不一。为了安全、迅速、顺利地完成危险货物运输任务,承运人必须正确地识别危险货物。

我国政府及主管部门都颁布了本运输方式的《危险货物运输规则》(简称《危规》),规则中在确认危险货物时,都采取了列举原则,即各种运输方式的《危规》都在所附的《危险货物品名表》中收集列举了本规则范围内具体的危险货物的名称。因此,危险货物必须是本运输方式《危险货物品名表》所列明的方予确认、可以运输。

承运人在危险货物运输办理时,在《危险货物品名表》中列出的品名,按危险货物运输。在《危险货物运输规则参考资料》中列出的品名,可按普通货物条件运输。托运《危险货物品名表》中未列出的危险货物时,可按《危险货物运输规则》有关规定确定运输条件。图6-1为

图 6 - 1 公路危险货物运输车辆

专用的公路危险货物运输车辆。

危险货物运输必须严格、正确使用运输包装和标志。联合国危险货物运输专家委员会于1956年首次提出了完整、全面的《危险货物运输建议书》,该建议书经历多次修改,其内容涉及危险货物的分类原则和标准;危险货物的分类和各类定义;常用危险货物品名表;各类危险货物的包装要求,容器规格和试验方法;托运各类危险货物的一般要求和特殊要求;限量内危险货物运输的特别建议;中型散装容器的建议;多式联运罐式集装箱运输建议;运输过程中的安全防护和事故处理要求等。建议书内容适用于任何运输形式包装危险货物。承运人在运输危险货物时,还应严格执行各运输主管部门颁布的运输包装和标志使用要求。图6-2为各类别危险货物运输标志。

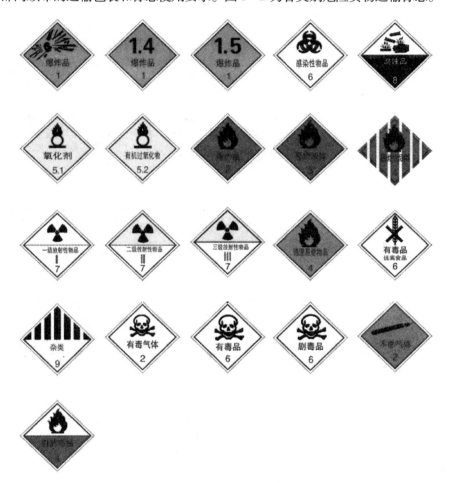

图6-2　危险货物运输标志

二、危险货物运输行政管理

为规范危险货物运输市场秩序,保障人民生命财产安全,保护环境,我国危险货物运输从业实行准入制度。

（一）道路危险货物运输许可

2005年8月1日实施,2011年1月1日部分修改的新《道路危险货物运输管理规定》中明确规定,申请从事道路危险货物运输经营的,应当具有符合数量和技术要求的专用车辆及设备;具有符合从业资格要求并取得相应职业资格证书,且符合一定年龄要求的人员,比如:从事道路危险货物运输的驾驶人员、装卸管理人员、押运人员。另外,企业还必须有健全的安全生产管理制度,包括安全生产操作规程、安全生产责任制、安全生产监督检查制度以及从业人员、车辆、设备安全管理制度。

道路危险货物运输被许可人应当持《道路运输经营许可证》或者《道路危险货物运输许可证》依法向工商行政管理机关办理登记手续。

非经营单位确实因工作需要,使用自备车辆运输危险货物的,须事先向当地交通管理部门提出申请,批准后可行运输。表6-1为某省公路危险货物运输申请表。

表6-1 公路危险货物运输申请表

道路危险货物运输申请表	受理申请机关专用

说明

1. 本表根据《道路危险货物运输管理规定》制作，申请使用自备车辆从事为本单位服务的非经营性道路危险货物运输应当向所在地设区的市级道路运输管理机构提出申请，填写本表，并同时提交其他相关材料（材料要求见第5页）

2. 本表可向各级道路运输管理机构免费索取，也可自行从交通部网站（www.moc.gov.cn)下载打印

3. 本表需用钢笔填写或者计算机打印，请用正楷，要求字迹工整

申请人基本信息

单位名称 _____

负责人姓名 _____ 经办人姓名 _____

通信地址 _____

邮编 _____ 电话 _____

手机 _____ 电子邮箱 _____

申请许可内容　　　　请在 ☐ 注明项别，不填注的视为无

请填写拟申请的道路危险货物运输范围

爆炸品	☐	易燃固体、自燃物品和遇湿易燃物品	☐
压缩气体和液化气体	☐	易燃液体	☐
氧化剂和有机过氧化物	☐	毒害品和感染性物品	☐
放射性物品	☐	腐蚀性物品	☐
杂类	☐		

如申请扩大道路危险货物运输范围的，请填写现从事的道路危险货物运输范围

爆炸品	☐	易燃固体、自燃物品和遇湿易燃物品	☐
压缩气体和液化气体	☐	易燃液体	☐
氧化剂和有机过氧化物	☐	毒害品和感染性物品	☐
放射性物品	☐	腐蚀性物品	☐
杂类	☐		

（二）水路危险货物运输管理规定

《中华人民共和国海上交通安全法》在第一章总则的第三条规定"中华人民共和国港务监督机构，是对沿海水域的交通安全实施统一监督管理的主管机关"，在第六章危险货物运输中规定，船舶、设施储存、装卸、运输危险货物，必须具备安全可靠的设备和条件，遵守国家关于危险货物管理和运输的规定。船舶装运危险货物，必须向主管机关办理申报手续，经批准后，方可进出港口或装卸。

由于海上货物运输涉及部门多，货物运输安全作业往往不是一个部门或是一个企业就能解决的问题，加上危险货物自身的特殊与复杂性，海上危险货物运输还有其他方面的法规规定。比如：《海洋环境保护法》中指出，涉及载运污染危害性的货物，这类船舶的结构设备应能减轻对海洋环境的污染，载运这类货物的船舶应经批准才能进出港、停泊或作业；具有污染危害性货物的单证、包装、标识、数量限制等应符合有关规定；船舶在港区进行洗舱、清舱、驱气等作业，冲洗沾有污染物、有毒有害物质的甲板和进行散装液体危害性物质的过驳作业都应按规定报经有关部门批准。我国还有《港口法》、《水路包装危险货物运输规则》、《化学危险物品安全管理条例》、《船舶载运外贸危险货物申报规定》、《危险货物申报员考核发证办法》、《危险货物申报员考核发证办法》、《海运出口危险货物包装检验管理办法》等。

（三）铁路危险货物运输管理规则

铁路危险货物运输主要根据《中华人民共和国铁路法》、我国《化学危险物品安全管理条例》和《铁路货物运输规程》等，专门颁布了《铁路危险货物运输管理规则》（简称《危规》），规则中规定按一般方法认定的危险货物，在铁路运输中按照规定办理，对"有些货物虽不属上述危险货物，但容易引起燃烧，在铁路运输过程中需采取防火措施，属易燃货物"。说明铁路运输方式对危险货物运输认定有其特殊的一面。

铁路《危规》还规定了铁路危险货物运输办理站设施设备要求、从业人员基本资质要求和安全监督的要求。铁路运输危险货物时，需要三证一单包括《托运人资质证书》、经办人身份证和《培训合格证》与运单记载。铁路"办理危险货物的车站必须建立健全严格的安全、防护、检查、交接制度，加强危险货物的安全监督和管理，并配备相应的技术人员。从事危险货物运输的货运、装卸人员都要经过专业知识培训，熟悉危险货物特性和有关规章，并保持人员的相对稳定。经常办理危险货物的车站，应成立安全小组，组织义务消防队和救护队，定期进行消防和救护演习，提高对事故的预防和处理能力"。

铁路《危规》还分别对运输包装和标志、装卸作业、运输作业、运输工具技术要求，以及对托运人的要求等进一步明确了作业要求和标准，便于铁路高效运输。

三、危险货物运输作业程序

危险货物运输，要经过受理托运、保管、运送、货物装卸、交付等环节，作业中必须严格按照危险货物运输管理规则执行。

（一）受理托运

托运人必须向具有从事危险货物运输经营许可证或经有关部门审核批准的运输企业托运。对于具有危险性质或消防方法相抵触的货物必须分别托运和承运。托运人所托运的危险货物应仅限于各种运输方式中《危险货物品名表》内载明的货物，对未列入其中的危险货物新品种，需提交生产或经营单位主管部门审核的《危险货物鉴定表》，经承运人的运输行政管理部门批准后才能办理运输。

1. 托运申请

托运人提出运输申请,应提供运输危险货物所需的运输许可单证。由托运人填写托运单,运输企业危险货物托运单是红色或带有红色标志,以引起注意。比如,作为铁路普通危险货物运输办理的品种使用普通运单,经审核可以办理后,在左上方用红色戳盖印。

托运人填写危险货物托运单时,要在托运单上填写清楚危险货物品名(货物名称必须用正确的化学学名或技术名称)、规格、件重、件数、包装方法、起运日期、收发货人详细地址及运输过程中的注意事项,必须注明危险货物的性质和类别。对有特殊要求或凭证运输的危险货物,必须附有相关单证,并在托运单备注栏内注明。托运"半衰期"短的放射性货物,应在运单上注明容许运送期限,其期限不得少于运输送达所需时间。

2. 运输审核

运输审核主要包括运单审核和货物审核两方面。运输审核员应认真审核运单填写内容,核对货物运输包装要求,详细了解并注明货物的性能、防范方法、形态、包装等。若对包装、规格和标志不清楚是否符合国家规定要求时,必须到现场了解。运输审核员还应认真审核危货运输的相关单证是否符合国家安全规定和要求,单证是否有效。

运输承运验收货物时应对货物名称、性质等情况进行详细了解,正式办理承运前应先赴现场检查货物包装与刷贴标志等情况,查看其是否符合安全运输要求,对不符合安全运输要求的,应请托运人改善后再受理,承运人也可代为进行货物包装和刷贴标志;承运人应做好运输前准备工作,装卸现场环境要符合安全运输条件。图6-3为铁路危险货物专用运输车辆GH70A型乙二醇罐车。

图6-3 铁路危险货物运输车辆GH70A型乙二醇罐车
(来源:chineserailways.com)

(二)交接保管

危险货物具有的危害随时会发生,对于经常办理危险货物运输的场站,应建立安全小组,并适当固定货运人员及装卸班组,严格执行安全、防护、检查、交接制度。应设有必要的洗刷、防护、消防和放射性货物剂量检查仪器等安全设备。根据货物的性质做好防潮、防热、防晒、防火工作,库、场应有专人警卫。

危险货物装车运输之前应在事先约定的地方集货,专门场所存放。货物交接双方,必须点收点交,签证手续完备。货物接收方在收货时如发现差错、破损,应及时采取有效的安全措施,及时处理,并在运输单上批注清楚。

危险货物应由专门的货物保管员对货物负责,库、场内存放危险货物时应严格执行《危险货物配装表》的规定。对不能配装的危险货物必须严格隔离。保管员要及时掌握危险货物的情况,严格按危险货物的性质进行保管,起爆器材、炸药和爆炸性药品相互间不得同存一库,放射性货物不得与其他危险货物同存一库。危险货物与普通货物存放一库时,应保持适当的安全距离,发现问题及时报告并采取相应措施。

（三）货物运送

运送危险货物应选择技术良好、熟悉作业要求和规程的专门人员执行运输任务。参与运输人员必须掌握途中运送与管理要求、施救方法等。要注意气象预报,掌握雨雪和气温的变化,选择合适天气运送。装载爆炸性、放射性物品,托运方必须派人随车押运。

危险货物装车之前,装卸人员要清楚危险货物的特性、处理方法、防止措施等。装卸作业场所最好选在避免日光照射、隔离热源和火源、通风良好的地点。装车时要详细检查所装危险货物与运输文件上所载内容是否一致,容器、包装、标志是否完好,严禁冒险装运。装车时,装卸人员还要注意防护,穿戴必要的防护用品,严格执行装卸安全操作规程,必须轻装轻卸,谨慎操作,应保持包装完好,应根据危险货物不同的性质,灵活应用铺垫隔衬材料进行衬垫、遮盖、绑扎和加固。装卸危险货物过程中,要注意天气变化情况,应避开高温时段,遇有闪电、雷击、雨雪天或附近发生火警时,应立即停止装卸货作业。

危险货物运达卸货地点后,因故不能及时卸货,在待卸期间行车和随车人员应负责看管车辆和所装危险货物,同时承运人应及时与托运人联系妥善处理。危及安全时,承运人应立即报请运输主管部门,必要时运输主管部门应会同公安、物资主管部门妥善处理。

装卸人员进行危险货物卸车时,不得采用抛扔、坠落、拖曳等方法,应避免货物之间的撞击和摩擦。卸货时发现有货损货差,收货人不得以任何理由拒收并应及时采取安全措施,以避免扩大损失,同时在运输单证上批注清楚。

装卸与运输危险货物的车辆发生火警,有关人员应根据所装货物的特性,采取不同的灭火方法,立即尽力扑救,防止火势蔓延,减少损失。危险货物发生较大事故时应立即上报政府有关部门,同时及时采取安全措施,以免扩大损失。

（四）货物押运

鉴于某些危险货物的危害性后果难以预料和想象,为保证危货运输的安全,保证社会秩序,保证社会稳定,在危险货物的运输中,根据货物的性质(爆炸品、毒害品等)以及另有规定的货物品名,需托运方专门派出随货或者随车的押运人员,以防止运输途中的突发事件发生,及时处理运输事故,保证危货运输安全。押运员应持证上岗,定期进行危险货物运输安全知识和押运员职责的培训学习。押运员人数具体应按照相关《危险货物运输规则》确定。

押运人员应熟悉货物性质,掌握押运人须知的有关要求,押运时应携带所需通讯、防护、消防、检测、维护等工具以及其他必需品,保证全程押运。铁路《危规》规定,押运员应按规定穿着印有红色"押运"字样的黄色马甲,遵守铁路运输的各项安全规定,不得擅离职守,不得擅自登乘未经车站或运转车长许可的车辆。

押运员对所押运的车辆结构及附件性能应有所了解,发生故障时能进行及时处理,并对所押运货物的数量、件数、包装、装载方案和运输安全负责。

凡装载危险货物的车辆,除押运人员外,不得搭乘其他人员。道路运输《危规》还规定,运输车辆前要悬挂有"危险"字样的三角旗,并按当地公安部门指定的路线、时间行驶。行驶中,驾驶员应严格遵守交通规则和操作规程,谨慎驾驶,保持一定车距和中速行驶,并做到经过不平路要慢,上下坡、起步、倒车要慢,避免紧急制动,严禁超速和强行超车,中途停车应选择安全点停放,押运人员不得远离。

（五）货物交付

危险货物运输到达场站应及时通知收货人,及时交付货物,及时取送车辆,做到随到随卸,迅速搬出。交货人员应严格遵守货物交接制度,点付点收,交付无误,清空货位,及时清扫、洗刷干净。危险货物搬出后的库、场和被污染的设备、工具,应及时清扫、洗刷或消毒,对清除的残渣应妥善处理。图6-4铁路G17BK型粘油罐车,此类车辆的清洁必须专业人员进行,清洁完毕还要专人验收合格才能执行下次运输任务。

图6-4 铁路G17BK型粘油罐车
（来源:chineserailways.com）

四、危险货物运输安全作业

危险货物运输企业,首先应建立健全危险货物受理、承运、装卸、储存保管、消防、劳动安全防护等安全作业规程及管理制度。其次,要制定有关危险货物运输事故处理应急预案,配备应急救援人员和必要的救援器材和设备。再者,在办理承运、作业场所应配备有关检测设备和报警装置、消防设施,装卸设备应具备防爆、防静电功能;装卸能力、计量方式、消防设施、安全作业防护应符合国家规定要求;货运人员、技术管理人员、装卸及驾驶人员应经过有关行业危险货物运输业务知识培训,熟悉岗位的相关危险货物知识。

（一）爆炸品的运输装卸

爆炸品是指在外界作用下(如受热、撞击等)能发生剧烈化学反应,瞬间产生大量的气体和热量,使周围压力急剧上升,发生爆炸,对周围环境造成破坏的物品,也包括无整体爆炸危险,但有燃烧、抛射及较小爆炸危险,或仅产生热、光、音响或烟雾等一种或几种作用的烟火物品。

1. 运输爆炸品的安全要求

爆炸物品应专人专车运输,并随同押运人员,应慎重选择运输工具。比如:公路运输爆炸品货物禁止使用以柴油或煤气作为燃料的机动车,自卸车、三轮车、自行车以及畜力车同样不能运输爆炸物品。这是因为柴油车容易飞出火星,煤气车容易发生火灾;三轮车和自行车容易翻倒,畜力车有时牲口受惊不易控制,这些对于安全远输爆炸品具有潜在危险性。再如,铁路运输爆炸品货物(爆炸品保险箱除外)、氯酸钠、氯酸钾、黄磷和铁桶包装的一级易燃液体应选用木底棚车装运,必要时选用应使用有防火板的木底棚车。

货物装车前应将货厢清扫干净,排除异物,装载量不得超过额定负荷。押运人应负责监装、监卸,数量点收点交清楚,所装货物高度超出部分不得超过货箱高的1/3;封闭式车厢货物总高度不得超过1.5m;没有外包装的金属桶(一般装的是硝化棉或发射药)只能单层摆放,以免压力过大或撞击摩擦引起爆炸;在任何情况下雷管和炸药都不得同车装运,或者两车在同时同一场所进行装卸。

公路长途运输爆炸品时,其运输路线应事先报请当地公安部门批准,凭准运证运输并按公安部门指定的路线行驶,不得擅自改变行驶路线,以利于加强运行安全管理。

驾驶员必须集中精力,严格遵守交通法令和操作规程。行驶中注意观察,保持行车平稳。多辆车列队运输时,车与车之间至少保持50m以上的安全距离。一般情况下不得超车、强行会车,非特殊情况下不准紧急刹车。性质相抵的爆炸物品不得混运;运输时须经公安机关批准,凭准运证方可起运;起运时包装要完整,装车要稳妥,装车高度不可超过栏板,不得与酸、碱、油或其他危险物品混装。

2. 装卸爆炸品的安全要求

货物积载应注意性质相抵的爆炸品物不得混运;参与爆炸品货物装卸搬运时,不准穿铁钉鞋,使用铁轮、铁铲头推车和叉车,应有防火花措施,禁止使用可能发生火花的机具设备,照明应使用防爆灯具。货品应轻拿轻放,不得摔碰、撞击、拖拉、翻滚,装车不得超高、超宽;堆放要稳固、紧凑、码平。车内、库内不得残留酸、碱、油脂等物质。发现跌落破损的货件不得装车,应另行放置,妥善处理。

参与装卸的人员,都必须严格遵守保密规定,不准向无关人员泄露有关弹药储运情况。同时,必须严格遵守有关库、场的规章制度,听从现场指挥人员或随车押运人员的指导。

3. 安全防范

爆炸物品必须专库储存、专人保管、限量储存;应加强平时检查,仓内应无异味、烟雾,仓温应正常,包装完整;严格管理,贯彻"五双管理制度"(即双人保管、双人收发、双人领料、双本账、双锁)。

爆炸物品发生爆炸是很难扑救的,万一发生爆炸起火,应控制火势,妥善处理爆炸物品,以免发生再次爆炸。一般灭火方法:用水冷却达到灭火目的,但不能采取窒息法或隔离法。禁止使用砂土覆盖燃烧的爆炸品,否则会由燃烧转为爆炸。扑救有毒性的爆炸品火灾时,灭火人员应佩戴防毒面具。撒漏处理:对爆炸物品撒漏物,应及时用水湿润,再撒以锯末或棉絮等松软物品收集后,保持相当湿度,报请消防人员处理,绝对不允许将收集的撒漏物重新装入原包装内。

(二)压缩、液化、加压溶解气体的运输装卸

将常温常压条件下的气体物质,经压缩或降温加压后,储存于耐压容器或特制的高强度耐压容器或装有特殊溶剂的耐压容器中,均属于压缩、液化、加压溶解气体货物。常见的气体货物如氧气、氢气、氯气、氨气、乙炔、石油气等。压缩气体和液化气体按其性质分为3类:易燃气体、不燃气体、有毒气体。有些物品当受热、撞击或强烈震动时,容器内压力会急剧增大,致使容器破裂爆炸,或导致气瓶阀门松动漏气,酿成火灾或中毒等事故。

二类危险货物品应存放于阴凉通风场所,防止日晒、油污,隔绝热源与火种,当库内温度超过40℃时,应采取通风降温措施。气瓶平卧放置时,堆垛不得超过5层,瓶头要朝向同一方,瓶身要填塞妥实,防止滚动;立放时要放置稳固,防止倒塌。

1. 运输压缩、液化、加压溶解气体货物的安全要求

本类物品通常应以耐压的气瓶装运,部分沸点高于常温的气体可用安瓿瓶或质量良好的

玻璃、塑料、金属容器盛装,个别气体亦可采用特殊容器装运。作业人员必须检查气瓶安全帽是否齐全旋紧。小型货车装运气瓶,其车厢宽度小于气瓶高度时,气瓶可纵向摆放,但气瓶头部应紧靠前车厢栏板,不得竖装。可以竖装的气瓶,必须采取有效的捆扎措施。易燃气体不得与其他危险货物配载;助燃气体(如空气、氧气及具有氧化性的有毒气体)不得与易燃、易爆物品及酸性腐蚀品配载;有毒气体不得与易燃、易爆物品氧化剂和有机过氧化物、酸性腐蚀物品配载,同是有毒气体的液氯、液氨亦不得配载。运输可燃、有毒气体时,车上应备有相应的灭火和防毒器具。

运输大型气瓶时,行车途中应尽量避免紧急制动。运输一般气瓶在途中转弯时,车辆应减速,以防止急转弯或车速过快时所装气瓶因离心力作用而被抛出车厢外,尤其是公路市区短途运输没有二道防震橡皮圈的气瓶更应注意转弯时的车速。夏季运输除另有限运规定外,车上还必须置有遮阳设施,防止曝晒。液化石油气槽车应有静电传导装置。

2. 装卸安全要求

装卸作业时,必须轻装轻卸,严禁抛、滑或猛力撞击。搬运气瓶时,应使用抬架或搬运车,防止撞击、拖拉、摔落、滚动;防止气瓶安全帽脱落及损坏瓶嘴,装卸机械工具应有防止产生火花的措施。

气瓶装车时一般应横向放置平稳,妥善固定;搬运时,气瓶阀不要对准人;装卸搬运工具、工作服及手套不得沾有油脂。装卸有毒气体时,应配备防护用品,必要时使用供氧式防毒面具。

3. 安全防范

阀门松动漏气应立即拧紧,如无法关闭时,可将气瓶浸入冷水或石灰水中(氨气瓶只能浸入水中);液化气体容器破裂时,应将裂口部位朝上。

气瓶着火时,应向钢瓶使用大量冷水,或将气瓶投入水中使之冷却,同时将周围气瓶和可燃物搬离现场。火势不大时,可用二氧化碳、干粉、泡沫等灭火器扑救。扑救有毒气体或处理气瓶泄漏时,应戴防毒面具或站在上风处。大部分有毒气体能溶解于水,紧急情况时,可用浸过清水的毛巾捂住口鼻进行操作。

(三)易燃液体的运输装卸

易燃液体货物是指易燃的液体、液体混合物或含有固体物质(如粉末沉积或悬浮物等)的液体(但不包括因其危险性已列入其他类别危险货物的液体),如乙醇(酒精)、苯、乙醚、二硫化碳、油漆类以及石油制品和含有机溶剂制品等,它们的主要危险是燃烧和爆炸。易燃液体具有易挥发性、易燃易爆性、毒性(如醚),多数不溶于水。

1. 运输易燃液体货物工作的安全要求

对运输来说,易燃液体主要的危险是燃烧和爆炸。易燃液体货物应存放于阴凉通风处,运输中首要是防火、防高温、防静电。

货物应远离明火、随车人员严禁带有易引发起火的装置;防止夏天高温季节阳光曝晒,当天气气温在30℃以上时,应根据公安消防部门的限运规定在指定时间内进行运输,闪点低于23℃的危险货物,应安排在早、晚进行运输。如必须运输时,车上应具有有效的遮阳措施,封闭式车厢应保持通风良好。高温季节,不溶于水的易燃液体货物原则上不能通过越江隧道,或按当地管理部门的规定进行运输。运输车辆应装有静电传导链,防止静电火花引起的火灾或爆炸。

易燃液体不能与氧化剂或强酸等货物同车装运,更不能与爆炸品、气体以及易自燃物品拼车。能溶于水的或含水的易燃液体不得与遇湿易燃物品同车装运。

2. 装卸易燃液体货物工作的安全要求

装卸作业前应先通风,开关车门、车窗时不要使用铁制工具猛力敲打,必须使用时应采取防止产生火花的防护措施。易燃液体货物装卸作业必须严格遵守操作规程,轻装、轻卸,防止货物撞击,尤其是内容器为易碎容器(玻璃瓶)时,严禁摔损、重压、倒置,货物堆放时应使桶口、箱盖朝上,堆垛整齐、平稳。

易燃液体受热后,常会发生容器膨胀或鼓桶现象,为此,作业人员在装车时应认真检查包装(包括封口)的完好情况,发现鼓桶破损或渗漏现象不能装运。

3. 安全防范

易燃液体货物存放应避免日晒,隔绝热源和火种,堆放要稳固,严禁倒置。仓库内温度超过40℃时,应采取通风降温措施。容器受热膨胀时,应浇洒冷水冷却,必要时应移至安全通风处放气处理。

消灭易燃液体火灾的最有效方法是采用泡沫、二氧化碳、干粉等灭火器扑救。发生事故一般不宜用水,对比重大于水或溶于水的易燃液体,可用雾关水或开花水灭火,但应注意液体被冲散而扩大着火范围。容器渗漏时,应及时移至安全通风处更换包装。渗出液体可用干沙土等物覆盖后扫除干净。

（四）易燃固体、自燃物品和遇湿易燃物品的运输装卸

易燃固体指燃点低,对热、撞击、摩擦敏感,易被外部火源点燃,燃烧迅速,并可能散出有毒烟雾或有毒气体的固体货物,如赤磷及磷的硫化物、硫磺等。

自燃物品是指自燃点低,在空气中易于发生氧化反应,放出热量,而自行燃烧的物品。由于这类物品极易氧化和分解,在慢行的变化中会积聚热量,导致自燃。如黄磷和油浸的麻、棉、纸及其制品等。

遇湿易燃物品是指遇水或受潮时,发生剧烈化学反应,放出大量易燃气体和热量的物品,有些不需明火即能燃烧或爆炸,如钠、钾等碱金属,电石(碳化钙)等。

1. 货物运输安全要求

此类物品应存放于阴凉、通风、干燥场所,防止日晒,隔绝热源和火种,与酸类、氧化剂必须隔离存放。严禁露天存放遇湿易燃物品。黄磷宜在雨棚中固定货位存放。货物在运输时,要注意防止外来明火飞到货物中,要避开明火高温区域场所。货物运输途中定时停车检查货物的堆码、捆扎和包装情况,尤其要注意防止包装渗漏留有隐患。盛装遇空气或潮气能引起反应的物质,其容器须气密封口。对缓慢氧化能自燃的物品,包装应易于通风散热。对化学性质特别敏感的钠、钾等金属,须浸没在煤油或密封于石蜡中。

严禁与氧化剂、强酸、强碱、爆炸性货物同车混装运输。堆码要整齐、靠紧、平稳,不得倒置,以防稳定剂流失或易燃货物洒漏。

2. 货物装卸安全要求

装卸时要轻装轻卸,不得翻滚,防止容器破损,尤其是含有稳定剂的包装件或内包装是易碎容器的,应防止撞击、摩擦、摔落,致使包装损坏而造成事故。装卸搬运机具,应有防止产生火花的措施。雨雪天无防雨设备时,不能装卸遇湿易燃物品。

3. 安全防范

对撒漏的物品,应谨慎收集、妥善处理。撒漏的黄磷应立即浸入水中,硝化纤维要用水润湿;金属钠、钾应浸入煤油或液体石蜡中,电石、保险粉等遇湿易燃物品撒漏,收集后另放安全

处,不得并入原货件中。收集的残留物不能任意排放、抛弃。对与水反应的撒漏物处理时不能用水,但清扫后的现场可以用大量水冲刷清洗。

易燃固体可用水、砂土、泡沫、二氧化碳、干粉灭火剂来灭火,但必须注意:遇水反应的易燃固体不得用水扑救,如铝粉、钛粉等金属粉末应用干燥的砂土、干粉灭火器进行扑救;有爆炸危险的易燃固体如硝基化合物禁用砂土压盖;遇水或酸产生剧毒气体的易燃固体,如磷的化合物和硝基化合物(包括硝化棉)、氮化合物、硫磺等,燃烧时产生有毒和刺激性气体,严禁用硝碱、泡沫灭火剂扑救;赤磷在高温下会转化为黄磷,变成自燃物品,处理时应谨慎。

易自燃物品起火时,除三乙基铝和铝铁溶剂等不能用水扑救外,一般可用大量的水进行灭火,也可用砂土、二氧化碳和干粉灭火剂灭火。扑灭自燃物品火灾时一般可用干粉、砂土(干燥时有爆炸危险的自燃物品除外)和二氧化碳灭火剂灭火。与水能发生反应的物品如三乙基铝、铝铁溶剂等禁用水扑救;黄磷被水扑灭后只是暂时熄灭,残留黄磷待水分挥发后又会自燃,所以现场应有专人密切观察。

扑灭遇湿易燃物品时,应迅速将未燃物品从火场撤离或与燃烧物进行有效隔离,用干砂、干粉进行扑救;与酸或氧化剂等反应的物质,禁用酸碱和泡沫灭火剂扑救;活泼金属禁用二氧化碳灭火器进行扑救,应用苏打、食盐、氮或石墨粉来扑救;锂的火灾只能用石墨粉来扑救。一些金属粉末、金属有机化合物、氨基化合物和遇湿易燃物品着火时,禁用水、泡沫、二氧化碳和酸碱灭火剂。扑救浸油的棉、毛、麻类制品火灾时,要注意防止复燃。

对该类货物引起的火灾扑救,应有防毒措施。

(五)氧化剂和有机过氧化物的运输装卸

氧化剂具有强烈的氧化性能,遇酸、碱、潮湿、高热或与还原剂、易燃物品等接触,或经摩擦、撞击,能迅速分解,放出氧原子和大量的热,会发生剧烈化学反应引起燃烧爆炸。

有机过氧化物是指组成中含有过氧基的有机物,其本身易燃易爆,极易分解,对热、震动或摩擦极为敏感。不仅本身易燃易爆,还能引起其他可燃物品燃烧爆炸。

此类危险货物化学特性多重、复杂、敏感,甚至会造成很大的危害。它的主要危险性表现在强氧化性、爆炸性(但它的爆炸机理与爆炸品不同)、助燃性,当物品发生燃烧或爆炸时会释放出有毒害性气体,当它发生氧化还原反应时有时对物品有腐蚀性。

1. 货物运输的安全要求

此类货物化学敏感性强,危货的品名不同,化学属性不同,所以,运输安全工作应针对每种危货性质特征认真对待,严格按照安全作业规章制度执行。

氧化剂和有机过氧化物的存储场所一般通风、低温、干燥;远离火种、热源,工作场所严禁吸烟,并且与其他属性相克的货物保持一定距离,直至分开存放。运输前检查运输车辆是否清洁,危货容器是否密闭、完整,运输途中应根据物品属性,选择合适的运输车型;根据道路状况和车辆运输时间,控制车辆行驶速度,经常监控货物的环境温度,防止货物剧烈震动、摩擦。有些货物还应注意防曝晒、雨淋、防高温。道路运输时应尽量选择远离人群的线路,车辆停留时,应远离城区,押运员应随货押车。

2. 货物装卸操作的安全要求

运输货物装卸场所应远离火种、热源,夜间应使用防爆灯具。对光感的物品要采取遮阳避光措施。建议操作人员佩戴头罩型电动送风过滤式防尘呼吸器,穿胶布防毒衣,戴氯丁橡胶手套。避免产生粉尘。避免与还原剂、活性金属粉末接触。搬运时要轻装轻卸,防止包装及容器损坏。

装卸作业中不能使用易产生火花的工具,切忌撞击、震动、倒置,必须轻装、轻卸、捆扎牢固,包装件之间应妥贴整齐,防止移动摩擦,并严防受潮。用钢桶包装的强氧化剂如氯酸钾等不得堆码。必须堆码时,包装之间必须有安全衬垫措施。

雨、雪天装卸遇水易分解的氧化剂(如过氧化钠、过氧化钾、漂粉精、保险粉等),必须具备防水的条件下才能进行装卸作业。装车后,必须用苫布严密封盖,严防货物受潮。

袋装的氧化剂操作中严禁使用手钩;使用手推车搬运时,不得从氧化剂洒漏物上面压辗,以防受压摩擦起火。不得在氧化剂洒漏物上燃物、不得与酸类货物同车装运。

在装卸过程中,由于包装不良或操作不当造成氧化剂撒漏时,应轻轻扫起、另行包装,但不得同车发运,须留在安全地方,对撒漏的少量氧化剂或残留物应清扫干净。

3. 安全防范

有机过氧化物、金属过氧化物多数只能用砂土、干粉、二氧化碳灭火剂扑救,具体标准应按照各运输方式公告的《危规》细则执行。发生事故扑救时应佩戴防毒面具,做好人员的安全防护。

(六)毒害品和感染性物品的运输装卸

凡小量进入人、畜体内,能与机体组织发生作用,破坏正常生理功能,引起机体产生病理状态,甚至死亡的物品,都属毒害品。感染性物品是指含有致病的微生物,能引起病态甚至死亡的物质。

毒害品按其化学性质又可分为有机毒害品和无机毒害品两大部分。而有机毒害品具有可燃性,遇明火、高温或与氧化剂接触会引起燃烧爆炸。毒害品燃烧时,一般都会放出有毒气体,又加剧了毒害品的危险性。

毒害品的形态一般是固体、液体或气体,尤以气体、蒸汽、雾、烟、粉尘等形态活跃于生产环境中而污染空气,可经呼吸道、消化道、皮肤进入人体。

1. 物品的运输安全要求

此类危货应存放在阴凉、通风、干燥的库内,不得露天存放。应与酸类隔离存放,严禁与仪器同库存放。必须加强管理,严防丢失和发生误交付,不慎丢失必须紧急向当地公安部门报案。

运输中司机要平稳驾车,勤加瞭望,押运员应定时停车检查包装件的捆扎情况,谨防捆扎松动、货物丢失。行车途中要避开高温、明火场所;防止袋装、箱装毒害品淋雨受潮。用过的苫布或被毒害品污染的工具及运输车辆,在未清洗消毒前不能继续使用,特别是装运过毒害品的车辆未清洗前严禁装运食品或活动物。

固态毒品撒漏时,应谨慎收集液态毒品撒漏物,可先用砂土、锯末吸收,妥善处理。被毒品污染的机具、车辆及仓库地面,应进行洗刷除污。发生火灾时,对遇水能发生危险反应的毒害品(如金属铊、锑粉、铍粉、磷化锌、磷化铝、氟化汞、氟化锅、四氰基乙烯等)不得用水灭火;对无机氰化物(如氰化钠、氰化钾、氰化亚铜等)不能用酸碱灭火器灭火,以免产生剧毒氰化氢气体。

2. 装卸操作安全要求

作业人员必须穿戴好防护服装、手套、防毒口罩或面具。作业人员要尽量减少与毒害品的接触时间,发现有呼吸困难、惊厥、昏迷要立即送医院抢救。作业结束后要换下防护服,洗手洗脸后才能进食、饮水。防护用品每次使用后必须集中清洗,不得穿戴回家,以防止发生意外事故。

装卸车前应先行通风。严禁肩扛、背负,装卸搬运时要轻拿轻放,不得摔碰、拖拉、翻滚,防止包装破损。装卸易燃毒品,严防皮肤破损处接触毒物。作业完毕及时清洁身体后方可进食和吸烟。装卸作业人员尽量站立在上风处,不能在低洼处久待。不能在货物上坐卧、休息,特别是夏季衣衫汗湿,易沾染有毒粉尘,不能用衣袖在脸上擦汗,以免毒物经皮肤侵入中毒。如皮肤受到沾污,要立即用清水冲洗干净。

堆码时,要注意包装件的图示标志,不能倒置,堆码要靠紧堆齐,桶口、箱口向上,袋口朝里。小件易失落货物(尤其是剧毒品氰化物、砷化物、氰酸酯类),装车后必须用苫布严盖,并用大绳捆扎牢固。无机毒害品除不得与酸性腐蚀品配载外,还不得与易感染性物品配装。有机毒害品不得与爆炸品、助燃气体、氧化剂、有机过氧化物等酸性腐蚀物品配载。

3. 安全防范

有害物品和腐蚀性物品作业或火灾扑救应先搞好个人防护措施,必须穿戴防护服、口罩、手套或防护面具。施救人员要站在上风处。发现头晕、恶心、呕吐等现象,要立即转移至空气新鲜处。

固体毒害品及感染性物品撒漏,可在扫集后装入容器中;液体毒害品及感染性物品应用棉絮、锯末等松软物浸润,吸附后收集,盛入容器中。

灭火人员扑灭毒害品的火灾时应根据其性质采取相应的灭火方法。一般毒害物品着火时,可用水及其他灭火剂扑救,但毒害物品中的氰化物、硒化物、磷化物着火时,就不能用酸碱灭火剂扑救,只能用雾状水或砂土等灭火。

(七) 放射性物品的运输装卸

凡能自发、不断地放出人的感觉器官不能觉察到的射线的物品,称为放射性物品。放射性物品具有放射性,有些具有毒性。根据国家标准规定,某些放射性物品因其放射性活度很小,不会对人体造成危害,可按普通货物运输办理,所以,这些放射性物质在运输中设法用适当的材料予以屏蔽。

1. 放射性物品的运输安全要求

放射性物品储存应注意仓库干燥、通风、平坦、要划出警戒线,并采取一定的屏蔽防护。存放过放射性物品的地方,应在卫生部门指派的专业人员监督指导下进行彻底清洗,否则不得存放其他物品。

托运人应当持有国家规定的核安全或者辐射安全许可文件,编制运输说明书和辐射事故应急响应指南。运输说明书应当包括拟运输放射性物品的品名、数量、物理化学形态、危害风险等内容。托运人应当使用与其类别相适应的包装容器进行包装,配备必要的辐射监测设备、防护用品和防盗、防破坏设备。并对放射性物品运输中的安全负责,采取有效的辐射防护和安全保卫措施,预防辐射事故发生。必要时可派专人押车。

托运人应当按照放射性物品运输安全国家标准和有关规定,托运半衰期短的放射性货物,应在运单上注明允许(容许)运送期限,其期限不得少于运输送达所需时间。

2. 运输装卸安全要求

放射性货物运输装卸过程中要注意人身的辐射防护,一定要穿上防辐射服装。作业人员必须做好个人防护,轻装轻卸,严禁肩扛、背负、摔掷、碰撞,工作完毕必须洗澡更衣,防护服应单独清洗。皮肤有伤口、孕妇、哺乳妇女和有放射性工作禁忌症(如白血球低于标准浓度等)者,不能参加放射性货物的作业。

装卸车前应先行通风,装卸时尽量使用机械作业。在搬运Ⅲ级放射性包装件时,应在搬运机械的适当位置上安放屏蔽物或穿防护围裙,以减少人员受照剂量。装卸、搬运放射性矿石、矿砂时,作业场所应喷水防止飞尘。除特殊安排装运的货包外,不同种类的放射性货包(包括可裂变物质货包)可以混合装运、储存,但必须遵守总指数和间隔距离的规定。放射性货物堆码不宜过高,应将辐射水平低的放射性包装件放在辐射水平高的包装件周围。

3. 安全防范

运输中发生货包破裂,内容物撒漏时,应立即向有关部门报告,由安全防护人员测量并划出安全区域,悬挂明显标志。

当人体受污染时,应在防护人员指导下,迅速进行去污。若人员受到过量照射时,应立即送医救治。放射性矿石、矿砂的包装件破裂时,换包后方可继续运输,撒落的矿砂等应收集后交托运人处理。当环境受到污染时,应及时报告主管部门,及时采取防护措施。

(八)腐蚀品的运输装卸

腐蚀品是指其与人体或其他货物接触,在短时间内会在被接触表面发生反应,造成明显破坏现象的固体或液体,如硝酸、硫酸、氯磺酸、盐酸、甲酸、溴乙酰、冰醋酸、氢氧化钠、甲醛等。有些危险货物,往往同时具有腐蚀、易燃、易爆、氧化和毒害性质中的几种,如果腐蚀性占了主要的地位,即把该物品划为腐蚀品。

许多腐蚀品都能导致程度不同的腐蚀,其中,对人体的伤害通常又称为化学烧伤(或化学灼伤)、腐蚀,会致人的皮肤、眼睛或呼吸道、消化道的细胞组织破坏,而造成烧伤;呼吸道、消化道的表面黏膜比人体表皮更娇嫩更容易受腐蚀。内部器官被烧伤时,严重的会死亡。

1. 腐蚀品的运输安全要求

腐蚀品物应存放在清洁、通风、阴凉、干燥场所,防止日晒、雨淋。堆放要牢固。应保持堆放处清洁,不得残留有可燃物、氧化剂等。

承运人应根据托运者请求,选择合适的车型装运,车辆行驶应平稳,特别在载有易碎容器包装的腐蚀品的情况下,当路面条件差、颠簸震动大而不能确保易碎品完好时,不得冒险通过。

运输途中每隔一定时间要停车检查车上货物情况,发现包装破漏要及时处理,防止漏出物损坏其他包装酿成重大事故。

2. 腐蚀品的装卸安全要求

作业人员作业前应穿戴耐腐蚀的防护用品,对易散发有毒蒸气或烟雾的腐蚀品装卸作业,还应备有防毒面具。

装卸作业时要轻装轻卸,防止撞击、跌落,禁止肩扛、背负、揽抱、钩拖,腐蚀品酸坛外包装要用绳索套底搬动,以防脱底、酸坛摔落,发生事故。

装卸现场应视货物特性,备有清水、苏打水(对酸性能起中和作用)或稀醋酸(对碱性能起中和作用),以应急时之需。需要丢弃时,要注意环境安全。

卸车前先通风。货物堆码必须平稳牢固,严禁肩扛、背负、撞击、拖拉、翻滚。车内应保持清洁,不得留有稻草、木屑、煤炭、油脂、纸屑、碎布等可燃物。

腐蚀品的配载应注意:酸性腐蚀晶和碱性腐蚀品不能配载;无机酸性腐蚀品和有机酸性腐蚀品不能配载;无机酸性腐蚀品不得与可燃品配载;有机腐蚀品不得与氧化剂配载;硫酸不得与氧化剂配载;腐蚀品不得与普通货物配载,以免对普通货物造成损害。货物堆装时应注意指示标记,桶口、瓶口、箱盖朝上,不准横放倒置,堆码要整齐、靠紧、牢固;没有封盖的外包装不得堆码。

3. 安全防范

液体腐蚀品应用干砂、干土覆盖吸收,扫干净后,再用水洗刷。大量溢出时可用稀酸或稀碱中和。中和时,要防止发生剧烈反应。用水洗刷撒漏现场时,只能缓慢地浇洗或用雾状水喷淋,以防水珠飞溅伤人。

腐蚀性物品着火时,用雾状水、干砂、泡沫、干粉等扑救。对遇水能剧烈反应及引起燃烧、爆炸或放出有毒气体的腐蚀品,禁用水灭火。

扑救毒害物品和腐蚀性物品火灾时,还应注意节约水量和水的流向,同时注意尽可能使灭火后的污染流入污水管道。因为有毒或有腐蚀性的灭火污水四处溢流会污染环境,甚至污染水源。

（九）杂项危险物质和物品

根据国家公布的《危险货物品名表》中规定:危害环境的物质、高温物质、经过基因修改的微生物或组织,不属感染性物质,但可以非正常地以天然繁殖结果的方式改变动物、植物或微生物物质同属第 9 类危险货物。

此类危货其危害对象和危害程度不同,采取不同的运输方式时,各行业主管部门的界定、安全运输要求不尽相同,各运输方式制定有危货运输的细则,具体要求按照细则办理。

模块 2　鲜活货物运输作业

一、鲜活易腐货物概述

（一）鲜活易腐货物

鲜活易腐货物是指在运输过程中需要采取特殊措施（如制冷、加温、保温、通风、上水、加冰等）,以防止货物出现病残死亡、腐烂变质等问题,且须在规定运达期限内抵达目的地的货物。

公路运输的鲜活易腐货物主要有鲜鱼虾、鲜肉、瓜果、牲畜、观赏野生动物、花木秧苗、蜜蜂等。易腐货物包括肉、蛋、乳制品、速冻食品、冻水产品、鲜蔬菜、鲜水果等。铁路运输鲜活易腐货物的品名、品类较多,主要由鲜活易腐货物品名表确认。

（二）鲜活易腐货物运输特点

（1）鲜活货运输季节性强、货源波动性大。我国出产鲜活货物品种繁多,产地位置差距大,性质各不相同,且多数是季节性产品,如水果、蔬菜、亚热带瓜果、沿海渔场的鱼汛期等;运量会随着季节的变化而变化。在收获季节,运量猛增;在淡季,运量大大降低。

（2）时效性强。大部分鲜活易腐货物极易变质,要求以最短的时间,最快的速度及时运到;若是运输时间过长,会影响货物原来的质量。

（3）运输过程需要特殊照顾。如牲畜、家禽、蜜蜂、花本秧苗等的运输,需配备专用车辆和设备,并有专人沿途进行饲养、浇水、降温、通风等。尤其是鲜活货物比一般货物娇嫩,热了容易腐烂,冷了容易冻坏,干了容易干缩,碰破了及卫生条件不好容易被微生物侵蚀,使易腐货物腐烂变质,使活动物病残死亡。

鲜活易腐货物在运输途中容易发生腐烂变质,采用冷藏方法能有效地抑制微生物的滋长,减缓货物呼吸,达到延长鲜活易腐货物保存时间的目的。冷藏的优点是:能很好的保持食品原有的品质,包括色、味、香、营养物质和维生素,保存的时间长,能进行大量的保存及运输。表 6 - 2 显示了几种常见易腐食品的运输要求。

表 6 - 2　几种常见易腐食品的运输要求

货名	运输温度/℃	相对湿度/%	货名	运输温度/℃	相对湿度/%
冻结牛肉	- 11.1 ~ - 9.4	90 ~ 95	苹果	- 0.6 ~ 0	85 ~ 88
冻蛋	- 12.2 ~ - 9.4	60	柑	3.9 ~ 4.4	85
鲜肉	0 ~ 1.1	1.1	白菜	0 ~ 1.1	90 ~ 95
猪油	0.6 ~ 4.4		香蕉	11.6 ~ 12.7	75
干鱼	4.4 ~ 10		干果	0 ~ 10	70 ~ 75

在冷藏运输过程中,必须控制载体内部的环境,使车内的环境尽量与所运输的食品的最佳要求一致,载体内部各处温度分布要均匀,并且在运输过程进尽量避免温度波动,降低温度波动幅度和减少波动持续时间。考虑以上对食品在贮藏过程的要求,冷藏运输应该满足以下条件。

二、鲜活易腐货运输程序

由于鲜活易腐货物的特殊性,运输作业的组织和作业要求与普通货物运输要求不同。运输组织要经过受理托运、选派车辆、货物装车、运送、交付等环节。其中,受理托运、货物装卸与运送工作环节易产生货物运输质量事故,尤其应加强管理。

政府法令禁运、限定以及需要办理卫生检疫、公安监理等手续的货物,应随附有关证明。

（一）受理托运

受理托运是发货方依据选定的运输方式关于《鲜活易腐货物运输规则》要求,向承运人提出运输申请,填写货物运单,由承运人审核后确定是否办理运输的过程。

有些货物,如活畜禽和新鲜肉、蛋、奶、水产、新鲜蔬菜、水果等,需准备货物的检验检疫证明才能办理托运。托运人应按国家有关规定、行业运输管理规则,向出运地的相关主管部门提出检验检疫申请,检验检疫证明一式两份,一份由发证单位留存,一份随同货物运输备查。

1. 托运申请

托运人填写货物托运单时,在托运单上填写清楚货物品名、规格、件重、件数、包装方法、起运日期、收发货人详细地址及运输过程中的注意事项。鲜活易腐货物应提供说明最长运输期限及途中管理、照料事宜的说明书;托运人还要告知承运人货物容(允)许运输期限,容许运送期限是根据货物的品种、成熟度、热状态,在规定的运送条件下,能保持货物质量的期限。容许运送期限应由托运人提出,车站负责审查。货物容(允)许运输期限应大于实际承运时间。发货人托运鲜活易腐货物前,还应根据货物不同特性做好相应的包装。

托运活动物时,应按规定提供检疫证明,在货物运单"托运人记载事项"栏内注明检疫证明的名称和号码,并将随货同行联牢固地粘贴在运单背面,承运人凭此办理运输。《铁路鲜活货物运输规则》2009 年版中规定,铁路不办理鲜活货物零担运输,只承运整车、集装箱鲜活货物运输。《铁路鲜活货物运输规则》中还规定对承运的活动物,发站应在货物运单、货票、封套上注明"活动物"和"禁止溜放"字样,防止货物运输中发生意外。

托运易腐货物时,应在"货物名称"一栏内填报货物名称,注明货物品类及状态;同时在货物运单"托运人记载事项"栏内注明检疫证明的名称和号码,注明易腐货物容许运输期限(日数),《铁路鲜活货物运输规则》规定,易腐货物的容许运输期限至少须大于规定的运到期限(大于 3 天,即运到期限另加 4 天)。运单背面粘贴检疫证明随货同行,承运人凭此办理承运。

　　一般地,不同热状态下的易腐货物不得按一批货物运输办理。发站承运的易腐货物后应在货物运单、货票、封套上分别加盖红色"易腐货物"戳记。

　　2. 运输审核

　　鲜活易腐货物承运审核主要内容是:托运单填写审核、待运货物审核。货运员首先应认真核对托运单上所填定货物的编号、品名、规格、件重、净重、总重、收发货地点、时间及所提供的单证是否符合规定,必须对货物的性能、温度控制要求、形态、包装等情况进行详细了解并注明。

　　其次,货运员要对托运货物的质量、包装和温度进行认真的检查;要求质量新鲜、包装合乎要求、温度符合规定;对已有腐烂变质迹象的货物,应加以适当处理,对不符合规定质量的货物不予承运。

　　货运员在承运审核时还应注意鲜活易腐货物的运到期限和容(允)许运送期限。承运畜禽产品和鲜活植物时,应取得查验其兽医卫生机关的检疫证后才能承运。

　　(二)配载

　　鲜活易腐货物运输质量建立在正确的配车、适当的积载基础之上。运输部门应根据货物的种类、运送季节、运送距离和运送地点确定相应的运输方式、运输服务方法,及时地安排适宜车辆予以装运。

　　承运人应调配技术状态良好、干净清洁、无异味、设备齐全的车辆,不能保证货物质量的车辆严禁使用。应按照货物性质、容许运输期限及运送全程的季节和气候条件选择合适的车辆、装载方法和运送方法,并根据需要采取预冷、制冷、加温、保温、通风或押运等措施,以最大限度地保持货物质量。

　　装运活动物必须选用专用车辆、敞车或有窗的棚车,如家畜家禽车、活鱼车等。铁路运输中也可以使用清扫干净、未受污染的棚车、敞车,但不得使用无窗的棚车,防止车内空气不流通。禽、畜可单层或多层装载,每层的装载数量由托运人根据季节、运输距离、活动物的体积及选用的车种、车型等情况确定。装运活动物的车辆可开启门窗,但应采取措施防止大牲畜头部伸出。

　　承运人拨配的车辆是否适合装运货物一律由托运人检查确定。托运人需在托运单"托运人记载事项"栏内填写车号、车型,确认适合装运的车辆;若托运人认为不适合装运时,承运人应予以调换,托运人重新检查确认。

　　易腐货物必须使用冷藏车,但无包装的水果、蔬菜、卤鱼和能损坏车内设备的易腐货物不得用冷藏车装运(西瓜、哈密瓜、南瓜、冬瓜除外)。冷藏车严禁用于装运能污染和损坏车辆的非易腐货物。

　　货物配载时,货运员应根据不同货物的特点,确定其装载方法;应对货物的质量、包装和温度要求进行认真的检查,货物包装符合运输要求。货物的积载堆码方法可根据作业要求和货物特性,采用适当的堆码方式。如:为保持冷冻货物的冷藏温度,可紧密堆码;而水果、蔬菜(西瓜、哈密瓜、南瓜、冬瓜除外)等需要通风散热的货物,必须在货件之间保留一定的空隙,怕压的货物必须在车内加隔板,分层装载;运输蜜蜂时,可纵向排列、稳固堆码,并留有足够的通风道;禽、畜可单层或多层装载,装运活动物时可开启车辆门窗,但应采取措施防止大牲畜头部伸出,对开启的车门应捆绑牢固,并用栅栏将活动物挡住。

　　货物性质相抵触的不得积载在同一车辆内,具有强烈气味的货物和容易吸收异味的货物;易产生乙烯气体的货物和对乙烯敏感的货物;水果和肉类,蔬菜和乳制品;不同热状态的易腐货物不得按一批托运。

（三）装车运输

货物积载方案制定后,货运员应按照积载要求进行装车作业。货物装车前,作业人员应先检查车辆状况、检查车载设备能否正常工作,尤其是机械冷藏设备,冰箱、排水装置、通风口等设备是否齐全良好,车内是否清洁卫生。如若发现不符合装车条件的车辆,应做适当处理达标后才能作业。装车作业原则是安全、快速。

有些货物装运前要先将车辆进行预冷,待车内温度降低后,才能装车,防止车内温度过高遗留货损隐患。比如:铁路采用加冰冷藏车装运冻结货物,车内应预冷到6℃以下,达不到时,可预冷6h;装运冷却或未冷却货物,车内应预冷到12℃以下,达不到时,可预冷3h。常见铁路机械冷藏车车内预冷温度:冻结货物为 −3℃ ~0℃,香蕉为12℃ ~15℃,菠萝、柑橘为9℃ ~12℃,其他易腐货物为0℃ ~3℃。

易腐货物应按规定的方法装载,装卸速度要尽可能快,以避免冷气外泄过多,影响货物质量。装运活鱼、鱼苗应使用木箱、鱼篓、帆布桶、帆布槽等容器盛装。使用帆布槽盛装时,应用坚固的金属支架支撑,帆布应牢固、不渗水。托运人或车上配置增氧机时,必须配带1~2只灭火器。

装车作业时应避开高温时间,减少自然环境对货物质量的影响。装车作业中应使用不致损坏车内设备的工具,货物在车内的堆码,应当保证车辆门能够方便开启。

货物装车完毕,装卸人员、随车人员或驾驶员应检查车门关闭是否严密,及时记录车内温度并开机调温。

鲜活易腐货物运输中,除了少数部分确因途中照料或车辆不适造成死亡外,其中大多数都是因为发生腐烂所致。由于细菌、霉菌和发酵,使食物腐败变质不能食用,水果、蔬菜很快腐烂。因此,凡是能用以抑制细菌、霉菌滋长、减缓呼吸作用的方法,均可达到延长鲜活易腐货物保藏时间的目的。冷藏车在运输过程中为了防止货物变质,需要保持一定的温度,运输时间、冻结状态和货物成熟度的不同,对运输温度的要求也不一样。此类货物运输途中,要因地区、气候制宜,及时开闭通风及温控设备。既要保持车内适宜的温、湿度,也要随时排除车内湿热污浊的气体。

（四）押运

鲜活易腐货物运输不是必须组织押运的,应视货物的具体情况判断。如果货物在运输途中需要中途作业的,可以由托运人随车派出押运人员,负责货物途中的理货及特殊作业。随车押运人员数量应视承运方的运输规则规定。一般情况下,活动物(活鱼、蜜蜂、家畜等)、需定时浇水的鲜活植物、按规定应派人押运的货物,均安排押运。

押运员押运过程中,负责货物的完整、照料、故障处理等工作。押运员在货物押运前应认真检查,若发现货物状态、包装不良,应在始发地妥善处理,不应将不良状态带到途中处理;押运员在押运过程中,不得擅离职守,不得擅自乘坐未经运输部门许可的车、船。押运的车、船到达途中站、港时,应积极与运输部门联系,了解开车、途中交接、记录等工作;押运员应携带必要的物品防护用具和检修工具。运输中发生货物故障,应积极主动处理,以免扩大事态。如果处理不了,应立即与运输部门和有关单位联系,妥善解决;押运的货物到达目的地后,应与收货人办理交接手续。押运过程中必须遵守国家有关法律、法规和运输部门的规章。

鲜活易腐货物的运送途中,应由托运方指派押运人沿途照料,承运方对押送人员应交待安全注意事项,并提供工作和生活上的便利条件。炎热天气运送时,应尽量利用早晚行驶。运送牲畜、蜜蜂等货物时,应注意通风、散热,尽力避免在运送中的掉膘与死亡。

装运活动物时,托运人必须派熟悉动物特性的押运人随车押运,负责做好动物的饲养饮水、换水、洒水、看护和安全工作。

运输过程中发现活动物染疫、疑似染疫、病死或死因不明时,押运人应及时查看原因,及时通知承运方,必要时,向当地动物防疫部门报告并按动物防疫部门的规定妥善处理,严禁乱扔染疫、疑似染疫的活动物,以及病死或死因不明的活动物尸体。活动物的排泄物以及垫料、包装物、容器等污染物应由押运人或收货人按动物防疫部门的规定处理,不得中途随意向车外抛撒,不得违规在中途站清扫和冲洗。

机械式冷藏车在装车后及长途运输途中,每隔2h记录一次各车内的温度,每6h填写一次《机械冷藏车作业单》。使用机械冷藏车装运水果、蔬菜和其他需要通风运输的货物时,应根据具体情况定期进行通风作业。

（五）到达交付

货物的到达作业包括卸车、交付和结算等工作。到达作业虽然是运送过程的最后阶段,但是如果不能正确及时地组织卸车和交付,也会影响货物运输质量。

车辆到达后,承运方会同押运员或收货人应及时组织卸货,对事故货物亦应及时卸车,妥善处理。卸车时要严防污染变质,随卸随搬。冻结货物、冷却货物和寒季运送的保温、加温货物,收货人应准备防护用品及搬运工具,直接卸货,防止货物升温过快或发生冻损。对于采用冷藏车运输的货物,还要在技术人员的专业指导下下货,避免操作不当,损坏车辆装备。

卸货完毕,卸车方负责将卸后的车辆、运送器具和货位清扫干净。像装过鱼、贝、肉类及被其他易腐货物污染的车辆,卸货人员必须按规定彻底洗刷除污、消毒,使车内没有残留的污水、秽物。洗刷、除污、消毒费用由收货人结算。洗刷除污后的空车应适当通风,晾干后再关闭车门,洗刷后的车辆要检查验收、备案。

模块3　特种货物运输作业

一、认识超限货物

在货物运输中,常会遇到形状不规则且尺寸超出一般运输车辆的安全运输尺度限界,或者会有货物个大体重,无法用简单机械进行搬运和装卸作业的情况,运输中应专门量身定制运输方案。

（一）超限货物概念

特种货物是指货物外形尺寸和重量超过常规车辆、船舶装载规定的大型物件,又叫超限货物,也叫长大阔重货物,如大型钢梁、起吊设备、锅炉、大型变压器等。

（1）公路货物运输中的超限货物是指符合下列条件之一的货物:长度在14m以上,或宽度在3.5m以上,或高度在3m以上的货物;单件货物重量在20t以上的或不可解体的成组(捆)货物。

（2）铁路超限货物是指符合下列条件之一的货物:单件货物装车后,在平直线路上停留时,货物的高度和宽度有任何部位超过机车车辆限界或特定区段装载限界者,均为超限货物;

在平直线路上停留虽不超限,但行经半径为300m的曲线线路时,货物的内侧或外侧的计算宽度仍然超限的,亦为超限货物。

超限货物是一个总称,包括不同种类,有的是超高货物,有的是超长货物,有的则是超重、超宽货物,这些货物对运输工具、运输组织的要求各异。为了保证运输安全和管理的需要,一些运输方式有必要根据超限货物的主要特性进行分类。例如,交通部颁发的《道路大型物件运输管理办法》规定,公路超限货物(即大型物件,简称大件)按其外形尺寸、和重量分成4级。铁道部也颁布有《铁路超限货物运输规则》,根据货物的超限程度,超限货物分为3个等级:一级超限、二级超限和超级超限。

① 一级超限:自轨面起高度在1250mm及其以上超限但未超出一级超限限界者。

② 二级超限:超出一级超限限界而未超出二级超限限界者,以及自轨面起高度在150mm至未满1250mm间超限但未超出二级超限限界者。

③ 超级超限:超出二级超限限界者。

我国《道路大型物件运输管理办法》中又将超限货物进一步细分,"整件货物长度在6m以上,宽度超过2.5m,高度超过2.7m的货物,称为长大货物;货物单件重量在4t以上(不含4t),称为笨重货物"。

笨重货物又可分为均重货物与集重货物,均重货物是指货物的重量能均匀或近乎均匀地分布于装载底板上;而集重货物系指货物的重量集中于装载车辆底板的某一部分,装载集重货物,需要铺垫一些垫木,使重量能够比较均匀地分布于底板。表6-3为我国《公路大件货物运输管理办法》中对大件货物的分类。

表6-3 公路大型物件分组

大型物件级别	重量/t	长度/m	宽度/m	高度/m
一	40~99	14~19	3.5~3.9	3~3.4
二	100~179	20~24	4~4.4	3.5~3.9
三	180~299	25~39	4.5~5.4	4~4.9
四	300以上	40以上	5.5以上	5以上

(参考来源:《道路大型物件运输管理办法》)

(二)超限货物运输特点

超限货物的超限具体情况不同,运输的基本技术要求千差万别,运输、装卸搬运的难度大,所以其运输组织与一般货物运输有所不同。

(1)特殊装载要求。超限货物运输对运输工具车船选型和装载有特殊要求。

一般情况下超重货物装载在超重型挂车上,用超重型牵引车牵引,而这种超重型车组是非常规的特种车组,车组装上超限货物后,往往重量和外形尺寸大大超过普通汽车、列车,因此,超重型挂车和牵引车都是用高强度钢材和大负荷轮胎制成,价格昂贵。

再者,超限货物装载后运输工具车船与货的总重量往往超过所经路线的桥涵、地下通道的限载、限高等标准,也会有货物宽度超过车辆实际行驶路径界限的可能。当超限货物加载时根据货物特性制定装载方案,画出装载实施工程图,严格控制安全重心位置,必须根据货物形状定制专门的稳固架,用于装载。在运输实施中应有专门的装载技术人员跟车,随时处理途中装载稳固问题。

(2)特殊运输条件。超限货物运输途经道路和空中设施必须满足所运货物车载和外形尺寸的通行需要。

超限货物无论在重量、外形尺寸和形状的特殊性方面,都对运输走行路线有特殊要求,如道路要有足够的耐压能力、所经道路宽度、净空高度以及良好的曲度;经过的桥涵要有足够的承载能力,载货车辆最小转弯半径应大于所经路线设计的弯道半径。但实际上,这些要求在一般道路上往往难以满足。如:公路道路尤其是城区道路,立交桥道口一般设计限高 4.0m ~ 4.5m,若装载总高度超过时,便不能通行。

超限货物运输必须事先进行勘测验道,对选定的行驶路线实地查看,对所经途中的路幅、空中的可能障碍记录在册;运前要取得园林绿化部门、交通管理部门的支持,对道路相关设施进行改造,排除途中障碍、加固桥涵等;运输中采取一定的组织技术措施,采取分段封闭交通,运输车组才能顺利通行。

(3)特殊安全要求。超限货物对象一般为国家重点工程的关键设备,所运大件价值高,运输难度大,牵涉面广,因此超限货物运输必须确保安全、万无一失。

由于国家建设中的一些重点工程项目的主要装备部件(比如,大型发电装备、大型轮船的装备等)形状各异,运输方式不同、运输路线和具体加固方案不同,实现的准备工作时间长短不一,实施的难度也不同,可以说超限货物运输是一项系统工程。图 6 - 5 为铁路大件货物运输车辆。

图 6 - 5 铁路大件货物运输

企业应事先向有关运输企业提出书面申请报告,运输企业则根据情况会同组织有关部门、单位进行讨论、协商,制定运输护送方案;做好运输途中现场的调度、全程护送、协调处理的人员管理组织方案;还应做好各种安全预案。总之,超限货物运输,尤其是国家重点工程的大件货物运输,各级企业、领导、各个部门都很重视,协调、合作才能安全完成任务。

(三)超限货物运输的基本技术要求

运输超限货物时,一般都要采用相应的技术措施和组织措施。

(1)使用适宜的装卸机械,装车时应使货物的全部支承面均匀地、平稳地放置在车辆底板上,以免损坏车辆。

(2)用相应的大型平板车等专用车辆,严格按有关规定装载。

(3)对于集重货物,为使其重量能均匀地分布在车辆底板上,必须将货物安置在纵横垫木上或相当于起垫木作用的设备上。

（4）货物重心应尽量置于车底板纵横中心交叉点的垂直线上，严格控制横移位和纵向移位。

（5）重车重心高度应控制在规定限制内，若重心偏高，除应认真进行加载加固以外，还应采取配重措施，以降低其重心高度。

二、超限货物运输作业

随着科学技术的发展，尤其是能源危机的出现，各种原因促进了工业装备逐步向大型化、重型化、超重型化方向发展，像电力业、化工业、石油业、冶金业等设备的容量、生产能力越来越大，这些设备的长度与高度也远超出一般运输意义上的容许限界。例如，城市轨道交通车辆某种型号的车辆，单体长度约 20.6m，六组编列总车列长度可达 140m 左右；车体最大宽度 2.8m；车辆最大净高度 3.8m；自重 35t 左右；当车辆交付给客户时，一般组织专门的公路、或通过国有铁路运输完成。还有些国家重点项目的大件设备，石化行业的乙烯蒸馏塔、反应器等，货物的长度有七、八十米，物自重达几百吨，这种庞然大物只能采用公路、水路或公路水路联运的方式完成，有时，也会将大件物分解后再运输。

依据超限货物运输的特殊性，其运输组织工作环节主要包括运输申请、理货、验道、制订运输方案、签订运输合同、运输执行以及运输结算、工作总结等项。

（一）运输申请

超限货物运输组织工作复杂，技术要求高，经常会需要多个部门的共同协作，经过反复的方案论证后才能确定最终的运输方案。

1. 货方向承运人申请

超限货物或大件货物托运人（单位）应向具有大型物件运输经营资格的运输业提出特殊货物运输申请，托运人先按照一般货物运输托运规定填写托运单，写清所托物件的名称、规格、件数、件重、起运日期、收发货入详细地址及运输过程中的注意事项等。还应提交有关货物的外形尺寸、外形三视图、货物的重心位置说明，货物支重面的长度和宽度，计划装载、加固的图纸和说明及对运输要求的详细说明书，如图 6-6 所示。

对超限的大型设备，发货人应充分考虑装载加固和运送条件许可，确定选择承运企业和运输方式。必要时，应采取改变包装和拆解货体等措施，尽可能地降低超限程度。

托运人应在托运超限超重货物说明书、计划装载加固方案和所提供的资料上盖章或签字，并对内容的真实性负完全责任。

2. 承运方向管理部门申报

特殊货物运输承运人在接受货方的运输申请后，应根据具体情况依照规定向管理部门进行申报。申报的主要内容有货物名称、重量、外廓尺寸及必要的总体轮廓图；选用的运输车辆车型车号、自载质量、轴载质量、轴距、轮数、轮胎单位压力、载货时总的外廓尺寸，货物的装载加固方案、装载加固图等有关资料；货物运输的起讫点、拟经过的路线和运输时间；公路运输还需提供车辆行驶证。管理部门在接到承运方的申报时，应进行论证、勘测，确有需要时，可以对沿途道路进行维护，便于车辆行驶。

（二）理货

普通货物承运中，通常是审核运单填写内容及货物的运输包装情况，将货物收仓。但超限货物运输的理货主要指承运审核及货物的测量与计算，即核查货物并判定能否安全运输和准

发局		装车站			预计装后尺寸		
到局		到站			由轨面起高度		由车辆纵中心线起
品名		件数					左宽	右宽
每件重量		总重量		重心位置		中心高		
货物长度		支重面长度				侧高		
高度	中心高		宽度	左	右	侧高		
	侧高			左	右	侧高		
	侧高			左	右	侧高		
	侧高			左	右	侧高		
要求使用车种				标记载重		侧高		
装卸时的要求								
其他要求						车地板高度		
						垫木或转向架高度		
						预计装在车上货物重心位置距轨面的高度		
						重车重心高度		

注：粗线栏内由铁路填记

发货单位　　　　　戳记　　　年　月　日提出

图6-6　铁路超限、超重货物托运说明书

备怎样安全运输。

理货人工作的主要内容包括：调查大型物件的几何形状和重量，调查大型物件的重心位置和质量分布情况，查明货物承载位置及装卸方式，查看特殊大型物件的有关技术经济资料，以及完成书面形式的理货报告。《铁路超限货物运输规则》中规定，发站受理超限货物时，应对发货人提出的有关技术资料进行认真审查，必要时组织有关部门共同研究，对货物进行装车前的测量，并根据下列规定以文电向上级请示装运办法。其他方式的超限、大件、笨重货物的运输也应根据需要，可以实地查验货物并测量货物的几何形状、重量和重心位置，取得可靠数据和图样资料，理货工作分析可为确定超限货物级别及运输形式、查验道路以及制订运输方案提供基础依据。

一般情况下，货物装车前，应测量其最大长度、支重面长度、重心至端部的距离、检定断面至重心的距离；自支重面起，测量其中心高度、侧高度和重心高度；测量货物中心高度处的宽度和不同侧高度处的宽度。货物装车后，按实际的装载加固状态（含加固材料）测量其实际长、宽、高。

当理货人员根据托运人提供的数据集承运人实际核实的数据及装载说明书，确认可以承运时，向托运人发出承运办理的通知，通知托运人商讨具体落实事宜。

（三）验道

承运人应根据托运人提出的要求、超限货物的外形尺寸及车货重量，按照运输方案中的既定运输路线，实施道路查验。道路查验的目的是预测作业时间，编制运行路线图，道路查验应形成验道报告，便于制定运输方案。道路查验时承运人与托运方共同完成。

道路查验的内容：查验运输沿线全部道路的路面、路基、纵向坡度、横向坡度及弯道超高处的横坡坡度、道路的竖曲线半径、通道宽度及弯道半径，查验沿线桥梁涵洞、高空障碍，了解沿途道路线形和桥涵通过能力，查看装卸货现场、卸载转运现场，直至目的地。

铁路超限货物运输虽然没有验道的过程,但超限货物的承运与装载是借助于铁路建设的技术标准,力求在此类货物设计时尽量考虑运输限制,有些在装载时可以通过改变包装、拆解货体和改善装载方法等措施,尽可能地降低超限程度;《铁路超限货物运输规则》中规定:为确保装载超限货物车辆的安全运输,需要安装检查架,或需临时改变建筑物、固定设备。检查架的制作,应由铁路工务段负责,安装检查架及临时改变建筑物和固定设备所需的费用,由安装施工单位开具账单,交车站代向发、收货人核收。

（四）制订运输方案

超限货物的超限类别不同,因此在货物运输作业中必须根据托运技术说明书、测量、验道的结果,在仔细研究和分析理货报告的基础上,会同托运人、相关管理部门制订安全可靠、可行的运输方案。

运输方案的主要内容有:依据货物的外形、重量和结构特点,研究顺装、横装、立装等方案,配备牵引车、挂车组及附件,结合装运车的技术条件,综合考虑确定最有利的装载方案。依据货物外形、重量配备动力机组及压载块;确定车辆行驶的限定最高车速,制定运行技术措施,配备辅助车辆,制订货物装卸与捆扎加固方案,制订和验算运输技术方案,完成运输方案书面文件。

运输方案涉及到园林、交通管理、消防部门的,应编制园林辅助作业的内容和要求;编制交通管理的时段和路段要求,人员分流要求;消防部门的消防预案,且应会同上述部门协调、沟通,保证安全运输。

（五）签订运输合同

承运人经运输审核、理货及各部门协调会后,制定出超限货物运输方案,承托双方应就本次运输签订特殊货物运输合同,合同主要条款与普通货物运输条款相同;另外,要进一步明确货物件数、货物性质、货物测量数据及运输车辆数据、运输起讫地点、运距与运输时间,明确合同生效时间、承托双方应负责任、有关法律手续及运费结算方式、付款方式等,并将托运人的说明书、本次制定的运输方案附在合同后面,也便于补充说明运输的具体要求,也便于明确承托双方的责任。

（六）运输防护及措施

长大阔重货物的尺寸规格一般都超过了正常货运车辆的装载限界,此类超限货物装车后必须依照车辆和货物的特性要求进行货物的专门装载加固。

货物装载加固的基本要求是:所选车辆应具有足够的强度,能满足承重要求,便于对货物加固,如车辆周边有拴系孔。货物装载后应尽量降低车、货的重心,保证车辆稳定行驶。装载加固后,应使货物均衡、稳定、合理地分布在车地板上,不超载、不偏载、不集重、不偏重,货物形状特殊时,可以专门制作固定支撑装置,将其稳固于车辆上;货物装车后,必须用垫木、铅丝或钢丝缆绳固定牢固,以防滑动;货物超出车身的尾部时须白天插红旗,夜间悬挂红灯,以便于车辆安全行驶。货物加固后应能经受运输途中正常调车作业以及车辆运行中所产生各种力的作用,如车辆转弯时的侧向压力、车辆上下坡时的挤压力等。加固后的货物在运输全过程中,不发生移动、滚动、倾覆、倒塌或坠落等情况。

组织特殊物件运输工作所需牵引车驾驶员、挂车操作员、修理工、装卸工、工具材料员、技术人员及安全员等,依照运输工作岗位责任及整体要求认真操作、协调工作,保证货物运输工作全面、准确完成。运输时需由托运人配备电工,携带应用材料、工具随车护送,必要时还需请有关部门协同在前引道开路,以便排除障碍,顺利通行和提示过往车辆注意。

公路管理机构对批准大型物件运输车辆行驶公路的,需签发《超限运输车辆通行证》。大型物件运输涉及其他部门(如电力、电信、管道等)利益时,应征得其他部门的同意,支付相应的补偿费。承运人运送大型物件时,必须持有效《通行证》,在主要经过路段需请公安机关协助指挥道路交通,进行临时道路交通管制。车辆行驶时必须悬挂明显标志,按公路管理机构核定的时间、路线、时速行驶公路。车辆通过桥梁时,时速不得超过 5km/h,且应匀速居中行驶,严禁在桥上制动或变速。公路管理机构根据制定的通行与加固方案以及签订的有关协议,对运输路线、桥涵等进行加固和改建,保障大型物件运输车辆安全行驶公路。公路管理机构进行的勘测、方案论证、加固、改造、护送等措施及修复损坏部分所需的费用,由承运人承担。

铁路运输部门专门制定有《铁路货物装载加固规则》,其中规定了长大阔重货物运输的车辆选型要求,货物装载加固的具体要求。铁路运输部门在承运时,依照铁路局管理部门批准的货物"装载加固定性方案"实施。

(七)运输统计与结算

承运人在完成公路大型物件运输工作后应进行各项技术经济指标统计。完成运输工作后按运输合同有关规定与托运人结算运费及相关费用。对国家重点项目大件运输工程,必须写出总结报告。

三、贵重和易碎品货物运输

(一)贵重物品运输

贵重货物是指价值昂贵,在运输中需要特别保护的物品,如货币及有价证券、贵重金属、精密仪器、高档电器、珍贵艺术品等。

运输贵重货物应注意的问题:托运贵重货物,托运人按货物实际价值,自行选择保险或保价的一种,在运单上准确填写投保货物的声明价格。托运人应对物品属性以及运输、装卸、保管注意事项和运抵时间期限等提出特约要求。整批量大的贵重货物,原则上受理后实行整车运送,安排适宜货物载运的、性能良好的货车或专用车直达运输;小批量零星贵重货物,拼装零担运输的应在运单上盖有"贵重货物"戳记,便于承运前、到达后的车站稳妥装卸和保管。为确保货物安全,应尽可能实行快运,超长运距应配备双班驾驶人,日夜兼程。途中定时检查车厢和油布,运行中不得随便紧急制动。

(二)易碎货物的特点及其运输要求

易碎货物具有怕震动和易破碎的特点,主要是玻璃及其制品、陶瓷器及石棉瓦类的物品。承运易碎货物注意事项:要求包装牢固,物品衬垫材料充实,不易晃动、挤压,对于无外包装的货物,须有夹板、紧绳紧固防护。易碎货物原则上采用整车运输,须拼装的零星货物,不得与怕湿、怕热以及易燃、易吸收的、易污染的物品混装;积载时小心轻放,注意标志,严禁滚翻、重压。车辆行驶时要匀速,不得紧急制动,避免货物剧烈的振动。

目前,越来越多的发货人借助航空运输运送贵重及其他属性的特殊物品。到目前为止,飞机仍然是最快捷的交通工具,它飞行速度快(常见的喷气式飞机的经济巡航速度大都在每小时 850~900km)。对于那些易腐烂、变质的鲜活商品,时效性、季节性强的报刊,节令性商品,抢险、救急品的运输,航空运输大大缩短了货物在途时间,运送速度快,也使货物在途风险降低,因此许多贵重物品、精密仪器也往往采用航空运输的形式。

工作任务总结

1. 什么样的货物属于危险货物？危险货物的特性有哪些？
2. 什么样的货物属于笨重货物？什么样的货物属于长、大、阔货物？
3. 鲜活货物运输有哪些注意事项？
4. 危险货物运输有哪些注意事项？
5. 危险货物运输从业人员应具备什么素质？

项目活动实践

1. 以各组建营业部为单位，制定大件货物运输方案。
2. 以各组建营业部为单位，设计将昆明鲜花空运到南京的运输作业流程。

项目活动设计

李民到公司下属的分公司担任运输经理助理啦！经过前一段时间的基层锻炼,李民对货物运输的操作作业过程比较熟悉了。接下来,他还有哪些未知的挑战呢？

李民闲暇时和经理、营业部主任聊天时得知,不论在哪个部门,经理和主任对运输成本控制都非常关心,但有时只能凭借经验进行运输作业的优化。李民一直把这事记在心里,期望能获得更多的科学方法解决运输优化问题。

任务目标

1. 会依据运输订单信息制定运输计划;熟悉调度作业程序。
2. 熟悉货物配载规则。
3. 会用科学的方法选择运输方式;能用合理化的思想对运输作业优化。
4. 养成运输职业经理人的成本意识、全局意识、服务意识等职业思维习惯。

德邦物流股份有限公司(以下简称德邦)是国家"AAAAA"级物流企业,主营国内公路零担运输业务,创始于 1996 年。公司在发展中持续创新,自建营业网点、自购进口车辆、搭建最优线路、优化运力成本;公司不断提升运输网络和标准化体系,创造最优化的运载模式,为客户提供安全、快速、专业、满意的物流服务。

截止 2013 年 1 月,德邦已在全国 31 个省级行政区开设直营网点 2800 多家,国内 550 多个城市和地区建有服务网络,自有营运车辆 5200 余台,在全国 20 多个经济中心城市设有大型的货物中转基地,全国转运中心总面积超过 85 万 m²,拥有现代化机械设施的外场操作柜台,为货物中转、装卸提供可靠保障;目前,德邦货物日吞吐货量近 3 万吨。

[资料来源:根据德邦官网 www.deppon.com 资料整理,2013 年 2 月 16 日]

模块 1 调度作业

李民所在部门经理去总公司学习开会一周,分公司的主要日常工作由李民负责。经理委托小李在其开会期间负责运输调度工作。

周一,小李接到客户的部分运输订单如表 7-1 所列。小李该如何安排运输计划呢？

表 7 - 1　运输订单

运单号	货物名称	数量	出发地	到达地	到达时间
001	牙刷	80m³	扬州	广州	12 月 19 日
002	牙刷	45m³	扬州	义乌	12 月 17 日
003	牙刷	90m³	扬州	西安	12 月 16 日
004	毛绒玩具	30m³	扬州	郑州	12 月 15 日
005	原木	60t	扬州	合肥	12 月 14 日
006	钢板	45t	扬州	郑州	12 月 16 日

一、知识准备

物流运输企业实现运输作业的主要过程是:制定运输计划、货源组织、实施运输作业、运输决策、运输统计与评估。其中,制定运输计划、运输决策是合理化运输、控制运输成本的重要内容。

(一)运输计划

运输生产计划是运输企业经营计划的主要组成部分,是指物流运输企业对计划期内企业应完成的物流运输量、物流车辆构成和车辆利用程度等方面进行必要的统筹部署和资源使用安排。

运输生产计划简称运输计划,分为常态运输计划和动态运输计划。常态运输计划指运输企业在一定时期内相对固定的运输任务的安排;运输企业从客户手中接到订单后,依据企业的运输能力而编制的运输任务计划叫动态运输计划。

运输计划是组织运输生产的主要依据,在运输生产经营管理中有着十分重要的作用。因为科学合理的运输计划可以使企业充分利用运能资源,充分满足市场对运输服务的需求。企业通过编制运输生产计划,可以使企业中的有关人员明确运输任务,按任务要求协调自己的行动,提高工作效率。当市场需求发生变化时,可以通过适当调整运输市场计划,提高经济效益。制定运输生产计划可以促进各种运输方式的综合利用和合理分工,促进各种运输方式的协调发展。

运输企业必须科学、合理地编制运输计划,严格执行运输计划。运输计划编制的主要内容有以下几方面。

（1）熟悉企业运输资源情况,掌握货流。

（2）合理选择运输方式,合理分流,充分利用联合运输。

（3）科学、合理地将任务分解到各执行运输单位。

（4）尽量组织直达运输、组织连续、均衡生产。

（5）充分合理利用现有运力,制定合理化的优化运输方案。

(二)编制运输计划

编制运输计划时,应贯彻以下原则:要符合党和国家的运输管理法规;贯彻综合平衡的原则,注意生产任务同设备能力、物资供应、劳动力之间的平衡;要注重市场研究;要正确处理运输需要和运输能力的矛盾;要尽量组织合理运输、均衡运输、直达运输等。

运输计划由运输量计划、车辆计划、车辆运用计划和车辆运行作业计划 4 部分构成。通常先编写运输量计划,明确任务。然后编制车辆计划与车辆运用计划,以满足运输量计划的要求。

1. 运输量计划

运输量计划以货运量和货物周转量为基本内容。货运量主要依据上年度或上一个计划期内的运输量综合而成,包括已签订的运输合同、接收订单量、市场需求预测、运输生产能力等。货物周转量是货运量和货物运输距离的乘积的累计数,单位为 t·km;它能够全面地反映运输生产成果,是考核运输业的综合性的产量指标。货物周转量还与运输工具的实载率高低和装卸间隔时间长短密切相关。

2. 车辆计划

车辆计划是企业确定企业运输生产计划、有效利用车辆资源,完成运输量计划的重要依据。它主要反映企业在计划期内营运车辆类型及各类车辆数量增减变化情况及其平均运力。企业编制车辆计划时,要分析货源特点、熟悉企业车辆的装载要求,车辆的车型、车况等。车辆计划编制的主要内容有:计划期内平均营运车数;计划期内营运车的总吨位数。

3. 车辆运用计划

车辆运用计划是以企业运输量计划和车辆计划为基础,在计划期内全部营运车辆生产能力利用程度的计划。当企业的车辆计划确定后,能否完成运输生产计划,车辆运用计划的效率高低至关重要。

判断车辆利用效率高低的主要指标有:平均车数、平均总吨位数、车辆完好率、车辆工作率、车吨日等。

车辆运用计划的编制方法有顺编法和逆编法,前者以运输企业的运输能力为出发点,后者以客户需求为出发点。在编制时应注意各项指标的相互协调与可实践性;不仅考虑企业的自有车辆,也要充分考虑社会车辆的利用。

4. 车辆运行作业计划

车辆运行作业计划是企业完成运输生产任务的实施计划,是车辆在一定时间(月、旬、五日、三日、一日)内的具体运输任务。它具体到对每一基层单位的每一车辆的具体任务、作业时间、应完成的运输指标的计划,包括按日历顺序安排的汽车运行作业起止时间,运行路线和装卸货地点,应完成的运输量等。

车辆运行作业计划的编制主要依据:企业月度运输任务及车辆运用计划;企业货源调查资料以及确定的运输合同;企业车辆技术状况;驾乘人员配备;运输装卸作业条件等。

车辆运行作业计划分为:长期运行作业计划适用于经常性及固定的运输任务;短期运行作业计划适应性较广;日运行作业计划适用于多变、不确定的运输计划;运次运行作业计划主要针对临时性或季节性,地点相对固定的短途大宗货运任务。

车辆运行作业计划编制的步骤如下。

(1)填写货源汇总分日运送计划表;绘制货流图(货物的流量、流向);说明发运和到达的时间要求。

(2)说明每辆汽车保养修理级别和车辆保养修理作业计划。

(3)给每辆车分配具体运输任务,列明日作业地点和路线、行驶(空车和重车)里程、完成的运输量。(此项也可以用行车路单形式制定。)

(4)分析前期计划存在的问题。

(5)编制车辆运行作业计划。

(6)报领导核准车辆运行作业计划。

说明:行车路单是根据总的运行作业计划下达给驾驶员的运行作业指令,也是用来核算实际运输量、燃油消耗量、驾驶员行车津贴等的原始记录，在驾驶员执行运行任务时由调度员签发，完成任务后交回调度员结算。

（三）车辆运行组织方式

实际运输调度中，车辆工作率、实载率、里程利用率是调度计划设计时要考虑的重点内容。城市配送中，有时设计的线路很短，车辆完成配送任务后，就处于一种休息状态，使车辆利用率降低，这种现象在实际调度中要尽量避免。从提高运输效率和车辆利用率方面来讲，企业可采用的先进调度方式包括多班运输、定时运输、甩挂运输和定点运输。

1. 多班运输

多班运输指在昼夜时间（24h）内车辆工作超过一个工作班（8h）以上的货运形式。企业在调度中可采用人休息，但车不休息的多班运输形式。

采用多班运输可增加车辆连续工作时间，能相应地提高车辆的在途时间和车辆利用率。但企业应解决好驾驶员的组织和车辆的行车调度问题，注意安排好驾驶员的工作和休息时间，还要考虑到定车、定人和车辆的保修安排。

采用多班运输，可以是双班制运输和三班制运输，这适合距离比较远、客户运送时间要求严格的运输。一般要求每辆车配备两名或两名以上司机，分日、夜两班或者三班轮流行驶。

多班运输车辆运行组织方式简单，适合大宗货物运输或往返式重复运输，也因其配载作业比较单一，利于安排夜班运输。由于夜班工作条件比日班的工作条件差，不论道路照明、临时事故的处理、工作联系等方面都不如日班方便，所以对零星的货运任务、循环送货运等，由于装卸地点较多，情况比较复杂，应安排给日班运输。

2. 定时运输

定时运输指车辆按运行计划中拟定的行车时刻表进行工作。例如：定车次、定人、定任务、定时间的"四定"运输。在汽车行车时刻表中规定汽车从车场开出的时间、每个运次到达和开出装卸站的时间、装卸工作时间和返回车场时间等。在货运量大且货源稳定的情况下，这种车辆运输作业组织方式能收到较好的运输效果。定时运输的车辆调度组织方式依据车辆运行图和行车时刻表实施。

3. 定点运输

定点运输是按送货或取货地点固定运输车队（或车辆），专门完成这些固定区域或线路运输任务的作业组织形式。定点运输是事先划分运输区域，然后指派固定运输承运人专门经营某一个或几个运输区域（线路）。

实行定点运输可使运输承运人集中精力经营，有利于运输服务质量的提高和运输成本的降低；使得运输调度计划编制相对容易；送货或取货地点相对比较集中，有利于运输线路优化。

定点运输又分定线运输和定区域配送。定线运输是车辆在一条或几条固定的运输线路上，承担客户送货取货任务。定线运输又称为专运线运输。定区域配送是对客户地理位置进行区域划分，让承运人承担固定区域的送货取货任务。定区域配送需要对线路进行优化设计。

为提高车辆的运输效率，减少空驶和等待回程货物，加强车辆定时运输和衔接运输的组织工作，运输车辆的行驶路线可采用直达行驶和分段行驶。

直达行驶是采用点对点的运输网络，每辆车装运货物由起点经过全线直达终点，货物中间不换车，卸货后再装货或空车返回。采用直达行驶时，如果运送距离长，车辆在路线上运行时间较长，应合理科学地安排司机作息和车辆调度，坚决杜绝疲劳驾驶。

分段行驶是指将货物全线运输路线适当分成若干区段。每一区段均有固定的车辆往返行驶,相邻区段间建有运输作业节点(货运站、场地和装卸设备),货物由一个区段的车辆运至节点交接,货物被下一个区段的车辆接运,每个区段的车辆不出本区段工作。

二、工作任务

物流运输企业的调度工作主要是安排和实施车辆、货物运输作业计划。货物运输具有点多、面广、流动和分散的特点,因此,调度工作必须了解当前运输形势和熟悉主要物资的分布情况以及货物流量、流向、季节性变化等;了解本企业的运输生产计划、重点物资运输计划及保证完成的各项措施;熟悉运输路线的路面、桥渡、站点分布,装卸及仓库的现场条件及装卸能力,并能加强与有关部门联系,做好调查研究,达到调度准确及时。

(一)车辆调度作业程序

运输企业调度作业主要集中在车辆调度运行作业计划的编制、运输实施过程的监控方面,以保证安全运输(图7-1)。

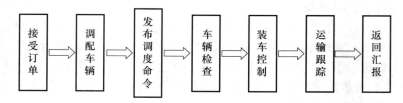

图7-1 车辆调度工作流程

1. 接受运输订单

调度员接受客户有关货物运输的运输请求,调度员对客户要求的运输产品、数量、送货地点进行核实,要进一步核实企业内的车辆信息,核实签约客户的运输信息,将客户运输订单进行整理、分类,作为派车的依据;另外,调度员还要比照运输计划内容,预选车辆、编制车辆运行作业计划。如果客户要求的送货地点是新的运输线路,调度员需要与客户进一步沟通,并核算运输里程及确认运输价格。

2. 调配车辆

物流运输企业中调度员掌握和指挥车队的三大资源:司机、车辆和运输计划。合理调配车辆能提高车辆的周转次数,提高车辆的效率。调度员必须选择合适的人员和车辆进行运输。运输企业能调配的车辆主要为自营车辆和社会车辆(委外运输)两种。调度员不管调度自营车辆还是社会车辆均需审核调配车辆的五证、一单、两个电话,五证即身份证、驾驶证、行车证、营运证、营运上岗证,一单即车辆保险单,两个电话即移动电话、家庭电话,对于证件不齐全的不能作为备选车辆。

车辆调度组织的原则是不能造成人员滞留,调度员在调度车辆时要注意合理安排时间,尽量减少车辆停留、等待时间。

这一环节,如何提高车辆的周转速度是首要考虑的内容。运输企业提高车辆利用率的主要途径有以下几种。

(1)以经济运输范围或以管理区为单位建立完善的自备车利用流程,做好包括发车前沟通、确认车厢位置和空间等工作。

(2)派专人监控到货卸车并负责送货时间控制工作。

(3)提前联系客户收货信息,使客户及时做好收货准备,减少车辆滞留时间。设立专职人员负责监控自备车利用率,定期公布。

（4）做好自备车按返回的时间节点发车或者监控时间表。

（5）营运仓储及时安排合同车,减少外雇车。

（6）发货前做好与发货人的沟通,要求对方公司按合同车时间节点发车。

（7）加强公司内部网点之间、公司与公司之间的车辆信息共享。

3. 发布调度命令

调度员制定车辆运行作业计划后,应及时公告其计划,便于驾驶员、货运员等部门人员做好作业准备,提高作业效率。驾驶员领受任务时取得行车路单,并在车辆行驶记录单中签名,说明接受调度任务。

调度员在车辆出发前还要对驾驶员进行"四交代"（出车时间、车辆行驶路线、运输任务、注意事项）,及时了解用户的反映和驾驶员完成任务的情况。各部门应严格执行调度命令;对调配的车辆、所去场站和行驶路线必须清楚无误。

4. 车辆检查

调度员对企业车辆状况必须"心中有数",应派遣合格的车辆完成运输任务。为确保运输安全应在车辆出发前再次核实车辆证照,提醒或与驾驶员一起检查车况,对存有安全隐患的车辆杜绝带病发车。

车辆抵达指定装货地点后,调度员收取车辆的五证一单两个电话,进行检查;同时还要根据《车况防护检查记录表》对到位车辆进行检查,对于不符合运输要求的车辆要求司机进行整改,整改到合乎要求方可装车。

5. 装车控制

装车控制是有计划地调配使用车辆、合理安排运输、控制运输工具积载效率的关键环节。它主要是通过运输工具的积载、配载的合理优化实现;但要注意不能超载、不能违反运输规章。这一环节主要的工作内容有以下几项。

（1）根据装货车辆的长度、宽度、高度,制定装车方案,确保装载量最大化。

（2）领取运输单证并核对计划信息与运输单信息,发现问题及时与客户进行沟通,明确发运信息。

（3）调度员与司机交接单据,提醒司机做好防护措施。

（4）装货过程中,调度员检查产品是否按照包装箱标识进行摆放,遵循大不压小、重不压轻的原则,注意货物装载的平衡性。

（5）装车完成后与司机进行货物名称、数量及包装是否完好等情况的确认。

6. 运输跟踪

为保证运输安全,运输车辆行驶路途中应注意观察车辆的安全性。车辆在行驶过程中,应利用电话、短信、GPS 跟踪等信息手段了解车辆所处的位置、运输状况,并可以下达回程载货指令。

目前各种运输方式都应用了先进的技术进行运输安全性跟踪,一旦发生运输阻碍,应及时向当班调度值班员汇报所发生情况,接受调度指挥。

7. 车辆返回汇报

当车辆完成运输任务时,应及时向调度中心汇报,确定下一运输任务。例如:公路运输车辆到达送货目的地后,是返程带货还是空驶返回,必须征得调度中心的同意。

车辆返回后,驾驶员交回运输单证,及时上交客户回款,结算费用,车辆进行检查保养,便于下次行车作业。车辆返回时也有特殊情况,比如:退货、拒收货、回程货等情况发生,应该立即交给相关人员处理。

（二）货物配载

合理的配载有利于提高车辆的实载率和容积利用率,是运输企业获得经济效益的重要手段。众多公司的配载工作都是员工凭经验完成,运输工具使用率的最大化、配载效益的最大化也就很难得到保证,另外新员工不具备这样的经验。目前利用专业的配载软件可以获得较高的利用率。

货物配载中,轻重搭配是配载的最简单的原则,即用重货铺底,以充分利货物用运输工具的载重量,轻泡货搭配以充分运输工具的容积。另外配载时还要遵循以下原则。

（1）根据运输根据的内径尺寸,计算出最大容积量。

（2）测量所载货物的尺寸重量,结合运输工具的尺寸,初步算出装载轻重货物的比例。

（3）装车时要注意摆放货物的顺序、堆码时的方向,是横放还是竖放,以最大限度地利用车厢的空间。

（4）配载货物时不仅要考虑最大限度地利用车载量,还要具体情况具体分析,根据货物的价值进行搭配。

（5）以单位运输工具能获得最大利润为配载总原则。

具体的方法有以下几种。

（1）采取轻重商品的混合装载。例如,在以重质货物运输为主的情况下,同时搭载一些轻质货物,这样就能在基本不增加运力投入的情况下,在基本不减少重质货物运输的情况下,解决了轻质货物的搭运。

（2）实行解体运输。它是针对一些体积大且笨重、不易装卸又容易碰撞致损的货物所采取的一种装载技术。

（3）堆码技术的运用。应根据车船的货位情况及不同货物的包装、形状,采取有效的堆码技术,如多层装载、骑缝装载、紧密装载等技术,以达到提高运输效率的目的。

（4）合装整车运输。合装整车运输也称"零担拼整车中转运输",它主要是用于杂货运输。合装整车运输时在组织铁路货运时,由同一发货人将不同品种单发往同一车站、同一收货人的零担托运货物由物流企业自己配组在一个车皮内,以整车运输的方式托运到目的地;或把同一方向不同到站的零担货物集中组配在一个车皮内,运到一个适当的车站,然后再中转分运。

配载工作人员工作时还要注意以下事项。

（1）重货不能压轻货,大件货物不能压小件货物。

（2）注意运输工具的承重位置,不能偏重,或者重心偏移。

（3）注意价值高及附加值高的货物的装载位置,要相对保护起来。

（4）注意货物性质的相溶性,例如食品不能和有异味的、有毒的货物混装。

（5）液态物质要注意其包装的密封性并相对独立码放。

（6）怕压、易碎、易变形的产品,在装载时要注意采取防护措施。

（三）运输方案优化设计

运输方案优化设计是针对客户的需求,按照运输合理化"五要素"的内涵,寻找运输成本最低、企业效益最大化的决策过程。运输方案优化设计是综合合理应用数学方法和运输优化原则的过程。在运输方案优化设计中要回答以下问题。

（1）运输方式的选择。各种运输方式有其特点，不能绝对的保证哪种运输方式好，应该视客户的价值理念和对运输效益的最求。例如：活动项目设计中由于客户要求的到货时间比较急，因此不适合采用铁路运输方式；到货地点也决定了不能采用铁路运输方式；而从货物的性质及数量上看也不适合采用航空运输与集装箱运输方式。所以在做运输方案时，可以先查看可以采用哪几种运输方式，然后，再逐条分析限制条件，最后，排列出最合适的运输方式。运输方式选择也可以采用定量的计算方法得出。

（2）运输的运作模式。运输的运作模式主要有两种：① 自行组织运输；② 委外运输。活动项目设计中李民所在的是一家运输公司，拥有从事运输的资源和能力，显然选择外包运输业务的模式不恰当。当然如果该公司的运输能力不足，或者某些线路的运作不够成熟，可以选择将部分业务外包的模式。

运输业务是自营还是委外运输，主要基于企业运输管理能力和外包是否能提高企业的经济效益。当运量小，企业自营运输成本较高时，就可以将运输外包给第三方公司；若运量较大时、客户服务要求水平高、该运输对企业有较大影响时，可以决定自营运输。

（3）车辆的配置。车辆的配置主要考虑货物的性质、货物的质量、运输距离的远近。活动项目设计中牙刷、毛绒玩具均属于纸箱包装的泡货，因此适合选择装载容积大的平板车。原木及钢板属于重货由于货物形状也适合平板车或者普通货车，并可视具体条件考虑与轻货搭配运输。

（4）运输路线的选择。货物配载技术、积载方式、返程是否带货等影响运输路线的选择。例如活动项目设计中运输目的地主要是扬州的南面及西面，其中广州、义乌在扬州的南面，根据平板车辆的容积$(17.5 \text{m} \times 3 \text{m} \times 2.5 \text{m})$能够将这两地的货物配载。

（5）运输时间安排。运输起运时间要考虑客户要求的到达时间，也要考虑车辆在途中的行驶时间，提高运输的准时率。

（6）运输成本核算。运输成本始终是运输决策者要考虑的因素，上述运输方式的选择，运输模式的选择、车辆、路线包括运输时间（影响违约成本）的安排都是基于运输成本而做出决策。

三、动态运输调度

（一）动态运输调度

运输调度的作业是根据运输要求，在给定的条件下，对若干台车辆的送货路线和行程时间进行设计，并将任务分配相应的司机。组织合适的车辆，安排适当的行车路线和任务分配，排出每辆车的作业流程和各任务的送货时间、数量一览表，并达到一定的优化目标，如费用最低、路程最短、时间最少、车辆利用率最高和使用车辆数尽量少等，是运输调度的基本目的。

一般来说，车辆调度及路线安排需要考虑的内容有以下几点。

（1）车辆成本。车辆成本是指车辆进行配送所消耗的燃油、轮胎磨损和车辆折旧等。该成本主要取决于物流配送车辆行驶距离，配送行驶距离越长，成本越高。

（2）人员成本。人员成本是指司机的工资福利等，可根据工作时间进行计算，包括车辆到达客户处等待交货时间需要支付的费用。

（3）交货延迟成本。在客户处设立收货时间窗口，如果车辆到达客户处的时间超过规定的货物送达时间要求时，需要支付的罚金。

运输调度过程中，客户需求是不确定的、有时会临时需求车辆，道路交通状态也会随时变化，运输调度应该适应这些变化，及时制定能够反映当前运输状况的运输方案，这就是动态运输调度问题。

（二）动态运输调度作业

动态运输调度还包括两种情况：一是在执行既定计划时，一些新的需求计划加入或一些运输条件临时改变；二是在执行计划过程中出现的一些突发情况，如选定的路线突发交通拥挤。这两种情况都要求运输计划能够及时调整，重新制定出优化的运输方案。

企业运输路线选择和行程安排主要考虑 3 方面因素，即路网动态交通条件、客户和企业运输能力。为低成本完成到客户的运送，企业事先要根据客户信息、企业运输能力和配送网络的基本交通条件选择最优路线进行运输。

（1）收集实时路网动态数据，分析交通路网状况，判断路网通过能力。

（2）预测路网各路段通行能力和车辆运行时间。

（3）与客户沟通，多方位了解客户对运输需求的详细要求。

（4）企业运输可用车辆、人员及机动资源的状况。

（5）统筹考虑客户需求，重新设计运输路线，调整车辆行程计划。

（6）统筹优化作业方案，编制作业内容实施的先后顺序，与客户沟通。

（7）执行动态运输计划。

模块 2　运输方式选择

http://yz.haoyun56.com 是扬州市物流电子商务平台，为物流运输需求方和供应方搭建信息共享平台。2012 年 2 月 16 日，该网站货运信息一览显示众多运输需求方提供的货源信息，现按托运人、货物种类、数量、流向及相关要求整理如表 7-2 所列。李民要据此选择运输方式。

表 7-2　货运信息一览表

序号	托运人	货物及数量	起点—终点	要求	运输方式选择
1	扬州港扬食品有限公司	食品（2t）	扬州—上海	以最经济的办法，希望尽快送达	待定
2	扬州牧羊集团	机械设备（30t）	扬州—河南信阳	不可拆分，以最经济的办法	待定
3	府谷县煤炭公司新榆煤矿	煤炭（2000t）	陕西府谷—扬州	以最经济的办法	待定
4	泰州海螺水泥有限责任公司	水泥 5000t	泰州—仪征	以最经济的办法	待定
5	中盐广西盐业有限公司北海碘盐中心	海盐 6000t	北海—南京	以最经济的办法	待定
6	新疆华龙医院	海鲜（5 箱）	上海-南京	时间紧急，越快越好	待定

一、知识准备

物流运输方式的选择是运输合理化的开始，它需要根据运输环境、运输服务的目标要求，且各种运输方式和运输工具都有各自的特点，一般来讲，运输方式的选择受运输物品的种类、运输量、运输距离、运输时间、运输成本这 5 个因素影响。这些影响因素相互作用、相辅相成。

（一）运输方式比较

现代物流运输体系中，按照运输线路和运输工具特点划分，运输可以分为铁路运输、公路运输、水路运输、航空运输、管道运输。前 4 种运输方式是货物运输中采用最多的。

1. 铁路运输

铁路运输是使用铁路列车运送物资的一种方式,主要承担长距离、大批量的货物运输,在没有水运条件的地区,铁路运输是在干线运输中起主力运输的运输方式。

铁路运输的优点:受气候、环境影响小;运输安全性好;尤其是中长距离运输,货运费用低廉;运输批量大;节能。目前国内重载重轴的铁路货物运输最大货运量达 2 万 t 每列车;国际上的铁路货物运输量达 10 万 t 每列车。

但其主要缺点表现为:短距离货运,运费较贵;货车途中作业需要一定的时间,如国内铁路承运普通货物的起码运送到达期限是 3 天,若是易腐货物的容许运到期限必须大于 7 天;铁路运价受国家调控,运费没有伸缩性,不符合市场经济发展要求;不能实现"门到门"运输;铁路货运场站固定,列车运行严格按照行车时刻表执行,不能随时停车。

2. 公路运输

公路运输方式的灵活性,决定了其运输生产点多、面广的特点,所以,公路货物运输适应运输量小、近距离的货物运输,尤其适合城市区域内的配送运输,此外,公路运输在零担运输方面具备强大优势。其主要优点有以下几方面。

(1) 机动灵活,简捷方便。这表现为运输工具能深入工厂、矿山、山区,实现"门到门"运输;运载量可大可小,可从 0.25t ~ 400t;组织方式可自成体系,又可连接其他运输方式;运营时间上能根据需要灵活制定运营时间表,运输中的伸缩性大。

(2) "门到门"运输换装环节少,中短途运输速度较快。中短途运输中,汽车的平均速度比铁路快 4 倍 ~ 6 倍,比水路快 10 倍。目前我国高速公路网建设速度很快,汽车中短途货物运输的优势更加明显。

(3) 端点费用低,对于近距离、中小批量的货物运输,其运输费用相对较低。汽车装卸搬运作业目前还有完全人工作业现象;汽车运输经济里程半径一般在 200km 以内,高速路网越完善,这一里程半径可延伸。

(4) 完成其他运输方式的首末端运输,实现"门到门"运输。可以衔接铁路运输,实现"门到门"服务。

(5) 投资少,经济效益高,可得性强。因为运输企业不需要拥有公路,所以其固定成本很低,且公路运输投资的周转速度快。

(6) 操作人员容易培训。

公路运输的主要缺点在于:运输能力小;运输能耗高;运输成本高;公路运输噪声、废气等污染环境严重;劳动生产率低;在路况较差的运输过程中货物受震动较大,容易造成货损货差事故。

3. 水路运输

水路货物运输以运量大、成本低、通达面广而在整个交通运输系统中起着巨大的作用,在我国运输业中也占有重要的位置,其货运周转量占全国货运周转量的一半多。

水路运输的优点是:运输能力大、运输成本低、建设投资少、通用性能较强、占地少、节省资源。但水路运输也有一些缺点:受自然条件影响大、运送速度慢,准时性差、航行风险大,安全性略差、搬运成本与装卸费用高。

因此,水路运输主要适宜于承担运距长、运量大、体积大、价值低、不易腐烂、对运输时间要求不高的各种大宗货物的运输。

4. 航空运输

在我国运输业中,空运虽然所占的比重比较低,但拥有很大的发展潜力,重要性越来越明显。与其他运输方式相比较,航空运输的优点有以下几方面。

① 运行速度快。现代喷气式飞机的速度一般在 900km/h 左右,比火车快 5 倍 ~ 10 倍,比海轮快 20 倍 ~ 25 倍。

② 直达性、机动性能好。空中受自然地理条件限制较少,航线一般采取两点间的最短距离,可以到达其他运输方式难以到达的地方。

③ 安全性能高。航空运输安全性强,事故率低,保险费率相应较低。

④ 对运输货物包装要求较低。由于飞机运输对货物产生的震动和冲击力较小,货物只需要简单地打包即可,货损事故少。在避免货物灭失和损坏方面有明显优势。

缺点是:飞机运输能力小;单位里程的能耗大;运输成本高;航空运输服务的可得性较差。

(二)运输方式技术经济指标

几种运输方式的技术经济特征可以从以下几个方面进行比较。

1. 送达速度

技术速度决定运载工具在途运行的时间,但由于各种外界因素的影响,运输工具并不能始终按照技术速度行驶,并且运输过程中还有停留时间、发送、终到两端的作业时间。因此,对收货人和发货人而言,送达速度具有实际的意义。

目前我国几种运输方式的技术速度为:公路运输的平均速度为 80km/h ~ 120km/h;铁路运输的平均速度为 80km/h ~ 120km/h;海上运输的平均速度为 10 节 ~ 20 节(指船舶在航运中的速度,每小时航行 1 海里表示 1 节);内河运输的平均速度 8km/h ~ 20km/h;航空运输的平均速度 900km/h ~ 1000km/h。

2. 运输工具的容量及线路的运输能力

由于技术的原因,各种运输方式的运载工具都有其适当的容量范围,从而决定了运输线路的运输能力。公路运输是由于道路的制约,其运载工具的容量为最小。通常的载重量是 5t ~ 10t(随着高等级公路的增加载重量有所增加),长途运输中汽车的载重量在 40t 左右。铁路列车的载重量受决定于列车长度和路基承受能力,我国一般铁路列车的载重量为 3000t 左右。船舶容量主要受航道和港口水深的制约,但是一般来说其规模比其他运输方式大得多。

3. 运输成本

运输成本主要由 4 项内容组成。

(1)基础设施成本,如公路运输中的道路修筑、水路运输的河川整治、铁路运输的线路建设。

(2)运转设施成本,主要是指牵引机车、动力机械等运输工具方面的投资,如电力机车、汽车、轮船、飞机和集装箱等。

(3)营运成本,是指运输过程中所产生的能源、材料和人工等方面的开支。

(4)作业成本,是指在交通运输的始发、中转和终点所发生的编组、整理、装卸和储存等作业而发生的各类费用。

4. 经济性

经济性是衡量交通运输方式的重要标准,对交通需求者来说,经济性是指单位运输距离所承担的运输费用的多少。交通运输方式经济性状况除了受投资额、运转额等因素的影响之外,主要与运输速度和运输距离有关。一般来说,运输速度与运输成本的关系是正相关关系。不同运输方式的运输距离与成本之间的关系有一定差异,如铁路的运输距离增加的幅度要大于成本上升的幅度,而公路则相反。

（三）运输方式选择的影响因素

影响运输方式选择的主要因素包括货物的品质特性、运输批量、运输距离、运输时间、运输成本、运输的安全性和运输的便利性等。

1. 货物的特性

货物的性质、形状、价值、单件的重量、容积、危险性、易腐性等都是在选择运输方式时首先要考虑的问题。只有符合运输物品的特质或特点的运输方式才可以考虑选择。例如价值高、鲜活易腐货物最好考虑使用安全性强、速度快的运输方式。

2. 运输批量

运输的规模经济原理告诉人们随着运输批量的增大平均的运输成本是下降的,因此应尽可能使物品集中地大批量地运输。运输方式决定了其使用的运输工具,不同的运输工具载重量各不相同,选择合适的运输工具运载货物是降低成本的良策。一般来说,15t~20t 的物品用汽车运输;20t 以上的物品用铁路运输;数百吨以上的原材料之类的物品,应选择船舶运输。

3. 运输距离

随着运输距离的增加分摊到每千米上的运输固定成本下降,即运输的距离经济原理。而每种运输方式的变动成本与固定成本的构成比例是不同的,因此应根据运输距离的不同,选择不同的运输方式。按照国际惯例,可以依照以下原则:200km 以内,用汽车运输;200km~500km 的区间,用铁路运输;500km 以上,用船舶运输。一般采取这样的选择是比较经济合理的。当然,在参照运输距离选择运输方式时,要特别注意运输经由地的地形特点及运输的基础设施。

4. 运输时间

运输时间是指从货源地发货到目的地接收货物之间的时间。运输时间的度量是货物如何快速地实现发货人和收货人之间"门到门"的时间,而不仅仅是运输工具如何快速移动、货物从运输起点到终点的时间。运输时间与交货日期相联系,要想做到按时、及时交货,必须调查各种运输工具所需要的运输时间,根据运输时间来选择运输工具。各运输工具可以按照它的速度编组来安排日程,加上它的两端及中转的作业时间,就可以算出所需的运输时间。合理的制定运输计划,给托运人一个准确的交货日期是基本的要求。

5. 运输成本

运输成本是指为两个地理位置间的运输所支付的费用以及与运输管理、维持运输中存货有关的总费用。运输成本因货物的种类、重量、容积、运距不同而不同。而且,运输工具不同,运输成本也会发生变化。在考虑运输成本时,必须注意运费与其他物流子系统之间存在着互为利弊的关系,不能只考虑运输费用来决定运输方式,要由全部总成本来决定。

从运输成本的组成机构看,运输成本可以分为:固定成本、变动成本、公共成本、联合成本。固定成本是企业建设初期的投资、固定资产部分的成本分摊,是运输中相对稳定的发生的成本(燃油、车辆折旧)是与运距、运量无关;变动成本是与运行有关的成本,当有货物运输时就会产生变动成本,与运量、运距等有关;联合成本是当运输作业时,不可避免的相关行为发生的成本(过路费);公共成本代表所有托运人所支出的费用(货票工本费),包括管理费用等。

由于运输由一系列子活动过程集合而成,故影响运输成本的因素是多样性的,运输的距离、货物的装载量、产品密度、运输工具空间利用率、装卸搬运的难易程度以及市场环境等都是影响运输成本的原因。

（1）运输距离：运输距离远近是影响成本运输的主要因素。因为劳动力成本、燃料消耗费用和维护保养费用直接作用于变动成本；加上运输作业组织的固定成本影响，使得运输距离为零时，运输成本已经存在，因而运输距离与运输成本关系不是线性比例关系。

（2）货物装载量：市场经济发展的策略之一是实施规模经济效应。货物装载量的大小会影响运输成本，装载量增加时，每单位重量的运输成本减少，这是因为装载、运送及管理成本等固定成本可以分摊到每一装载量，使单位载货量的成本下降。因此，积少成多，将少批量的货物集合成大批量货物运输形成规模化经济运作，是控制运输成本的有效措施。

（3）产品密度：产品密度是产品的质量与其体积之比。在重量和空间方面，由于运输工具的空间是相对固定的，产品密度大小影响承运货物的装载量，通常密度小的产品每单位重量占用积载工具的空间大，劳动力成本和运能消耗的成本分摊到单位重量时，所花费的运输成本较高，所以，密度小的产品的运输成本比密度大的产品要高。

（4）空间利用率：空间利用率是指产品的具体尺寸及其对运输工具的空间利用程度的影响。由于某些产品具有不规则的尺寸和形状，以及超重或超长特征，或者产品的规格、尺寸、形状与积载工具容积尺寸不匹配的，通常不能很好地利用空间满载满装。亏舱越严重，运输成本越高。

（5）装卸搬运能力：显然同质的产品或通用设备搬运的产品比较容易搬运，而特别的搬运设备则会提高总的运输成本。不同的运输方式、不同的运输工具、不同的作业组织，会需要专门的运输工具和人员，导致运输成本的增加或减少。

（6）运输责任：责任主要关系到货物损坏风险和导致索赔事故，对产品要考虑的因素是易损坏性、货运财产损害责任、易腐性、易盗性、易自燃性或自爆性等。承运的货物越特殊、货物的价值越高，承运人承担的责任较大，运输成本越高。

（7）运输供需市场：除了与产品有关的因素外，市场因素也对运输成本有重要影响，影响比较大的市场因素有同种运输方式间的竞争以及不同运输方式间的竞争，市场的发展现状，政府对运输市场的引导作用，运输活动季节性等。运输市场较为理想的状况是，货流、货量、运输通道流量均衡。

6. 运输的安全性

运输的安全性是指货物在运输途中发生破损、丢失和污染的可能性多少的程度，包括所运输货物的安全、运输人员的安全和公共安全。行车过程本身可能导致货物损坏，但是更多的损坏产生于装卸、搬运或者是劣质的包装。

对运输人员和公共安全的考虑也会影响到货物的安全措施，进而影响到运输方式的选择。

7. 运输服务的便利性

运输服务的便利性是指为货物运输服务提供方便的相关特性，它包括多个方面，如运输工具的可得性、可靠性、处理货物能力和服务频率等。尽管现在交通发达，可供选择的运输工具比较多，但是对于具体时间、地点条件下的运输，不是所有承运人或者托运人都能很容易地获得所需要的运输工具的。

8. 运输方式的可靠性

运输方式的可靠性是指某运输方式在规定的时间内和规定的条件下，完成规定任务的特性，通常用与正常服务水平的偏差程度来衡量。运输方式的可靠性常常与运输设备和一些不可控因素如恶劣天气及自然灾害等有关。

二、工作任务

运输决策对不同的客户有不同的决策内容。在现有的运输方式中,针对不同的货物特性、运输成本和客户的要求,选择相适应的运输方式;但由于各种运输工具、线路装备和企业营运管理方法不同,会影响运输方式的进一步判断。就运输方式的具体选择方式而言,可以用定性分析法和定量分析法。

（一）定性分析方法

定性分析法主要是依据完成运输任务可用的各种运输方式的运营特点及主要功能、货物的特性以及货主的要求等因素对运输方式进行直观选择的方法。

1. 单一运输方式选择

单一运输方式的选择,就是选择一种运输方式完成运输服务。单一运输方式选择可以根据基本运输方式的优势、特点和适用范围,结合运输需求进行恰当的选择。

2. 多式联运方式选择

多式联运,就是选择两种以上的运输方式联合起来提供货物运输服务,过去也称作"一站式"运输。多式联运的组合形式有多种,但是在实际运输中,一般只有铁路与公路联运、公路或铁路与水路联运、航空与公路联运得到较为广泛的应用。

铁路与公路联运,即驼背运输,或称公铁联运,是指在铁路平板车上载运装有货物的汽车(拖车)进行长距离运输。铁路与公路联运综合了汽车运输灵活与铁路运输长距离、经济、准时的优势,运费通常比单纯的汽车运输要低。采用这种联运方式,汽车运输延长了服务范围,而铁路运输也能实现"门到门"的运输服务。

公路或铁路与水路联运,也叫鱼背运输,是指将汽车拖车、火车车厢或集装箱装载在船舶上进行长距离运输。鱼背运输的最大优势是运量大,运费低。

航空与公路联运在国际快递业中经常采用,这种将航空运输快捷,公路运输灵活、方便的多种优势融合一起提供的运输服务,能以最快的方式实现长距离"门到门"的货物运输。

运输方式选择的定性分析法简单,运输从业者根据经验判断;但在考虑多重影响因素时必须采用定量分析法。

（二）定量分析方法

定量分析法是以企业管理中相关统计数据为主要数据来源,按照某种数理方式进行加工整理,得出评价结果。运输方式选择的定量分析法是采用能表示运输特征和不同运输方式特点、反映运输作业成本的数量、及影响运输方式的因素之间的数量关系与数量变化进行分析的方法。

1. 综合评价法

综合评价法就是综合考虑各种影响因素及不同影响因素的权重进行定量分析以便做出决策的一种方法。运输方式的选择应满足运输的基本要求,即经济性、迅速性、安全性和便利性。由于运输对象、运输距离和货主对运输时限要求不一样,对经济性、迅速性、安全性和便利性的要求程度也不同,因此可采取综合评价的方法来进行运输方式的确定。

1）综合评价法的步骤

（1）确定影响运输方式选择的因素。

① 经济性（F1）:主要表现为费用（运输费、装卸费、包装费、管理费等）的节省;在运输过

程中,总费用支出越少,则经济性越好。

② 迅速性(F2):指货物从发货地到收货地所需要的时间,即货物在途时间,时间越少,迅速性越好。

③ 安全性(F3):安全程度通常指货物的完整程度,以货物的破损率表示;破损率越小,安全性越好。

④ 便利性(F4):各种运输方式的便利性的定量计算比较困难,实际因素很多,如换装次数、办理手续的方便与时间等。为简便计算,在一般情况下,可以近似利用货物所在地至装车(船、飞机)地之间的距离来表示。距离越近,便利性越好。

(2)明确影响运输方式选择的因素的重要程度(确定权重系数)。

确定权重系数是为了显示每个影响因素在运输方式选择中所具有的重要程度,分别给予不同的比例系数(也称加权)。加权的指派系数就是权数,又称权重、权值。权重系数可通过经验法和多因素统计法两条途径获得,经验法较为普遍。

① 经济性(F_1),明确其重要度,即权重系数为 b_1。

② 迅速性(F_2),其权重系数为 b_2。

③ 安全性(F_3),权重系数为 b_3。

④ 便利性(F_4),其权重系数为 b_4。

其中 $b_1 + b_2 + b_3 + b_4 = 1$

(3)计算各种候选运输方式的综合重要度。

通常,候选的运输方式有 4 种:公路、铁路、水路和航空运输。可以用 G、T、S 和 H 分别表示公路、铁路、水路和航空运输的综合重要度。各种影响运输方式选择的因素,对任何运输方式都有影响,但是影响程度有别。

$$G = b_1 \cdot F_1(G) + b_2 \cdot F_2(G) + b_3 \cdot F_3(G) + b_4 \cdot F_4(G) \qquad (7-1)$$

$$T = b_1 \cdot F_1(T) + b_2 \cdot F_2(T) + b_3 \cdot F_3(T) + b_4 \cdot F_4(T) \qquad (7-2)$$

$$S = b_1 \cdot F_1(S) + b_2 \cdot F_2(S) + b_3 \cdot F_3(S) + b_4 \cdot F_4(S) \qquad (7-3)$$

$$H = b_1 \cdot F_1(H) + b_2 \cdot F_2(H) + b_3 \cdot F_3(H) + b_4 \cdot F_4(H) \qquad (7-4)$$

(4)比较和选择。

比较 4 种运输方式的综合重要度 G、T、S 和 H 值,综合重要度数值大的为最终选择。

2)确定运输方式选择影响因素的数值的细节

对于 F_1,F_2,F_3,F_4 数值的确定,至今尚没有行之有效的方法。目前的做法是先分别计算出经济性、迅速性、安全性、便利性在各种运输方式中的平均值,再以某种运输方式的数值与平均值比较,得到其相对值。

(1)经济性。

各种运输方式的平均费用 $C = [C(G) + C(T) + C(S) + C(H)]/4$

式中:

C——4 种运输方式费用支出的平均值;

$C(G)$——公路运输费用的支出;

$C(T)$——铁路运输费用的支出;

$C(S)$——水路运输费用的支出;

$C(H)$——航空运输费用的支出。

各种运输方式的经济性,可用运输费用相对值表示如下:

$$F_1(G) = C(G)/C, F_1(T) = C(T)/C, F_1(S) = C(S)/C, F_1(H) = C(H)/C,$$

$F_1(G)$、$F_1(T)$、$F_1(S)$ 和 $F_1(H)$ 分别表示公路、铁路、水路和航空运输费用支出的相对值。依次类推,可以求出 4 种运输方式的迅速性、安全性、便利性评价指标及相对值。

(2) 迅速性。

各种运输方式所需平均运输时间为

$$D = [D(G) + D(T) + D(S) + D(H)]/4$$

式中:

D——4 种运输方式所需运输时间的平均值;

$D(G)$、$D(T)$、$D(S)$、$D(H)$——公路、铁路、水路、航空运输所需时间。

各种运输方式的迅速性,可用相对值表示如下:

$$F_2(G) = D(G)/D, F_2(T) = D(T)/D, F_2(S) = D(S)/D, F_2(H) = D(H)/D$$

(3) 安全性。

各种运输方式货物破损率的平均值

$$E = [E(G) + E(T) + E(S) + E(H)]/4$$

式中:

E——4 种运输方式货物破损率的平均值;

$E(G)$、$E(T)$、$E(S)$、$E(H)$——公路、铁路、水路、航空运输破损率。

各种运输方式的安全性,可用货物破损率相对值表示如下:

$$F_3(G) = E(G)/E, F_3(T) = E(T)/E, F_3(S) = E(S)/E, F_3(H) = E(H)/E$$

(4) 便利性。

各种运输方式货物所在地至装车(船、飞机)地之间距离的平均值

$$L = [L(G) + L(T) + L(S) + L(H)]/4$$

式中:

L——4 种运输方式货物所在地至装车(船、飞机)地之间距离的平均值;

$L(G)$、$L(T)$、$L(S)$、$L(H)$——公路、铁路、水路、航空运输发(到)货地至装(卸)载地距离。

各种运输方式的便利性,可用发(到)货地至装(卸)载地距离相对值表示如下:

$$F_4(G) = L(G)/L, F_4(T) = L(T)/L, F_4(S) = L(S)/L, F_4(H) = L(H)/L$$

根据以上的计算结果,代入式(7-1)~(7-4),可得到公路、铁路、水路和航空运输的综合重要度 G、T、S 和 H 的值,其数值最大者为优。

值得注意的是,运输费用支出 C 越大,经济性 F_1 越差,所以应用"-"号;同理,迅速性 F_2 中,运输时间 D 越长,迅速性 F_2 越差;安全性 F_3 中,破损率 E 越高,安全性 F_3 越差;便利性 F_4 中,发(到)货地至装(卸)载地距离 L 越长,其便利性 F_4 越差,也用"-"号。

2. 成本比较法

成本及费用是做运输决策时的重要考虑因素。运输方式不同,直接的运费不同,另外由于运输方式不同导致的运输时间、运输质量、运输批量也不同,而运输时间、运输质量、运输批量的不同又会导致其他成本的不同。因此合理的运输方式是既能满足自身需求,又能使总成本最低。

[任务实践 1]

某公司从甲地向乙地某配送公司运输 150 台计算机监视器,其价值为人民币 292500 元,其转运确定的标准中转时间为 2.5 天,如果超出标准时间,每台监视器每天的机会成本为 48 元。现有两个运输方案,请评估每个运输方案的成本并选择最佳方案。

(1) A 公司是一家长途卡车货运公司,可以按照合同费率,12 元/km 装运这批监视器。从甲地到乙地为 1940km。A 公司估计能够在 3 天内把这票货送到目的地。一辆卡车能装载 192 台监视器。

(2) B 公司是一家铁路公司,能够在工厂的站台提取该票货物,然后直接送到指定地点。B 公司报价为 12000 元,考虑到公司在转换铁路车时需要时间,故预计要花 5 天时间。

分析:虽然方案(1)、方案(2)都能完成该运输任务,但由于运输方式不同,运输费用及运输时间也不同,运输时间不同又会给发货人或收货人带来相应的影响。

方案(1)总成本 = 运费 + 机会成本 = $12 \times 1940 + (3 - 2.5) \times 48 \times 150 = 26880$ 元

方案(2)总成本 = 运费 + 机会成本 = $12000 + (5 - 2.5) \times 48 \times 150 = 30000$ 元

比较方案(1)和方案(2),方案(1)综合成本更低,因此建议选择方案(1)。

[任务实践 2]

某箱包生产公司将成品先存放在工厂,然后通过运输至销售地仓库。公司成品运输当前采用铁路运输方式,平均运输时间是 $T = 21$ 天;公司每年产品销售量是 $D = 700000$ 件,两地各自库存平均 $Q = 100000$ 件,每件产品的价格为 $C = 30$ 元,该产品每年的库存成本是产品价值的 $I = 30\%$。

在只考虑运输费用和库存费用情况下,公司希望选择使总成本最小的运输方式。据估算,运输时间每减少一天,平均库存水平可以减少 1%。公司目前可以利用的各种运输服务的有关参数如表 7 - 3 所列。

表 7 - 3 各种运输方式参数

运输方式	运价/(r:元/单位产品)	运输时间/天	每年运输批量 $Q/2$(件)
铁路运输	0.10	21	100000
驮背运输	0.15	14	50000×0.93
公路运输	0.20	5	50000×0.84
航空运输	1.40	2	25000×0.81

解:依据公司要求,考虑不同运输方式的成本,择其最小。从参数表看出,不同运输方式影响货物的在途时间;在途货物量可以用年销售量的一定比例($T/365$)表示,其在途运输的年存货成本为 $ICDT/365$。产品在各自仓库储存点的存货量为 $Q/2$(Q 也是运输量);每单位货物的库存成本为 IC,但产品在不同储存点的价值不同,在生产地价值等于 C,在销售地的价值应考虑到运输费率。

通过计算各种运输方式的成本,选择运输方式。

(1) 根据题目给出的条件,核算每种运输方案的成本。

(2) 比较运费、总运输成本,选择总成本最小的运输方式。

各种运输方式的成本计算结果如表 7 - 4 所列。

由上表可看出,采用铁路运输方式时,运费最低;采用航空运输方式时,库存成本最低;采用公路运输时,综合总成本最低,且运输时间相比于铁路方式减少 5 天,库存成本也有降低。

表7-4 计算结果表

成本类型	计算方法	铁路运输	驮背运输	公路运输	航空运输
运输成本	RD	0.10×700000	0.15×700000	0.20×700000	1.40×700000
在途库存	ICDT/365	$0.30 \times 30 \times 700000$ $\times (21/365)$	$0.30 \times 30 \times 700000$ $\times (14/365)$	$0.30 \times 30 \times 700000$ $\times (5/365)$	$0.30 \times 30 \times 700000$ $\times (2/365)$
产地库存	ICQ/2	$0.30 \times 30 \times 100000$	$0.30 \times 30 \times 50000$ $\times 0.93$	$0.30 \times 30 \times 50000$ $\times 0.84$	$0.30 \times 30 \times 25000$ $\times 0.81$
销地库存	I(C+R) Q/2	$0.30 \times 30.1 \times$ 100000	0.30×30.15 $\times 50000 \times 0.93$	0.30×30.2 $\times 50000 \times 0.84$	0.30×31.4 $\times 25000 \times 0.81$
合 计		2235465	1185737	984821	1381451

注:表中系数0.93、0.84、0.81为运输方式改变致时间缩短导致的库存减低水平(经验值)。

在企业实践中,如果不将运输服务作为竞争手段,那么能使该运输服务的成本与该运输服务水平导致的相关间接库存成本之间达到平衡的运输服务就是最佳运输方式。即:运输的速度和可靠性会影响产品的库存水平(订货库存和安全库存)及其在途库存水平。如果选择速度慢、可靠性差的运输方式,物流渠道中就需要有更多的库存。这会使得库存持有成本可能升高,而抵消运输服务成本降低的情况。因此,最合理的运输方案应该是提供既能满足顾客需求,又使能总成本最低的服务。

选择合适的运输方式也利于创造有竞争力的服务优势。若运输方式的选择直接涉及竞争服务,则应考虑采用竞争因素法。竞争的结果可以使生产者的库存降低,减少成本;竞争可以促使购买方将更大的订单转向能够提供较好运输服务的提供者,这样供应商可以从这些订单中获取更多利润,从而弥补为了选取更好的运输方式而增加的成本。当一个供应商为了争取买方而选择特佳的运输方式时,参与竞争的其他供应商也可能作出竞争反应。

竞争因素法更接近于实际情况,更适用;但与成本法相比,操作性差。在竞争激烈的环境中最好用竞争因素法;反之,则用成本法。

模块3 运输方案优化

一、知识准备

李民在掌握了调度作业的基本作业要求后,他下一步努力的目标是做名职业经理人,他查阅了国家人力资源和社会劳动保障部关于物流师职业资格的要求,还查阅了中国物流与采购联合会关于物流师职业经理人的资格要求,发现他目前所具备的能力中,还要进一步掌握运输合理化的科学操作方法,这也正是李民想要掌握的技能。

1. 物流运输合理化

物流运输合理化是指在保证货物流向合理的前提下,在整个运输过程中,确保运输质量,以适宜的运输工具、最少的运输环节、最佳的运输线路、最快的运输速度和最低的运输费用将物品从供应地运送到需求地的运输活动。

2. 物流运输合理化的意义

运输合理化的重要意义主要表现在以下几方面。

(1)可促使货物走最合理的路线。合理的运输路线可以加速货物流通,加速资金周转,减少货损货差,取得良好的社会效益和经济效益。

(2)有利于减少运输环节。减少运输环节也就可以减少装卸搬运的次数,降低货损和装卸搬运费用,提高商品运输质量。因此,物流运输合理化倡导直达运输和"四就"直拨运输。

(3)可以充分发挥运输工具的效能,节约运力和劳动力。不合理运输会造成大量人力、物力、财力浪费,并相应地转移和追加到产品中去,人为地加大了产品的价值量,提高了产品价格,从而加重需求方的负担。

(4)缩短运输时间,提高物流速度,加快物流进程。运输时间的长短决定着物流速度的快慢,所以货物运输时间是决定物流速度的重要因素。合理组织运输活动,可使被运输货物的在途时间尽可能地缩短,能达到到货及时的目的,因而可以降低库存商品的数量,实现加快物流速度的目的。

(5)节约运输费用,降低物流成本。运输费用是构成物流费用的主要组成部分。物流过程的合理运输就是通过运输方式、运输工具和运输线路的合理选择,进行运输方案的优化,实现运输合理化。运输合理化必然会达到缩短运输里程,提高运输工具的运用效率从而达到节约运输费用、降低物流成本的目的。

运输合理化的影响因素很多,从宏观上说,有政府的交通管制、运输网布局、运输结构和运输参与者的目标等,从微观上看,运输工具和运输路线的选择、运输活动的组织及收费等,都可以影响运输的合理性。尤其是运输的"五要素"之间相互联系,又相互影响,有的还相互矛盾,表现出效益背反。例如运输时间短了,费用可能很高;货损小了,包装成本高了,车辆实载率低了,这就要求对运输要求综合分析,寻找最佳方案。

二、工作任务

判断运输方案的设计和执行合理是否,除了考虑运输距离、运输环节、运输工具、运输时间和运输费用外,还受到客户服务水平、道路交通条件、市场竞争因素和需求的非确定性等因素影响。如线路交叉被视为不合理运输,但是有时为了满足客户要求,必须这样设计行驶路线。因此运输是否合理,不能简单地强调某方面而得出结论,应从物流整体最优秀出发进行综合分析,重要的是要树立运输合理化意识,用科学的方法优化运输作业。

(一)图上作业法

1. 图上作业法

图上作业法是在运输图上求解线性规划运输模型的方法。它是在工作实践中创造出来的运输优化方法;操作思路是在一张运输交通上,利用货物运输的起点和终到点的地理位置,结合运输线路示意图,通过一定步骤的规划和计算来完成物资调运计划的编制工作,以便使物资运行的总吨千米数最小,可使物资运费降低并缩短运输时间,所以,在一定条件下称这样的方案为最优方案。在物资运输中,把某种物资从各发点调到各收点的调运方案是很多的,但我们的目的是找出总吨千米数是最小的调运方案。这就要注意在调运中不要发生对流运输和迂回运输。

(1)对流:所谓对流就是在一段线路上有同一种物资往返运输(同一段线路上,同一种物资两个方向都有流向),如图7-2,图7-3所示。

将某种物资20t从 A_1 运往 B_2 ,同时又有同样的物资20t同时从 A_2 运往 B_1 ,于是在 A_1A_2 之间就出现了对流现象。如果把流向图改成图7-2所示,即将 A_1 的20t运往 B_1 ,而将 A_2 的20t运往 B_2 ,就避免了 A_1A_2 的对流,从而可以节约运输量 $2 \times 20 \times 30 = 1200(t \cdot km)$ 。

一般情况下,对流运输的发生往往是隐蔽的、不易发现的,所以要想真正地完全避免对流运输,需要充分发挥社会物流资源,整体调度是较理想的状态。

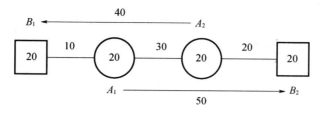

图7-2　对流运输方案

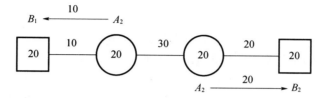

图7-3　优化后的运输方案

（2）迂回：当交通图成圈时，如果流向图中内圈流向的总长（简称内圈长）或外圈流向的总长（简称外圈长）超过整个圈长的一半就称为迂回运输。例如某物资流向图如图7-4所示。

显然，它是一个迂回运输流向图，它的内圈长大于整个圈长的一半。如果把它改成图7-5的线路方案，就避免了迂回现象。理论上可以证明，一个物资调运方案中，如果没有对流和迂回运输，则该方案就是最优调运方案。即运输吨千米最小、运力最省的方案。

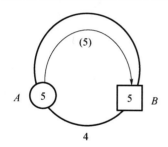

图7-4　运回运输的方案

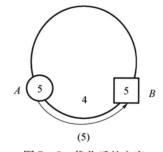

图7-5　优化后的方案

具体来说，图上作业法是利用商品产地和销地的地理分布和交通路线示意图，采用科学的规划方法，制定商品合理运输方案，以求得商品运输最小吨千米的方法。它适用于交通路线为线状（或树状）、圈状，而且对产销地点的数量没有严格限制的情况。

图上作业法的操作基本原则可以归纳为：流向划右方，对流不应当；里圈、外圈分别算，要求不过半圈长；如若超过半圈长，应甩运量最小段；反复求算可得最优方案。利用此法可以使车辆的运输线路最合理且能减少车辆的空驶，提高车辆的里程实载率。

2. 图上作业法的步骤

根据物资调运的要求，在交通图上设计运输方案，然后判断该方案是否是最优方案，如果不是最优的，则必须再次优化，直到方案是最优的。

（1）编制物资供求平衡表（可省略。物资供求平衡表在表上作业法中涉及）。

在编制物资平衡表时需要做3件事（图7-6）。

① 列出需要调出物资的地点（即发点）及发货量。

② 列出需要调进物资的地点（即收点）及收货量。

③ 求:总发量 = 总收量。

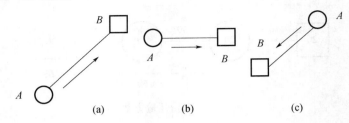

图 7 - 6 　交通图上的发点与收点

（2）根据物资平衡表和收货点、发货点间的相互位置绘制交通图。

所谓交通图就是表明收货点和发货点间的相互位置，以及联结这些点之间的交通线路的简要地图。在交通图上标明各发货点和收货点之间的运距和运量。

在交通图上，用圆圈"○"表示发货点，将该发货点的发量填入圆圈"○"内。用方框"□"表示收货点，将该收货点的收量填入方框"□"内。两点间的距离记在交通线路的旁边。

（3）在交通图上进行物资调运，制定初始调运方案（也叫初始可行方案），作物资调运流向图。我们用箭头"→"表示物资调运的方向即称流向，并规定流向"→"必须画在沿着线路前进的右侧。把运送物资的数量记在流向"→"的旁边并加括号（ ），以区别于两点之间的里程数。另一方面，为了保持图面的整洁，流量最好不要通过收、发点以及交叉路口（图 7 - 7）。

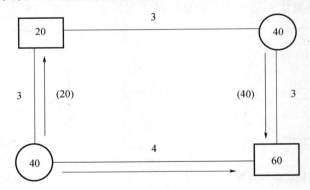

图 7 - 7 　图上作业法画法规范

物资运输的交通图总共分为两类：一类是不成圈的交通图；另一类是成圈交通图。因为任何一个交通网络，都是由成圈的路线或不成圈的路线组成。

（4）流向图的优化。

图上作业法的实质就是在一张交通图上寻找没有对流和迂回的最优流向图。在交通图上设计初始调运方案后，应分别计算线路的全圈长、内圈长和外圈长（圈长即指里程数）。如果内圈长和外圈长都分别小于全圈长的一半，则该方案即为最优方案；否则，即为非最优方案，需要对其进行调整。调整后的新流向图所花费的吨千米比原流向图的要少一些。然后再检查新流向图是不是最优的，如果仍旧不是，就再进行调整，一直到找到最优流向图为止。

利用图上作业法寻求商品最优运输方案，可以按运输吨千米最小原则，也可以从运送时间最短或运费最省等角度来分别计算，只要商品在图上没有对流，内外圈长都不大于半圈长，该运输方案就是最优运输方案。

[任务实践1]

设有 A_1、A_2、A_3 这3个配送点分别有化肥40t、30t、30t，需送往4个客户点 B_1、B_2、B_3、B_4，而且已知各配送点和客户点的地理位置及它们之间的道路通阻情况。

（1）绘制交通图（图7-8）

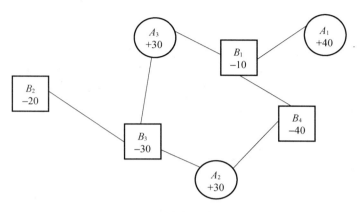

图7-8 案例1交通图

（2）将初始调运方案反映在交通图上。

任何一张交通图上的线路分布形态无非为成圈与不成圈两类。

对于不成圈的 A_1，B_2 的运输，可按"就近调运"的原则即可，很容易得出调运方案。

其中（$A_1 \rightarrow B_4$ 70km）<（$A_3 \rightarrow B_4$ 80km），（$A_3 \rightarrow B_2$ 70km）<（$A_2 \rightarrow B_2$ 110km），先假定（$A_1 \rightarrow B_4$）、（$A_3 \rightarrow B_2$）运输。

对于成圈的 A_2、A_3、B_1 所组成的圈（A_1，B_2 已假定就近运输所以除外），可采用破圈法处理。即先假定某两点（A_2 与 B_4）没有货流通过（即"破圈"，如图7-9所示），一般是回路中距离最长的一段。

再对货物就近调运，A_2 到 B_3、A_2 到 B_4，数量不够的再从第二近点调运，即可得出初始调运方案，如图7-9所示。

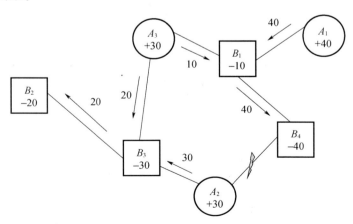

图7-9 初始调运流向图

在绘制初始方案物资调运图时，凡是按顺时针方向调运的货物调运线路（如 A_3 至 B_1、B_1 至 B_4、A_2 至 B_3），其调运箭头线都画在圈外，称为外圈；否则，其调运箭头线（如 A_3 至 B_3）都画在圈内,称为内圈。

（3）流向图优化。

对交通图上的初始调运方案,首先分别计算线路的全圈长、内圈长和外圈长（圈长即指里程数）。如果内圈长和外圈长都分别小于全圈长的一半,则该方案即为最优方案;否则,即为非最优方案,需要对其进行调整。

如图7-9所示,全圈长（$A_2 - A_3 - B_1 - A_2$）为210km,外圈（$A_3 - B_1$ 40km、$B_1 - B_4$ 40km、$A_2 - B_3$ 60km）长为140km,大于全圈长的一半,显然,需要缩短外圈长度。调整的方法是在外圈（若内圈大于全圈长的一半,则在内圈）上先假定 $A_2 - B_4$ 之间不通（选择运量最小的线路两端点）,再对货物就近调运,可得到调整方案如图（$A_2 - B_4$ 破圈）7-10所示。

然后,再检查调整方案的内圈长与外圈长是否都分别小于全圈长的一半。如此反复至得出最优调运方案为止。图7-10中,计算可得内圈长为70km,外圈长为100km,均小于全圈长的一半,可见,该方案已为最优方案。

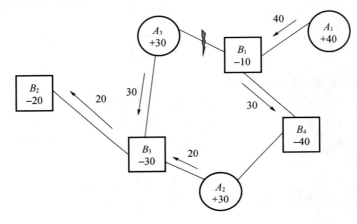

图7-10　流向图的优化

（4）列表说明调运方案,如表7-5所列。

表7-5　调运方案表

	B_1	B_2	B_3	B_4	供给量
A_1	10			30	40
A_2			20	10	30
A_3		20	10		30
需求量	10	20	30	40	100

［任务实践2］

设有 A_1、A_2、A_3 这3个配送点分别有水泥80t,200t和170t,需运往5个客户点 B_1、B_2、B_3、B_4、B_5,各客户点的需要量分别为70t、80t、120t、80t和100t,已知客户点和配送点的地理位置情况如图7-11所示,试确定调运最佳方案。

解:

（1）编制供求平衡表,如表7-6所列。

表7-6 供求平衡表

	B_1	B_2	B_3	B_4	B_5	供给量
A_1						80
A_2						200
A_3						170
需求量	70	80	120	80	100	450

（2）编制初始方案交通图。

① 对于不成圈的 A_1、B_1，可就近调运。

（$A_3 \rightarrow B_1$ 120km）<（$A_1 \rightarrow B_1$ 150km），先假定（$A_3 \rightarrow B_1$）运输，（$A_1 \rightarrow B_2$）运输。

② 对于成圈部分。

假定 $A_3 \rightarrow B_5$ 不通，对货物就近调运。初步得出货物流向图如图7-12所示。

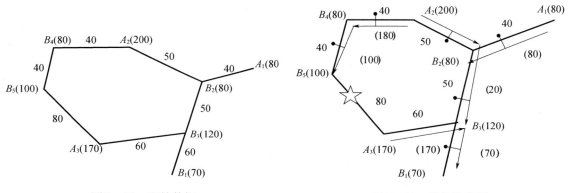

图7-11 原始数据　　　　图7-12 货物流向图

（思考：检查流向图画的正确么？）

（3）检验和优化流向图。

整圈里程为 40+50+50+60+80+40=320km，1/2整圈长为 320/2=160km。

外圈里程为 =50+50=100km，外圈里程<1/2整圈长。

内圈里程为 40+40+60=140km，里圈里程<1/2整圈长。

该方案符合优化要求。

（4）优化后调运方案如表7-7所列。

表7-7 优化后的调运方案

	B_1	B_2	B_3	B_4	B_5	供给量
A_1		80				80
A_2			20	80	100	200
A_3	70		100			170
需求量	70	80	120	80	100	450

[任务实践3]

设有 A_1、A_2、A_3 这3个配送点分别有水泥 140t，90t 和 90t，需运往4个客户点 B_1、B_2、B_3、B_4，各客户点的需要量分别为 70t、70t、100t、80t，已知客户点和配送点的地理位置情况如图7-13所示，试确定调运最佳方案。

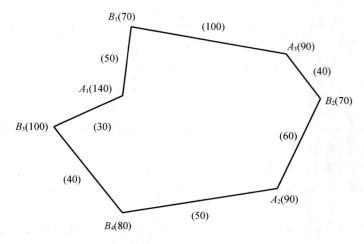

图 7-13 原始数据

（1）编制供求平衡表如表 7-8 所列。

表 7-8 供求平衡表

	B_1	B_2	B_3	B_4	供给量
A_1					140
A_2					90
A_3					90
需求量	70	70	100	80	320

（2）编制初始调运图，如图 7-14 所示。

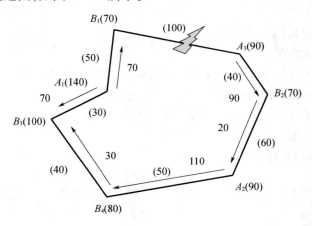

图 7-14 初始调运图

假设 $B_1 \rightarrow A_3$ 无货流通过。按照就近调运的原则，编制初始调运方案图。

（3）检验优化调运流向图

圈周长：$40 + 30 + 50 + 100 + 40 + 60 + 50 = 370 \text{km}$。

1/2 圈长：$370 \times 1/2 = 185 \text{km}$。

外圈长：$40 + 60 + 50 + 40 + 50 = 240 \text{km}$，外圈长 > 1/2 圈长，需要进行优化。

（4）进一步优化调运方案。

设 $A_2 \rightarrow B_2$ 无货物流动。按照就近调运原则,设计调运方案如图 7 – 15 所示。

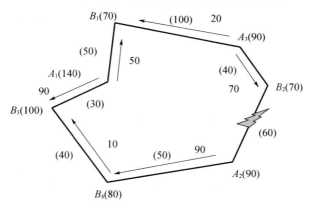

图 7 – 15　进一步优化方案图

整圈长 $= 40 + 30 + 50 + 100 + 40 + 60 + 50 = 370$。

$1/2$ 整圈长 $= 370 \times 1/2 = 185 \text{km}$。

外圈长 $= 50 + 40 + 50 + 40 = 180 \text{km}$,外圈长 $< 1/2$ 整圈长。

内圈长 $= 100 + 30 = 130 \text{km}$,内圈长 $< 1/2$ 整圈长。

经检验,该调运方案度和要求。

(5)优化后调运方案如表 7 – 9 所列。

表 7 – 9　优化后调运方案

	B_1	B_2	B_3	B_4	供给量
A_1	50		90		140
A_2			10	80	90
A_3	20	70			90
需求量	70	70	100	80	320

(二)表上作业法

运输合理化要考虑选择合适的运输方式,要考虑运能的最优化,图上作业法注重运能的合理化,但在物资调运的过程中,运量的调运最大、最求运输成本最小,还需要用表上作业法解决。

1. 表上作业法

在工作实践中,有些物资的生产加工地有 i 个(每个生产地的产量不同),该物资的需求地有 j 个(每个需求地的需求量也不同),直接将这些物资合理的分配到每个需求地时,要保证其运费最低。表上作业法是解决这类直达运输的优化方法。

表上作业法的基本思路是,依照物资生产各地的产量和依照物资需求各地的需求量,制作物资供需(产销)平衡表,将物资最优调运方案的确定过程在供需平衡表上编制。

产销平衡表是指所有产地的产量总和等于销售量总和,并且用表格的形式表现;表格内还可以将物资调运的运价关系显示在表格中;这样,可以清楚地知道物资调运的计划与运价关系。

表 7 – 10 中 X_{ij} 指从第 i 个产地向第 j 个需求地调运的货物量。表 7 – 11 中 C_{ij} 表示从第 i

个产地调运货物到第 j 个需求地时的单位重量货的运价率。

表 7 - 10　物资供需平衡表

销地　产地	B_1	B_2	...	B_j	供应量
A_1	X_{11}	X_{12}	...	$X_1 j$	a_1
A_2	X_{21}	X_{22}	...	$X_2 j$	a_2
⋮	⋮	⋮	⋮	⋮	⋮
A_i	X_{i1}	X_{i2}	...	X_{ij}	a_i
需求量	b_1	b_2	...	b_j	产量 = 销量

（注：A - 表示产地名；B - 表示销地名；a - 对应产地产量；b - 对应销地销量。）

表 7 - 11　运价表

销地　产地	B_1	B_2	...	B_j	供应量
A_1	C_{11}	C_{12}	...	C_{1j}	a_1
A_2	C_{21}	C_{22}	...	C_{2j}	a_2
⋮	⋮	⋮	⋮	⋮	⋮
A_i	C_{i1}	C_{i2}	...	C_{ij}	a_i
需求量	b_1	b_2	……	b_j	产量 = 销量

表上作业法的操作步骤如下。

（1）在产销表上确定初始运输方案。

（2）判断该初始方案是否是最优方案（运费最小）。

（3）若不是最优方案，则进行调整，重新确定运输方案，直至找出最优方案为止。

表上作业法中确定初始运输方案的方法有西北角法、最小元素法、伏格尔法，这里以西北角法为例介绍表上作业法的操作方法。

西北角法是从供需平衡表的西北角变量 X_{11} 开始考虑制定物流配送方案（优先满足 X_{11} 的供应，其次考虑满足 X_{12} 或 X_{21} 的供应，依次满足其余的需求）直到按照需求地的要求，将物资全部运送完毕。该方案就是初始运输方案。

2. 任务实践

表上作业法必须先根据物资运输计划编制供需平衡表，然后在供需平衡表上制定货物的调运方案。

1）制定初始方案

初始调运方案的目标就是将所有产地的货物按各需求地的需求，满足供应就行。这种做法的前提是，产量的总和等于销售量总和，即产销平衡。

[任务实践 4]

某公司下属 3 个储存某种物质的材料库，供应 4 个工地的需要。3 个材料库的供应量和 4 个工地的需要量以及各材料库到各工地的物流配送单位运价（元/t）如表 7 - 11 所列。如何安排物流配送方案，使总的运费最少？

分析：为叙述和考虑问题的方便，通常将上述表格分解为供需平衡表和运价表（表 7 - 12），在平衡表中的方格（点）记为 (i,j) 形式。如 $(1,3)$ 表示第一行第三列的点。在求解过程中,若平衡表(1,3)点填有数字200,即表示 A 材料库配送 200 吨物资供应给 Ⅲ 工地,并记录为 $X_{ij}=200$,而空格(点)(i,j) 表示 $X_{ij}=0$,即该处供需双方不发生实际联系。

表 7 - 12 供需量数据表

运价(元/t) 销地产地	I	II	III	IV	供应量
A	3	11	6	10	700
B	1	9	2	8	400
C	7	4	10	5	900
需求量	300	600	500	600	2000

具体步骤如下。

第一步:让 X_{ij} 取尽可能大的数值。由于 X_{ij} 表示 A 材料库调往 I 工地的物资数量,已知 I 工地需要 300 吨,A 材料库储存量为 700 吨,可以满足 I 工地的全部需要,所以,令 $X_{ij}=300t$,实际上,这个数值是 A 材料库供应量和 I 工地需要量之中所取的最小值,即 $X_{ij}=$ Min(700,300)=300,将这个数值填入平衡表西北角的点内。由于 I 工地的需求已满足,将第一列划去。制定下面的方案时不再考虑这一列。

第二步:修改第一行的"供应量"一栏数据,因为 A 材料库已运往 I 号工地 300t 物资,应从 A 仓库供应 700t 中减去这部分,得 A 材料库目前剩余的供应量 400t,填入表 7 - 13 相应的供应量修正值一栏。

第三步:对划去第一列的表 7 - 13 重复上述步骤。

(1)剩余表格西北角元素为 X_{12},令 $X_{12}=$ Min(A 材料库剩余供应量, II 号工地需要量)= Min(400,600)=400,A 材料库的库存已全部供应完毕,于是划去第一行。此时,II 号工地尚差 600 - 400 = 200t 没有满足,修改 II 号工地需要量为 200t,填入表 7 - 13 相应的需要量修正值一栏内。

(2)剩余表格西北角元素为 X_{22},令 $X_{22}=$ Min(400,200)=200,II 号工地的需要量已全部得到满足,划去第二列。修改 B 材料库供应量为 200。

(3)当前西北角元素 X_{23},令 $X_{23}=$ Min(200,500)=200,B 材料库的库存全部供应完毕,划去第二行,修正 Ⅲ 号工地需要量为 300。

(4)当前西北角元素 X_{33},令 $X_{33}=$ Min (900,300)=300,Ⅲ 号工地需要量已得到全部满足。

(5)只剩下点(3,4),因为供需平衡,令 $X_{34}=300$,得到表 7 - 13 所示的初始物流配送方案。

表 7 - 13 初始运输方案

销地产地	I	II	III	IV	供应量	供应量修正值
A	300	400			700	400
B		200	200		400	200
C			300	600	900	600
需求量	300	600	500	600	2000	
需求量修正值		200	300			

该方案的总运输费用是

$S = 3 \times 300 + 11 \times 400 + 9 \times 200 + 2 \times 200 + 10 \times 300 + 5 \times 600 = 13500(元)$

用西北角法编制初始物流配送方案需要注意的是,当西北角元素对应行的供应量已全部供应完毕(或列的需要量已得到全部满足)时,应停止供应该需求点。

西北角法还适用于单一货物品种的多中心配送、配送数量较大时,并且货物仓储地点与配送客户需求地点距离较近(一般是同城配送);同城配送主要考虑的是配送中心储存量和客户点需求量之间的关系,而不是配送距离远近问题。

最小元素法就是根据产销运价表中的运价,找到最小的运价对应的需求点,优先集中满足该地的需求,然后,按"最低运价优先供应"的原则,依次满足次低运价、再次低运价的需求地的需求,直到满足所有销售量的要求,这种方法是从最低运价着手,制定初始运输方案。但不保证这种方法的方案运费一定最低。

伏格尔法制定运输方案的操作思路是基于最小元素法的思想,按照最低运价就近优先调运物资,但并不是每次都能如愿,这就造成了运价差额,差额越大,在不能按照最小运价调运时,运费增加的越多。所以,当运价差额最大时,应该控制运费的增加,优先满足最大差额处的最小运价的要求。具体操作思路是:先计算出产销平衡表中每行和每列的最小运价和次小运价的差值;找出差值最大者,将差值最大者对应的行或列中的最低运价找出,优先满足此对应需求地的要求;如此反复多次,直到将产地的物资全部调运至需求地为止。最终也可得初始运输方案。

2)检验初始方案

运输初始方案制定后,虽然是可执行方案,但该方案是不是最优方案,即方案的运费是否最低,才是受关注的。当初始方案是最优时,运费得到有效的控制,否则必须重新优化方案,直到得到最优方案。所以,对初始运输方案需要用一定的方法检验,判断方案是否最优。

(1)闭回路检验法。

闭回路检验法是以初始方案为依据,将有调运量的单元格叫"非空格"、无调运量的单元格叫"空格",即调运量是零的单元格。

将一个"空格"和其他若干个"非空格"用水平线或垂直线连接,组成封闭的回路,由于闭回路的线段只能是水平或垂直的,闭回路有几个"拐点",将每个拐点分别以"+"或者"-"依次做标注,然后对闭回路中每个拐点的运价计算代数和,此代数和即是空格的检验数;将所有"空格"的闭回路都画出,分别求出"空格"的检验数,若所有的"空格"的检验数都大于或等于零,则初始运输方案最优,此时运费最低。

注意,所有闭回路的方向按照统一的逆时针方向转动,起点是"空格",且起点处做"+"标注;"+"或者"-"是依次顺序做标注,只要检验数中有一个小于零的,则方案非最优。但是,由于要画多条闭回路,检验过程繁琐,有时甚至找不到闭回路,从而影响判断。

(2)位势检验法。

位势检验法的思路是,将运价表的各行、各列分别对应成各位、各势,然后将初始运输方案中"非空格"中的运价分解成生产(位)和需求(列)两部分,记为 V_i 和 U_j,则 $C_{ij} = V_i + U_j$,暂且叫"位势方程";将所有"非空格"的位势方程列出,组成方程组;一般情况下,保持方程的数量等于 $(i + j - 1)$,方程想得到唯一解时,令其中一个(V_i 或 U_j)为零,确定出其余的位或势的值;利用解的位或势的值,计算"空格"的位势和($V_i + U_j$);若所有"空格"的位势和($V_i + U_j$)都小于或等于对应的运价(C_{ij}),则方案最优,否则要优化调整方案。

（3）初始方案的优化方法。

当初始方案已经判明不是最优方案时，可以用闭回路法调整优化。方法是，在初始调运方案中，找到检验数小于零的闭回路（位势和大于对应运价的闭回路）；以"空格"作为起点且命为偶数顺序号（第0个），找出所有奇数的拐点上运输量的最小值，以此最小运输量作为调整基数；分别在回路的各拐点依照标注的"＋"、"－"进行代数计算（加上或者减去基数），形成新的运输方案；再进行检验判断，如此反复，直至找到运输方案最优为止。

（4）产销不平衡的情况。

实际问题中的产销也有不平衡的时候，无论是总产量大于总销量，还是总销量大于总产量，此类问题处理，都可以将之化为产销平衡的运输问题再用上述操作方法即可解决。

用表上作业法求解的基本思路是：当产量大于销量（销量大于产量）时，应虚设一个销地（产地），使其销量（产量）为总产、销量的差额，但运费为0，在表上增加一列（行），即可化为产销平衡问题。

[任务实践5]

设有一个产销不平衡的运输问题如表7－14所列。应如何安排运输方案，才能使总运费最小？

表7－14 产销表

销地／产地	B_1	B_2	B_3	B_4	产量
A_1	2	4	3	7	25
A_2	4	5	7	6	10
A_3	3	4	6	9	20
A_4	9	3	2	4	25
销量	10	20	25	15	

解：

因为产量总和 $\sum_{产} = 25 + 10 + 20 + 25 = 80$，销量总和 $\sum_{销} = 10 + 20 + 25 + 15 = 70$，所以是个产大于销的问题。

虚设一个销地B5，其需求量为：总产量 － 总销量 = 80 － 70 = 10。

在原表上增加一列，即可化为平衡运输问题，并用表上作业法求得最优解，如表7－15所示。

最优方案为：$A_1 \to B_1, 10; A_1 \to B_3, 15; A_3 \to B_2, 20; A_4 \to B_3, 10; A_4 \to B_4, 15$；出发点 A_2 处余10不调运。最小运费为

$\sum Z = 2 \times 10 + 3 \times 15 + 4 \times 20 + 2 \times 10 + 4 \times 15 = 225（元）$

最优运输方案如表1－15所列。

表7－15 最优运输方案

销地／产地	B_1	B_2	B_3	B_4	B_5	产量
A_1	10		15			25
A_2					10	10
A_3		20			20	
A_4			10	15		25
销量	10	20	25	15	10	80

模块4 运输线路优化

一、知识准备

货物运输中确定合理的运输路线非常重要。因为运输线路的选择影响到运输设备的利用和人员的安排,正确地确定合理的运输线路可以降低运输成本,因此运输线路的选择优化也是运输合理化的重要内容。

物流运输线路,从起点到终点,常见的有不成圈的直线、丁字线、交叉线和分支线,还有形成闭合回路的环形线路,环形线路包括有一个圈和多个圈的。尽管线路的类型颇多,但就货物运输常见情况而言,可以将其归纳为3种基本类型。

1. 单一装货地和单一卸货地的物流运输线路

对单一装货地和单一卸货地的运输线路的选择优化,比较简单的方法就是寻找两点之间的最短路线。对于运输网络来说,运输线路由线段组成,路线的交叉处就是运输的节点;运输工具在节点之间移动,两相邻节点之间的运输成本可以用运输线路的长度或者时间来表示。此类运输问题的线路优化,也被视为点到点间最短路径优化问题。

图7-16是路路通运输公司签订了的一项运输合同,要把A城的一批化肥运送到J城,路路通公司根据这两个城市之间可选择的行车线路绘制的公路网络。其中A点表示装货地,J点是卸货地。此类运输线路的特点是A点和J点是两个点不重合。

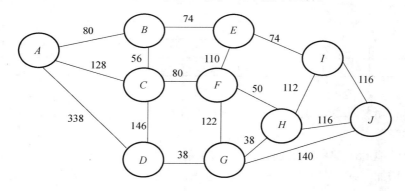

图7-16 公路网络示意图

2. 起点与终点为同一地点的物流运输线路

在运输生产实践中,自有车辆运输时,车辆往往要回到起点。或者是某物流中心送货到配送中心然后返回物流中心的线路;或某配送中心送货上门后返回,这就是属于起点与终点为同一地点的情况。如图7-17(a)和(b)中,从 V_1 经过 V_2、V_3、V_4、V_5 和 V_6 回到 V_1,V_1 既是起点,也是终点。始发点和终点相重合的线路选择问题通常被称为"旅行推销员"问题、货郎担问题或者中国邮递员邮路问题。循环回路的线路优化要求,车辆在遍历所有用户的同时,达到所行驶里程最短。

3. 多起点、多终点问题的物流运输线路

多起点、多终点问题的物流运输线路,在物流运输实践中经常存在。如多个供应商供应给多个工厂的情况,或者把不同工厂生产的同一产品分配到不同用户的问题。在这些问题中,起点和终点都不是单一的。在这类问题中,各供应点的供应量往往也有限制。

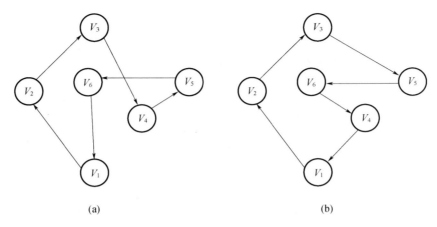

图 7 - 17 运输线路示意图

(a)不合理的运输路线;(b)合理的运输路线。

在多个货源地服务于多个目的地时,物流运输线路存在两种情况:运输线路成圈的和不成圈的。采用前面所述的表上作业法就可以解决问题。

二、工作任务

(一)最短路径法

单一发货地至单一卸货地的最短路径寻找,可以采用"换元迭代法"。操作的具体方法是:从起点开始向终点移动,寻找与起点相邻的、最近的节点,记住已经"行驶"的里程数;以此作为新的起点(换元迭代),再寻找下一个与起点相邻的、最近的节点,将前一个已经记住的行驶里程数加到这次的行驶里程数内,再次寻找下一个与起点相邻的、最近的节点,直至寻找到终点为止,将最终的行驶路线和行驶里程数记录下来,就是优化后的最短路线了。

在图 7 - 16 中,路路通运输公司要在装货地 A 点,满载货物到 J 点卸货。B、C、D、E、F、G、H、和 I 是网络中的站点,站点之间以线路连接,线路上标明了两个站点之间的里程数。

从图 7 - 16 可以看出,从 A 地到 J 地,有很多条线路可以选择,然而,运输线路选择优化的任务就是要找出使总路程的长度最短的线路。这就是运输规划中的最短线路问题,通常称为最短路径法,或者称最短路线方法。即是列出最短运输线路计算表(表 7 - 16),分步骤地计算。通过比较,选择走近路。

表 7 - 16 最短运输线路计算表

步骤	直接连接到未解节点的已解节点	与其直接连接的未解节点	相关总成本	第 n 个最近节点	最小成本	最新连接
1	A	B	80	B	80	AB *
	A	C	128			
	A	D	338			
2	A	C	128	C	128	AC
	A	D	338			
	B	E	80 + 74 = 154			
	B	C	80 + 56 = 136			

（续）

步骤	直接连接到未解节点的已解节点	与其直接连接的未解节点	相关总成本	第n个最近节点	最小成本	最新连接
3	A B C	D E F	338 80 + 74 = 154 128 + 80 = 208	E	154	BE *
4	A C C E	D F D I	338 128 + 80 = 208 128 + 146 = 274 154 + 74 = 228	F	208	CF
5	A C E F	D D I H	338 128 + 146 = 274 154 + 74 = 228 208 + 50 = 258	I	228	EI *
6	A C F I	D D H J	338 128 + 146 = 274 208 + 50 = 258 228 + 116 = 344	H	258	FH
7	A C F H H I	D D G G J J	338 128 + 146 = 274 208 + 122 = 330 258 + 38 = 296 258 + 116 = 374 228 + 116 = 344	D	274	CD
8	D F H I	G G J J	274 + 38 = 322 208 + 122 = 330 258 + 116 = 374 228 + 116 = 344	G	322	DG
9	G H I	J J J	322 + 140 = 462 258 + 116 = 374 228 + 116 = 344	J	344	IJ *

步骤 1，在图 7－16 可以看出，装货地 A 即是起点，是第一个已解的节点。与 A 点直接连接的未解的节点有 B、C 和 D 点。B 到 A 的距离最短，所以是唯一的选择，成为已解的节点。

步骤 2，找出距离已解 A 点和 B 点最近的未解节点。只要列出距各个已解节点最近的连接点，则有 A－C，B－C。注意从起点通过已解节点到某一节点所需的路程应该等于到达这个已解节点的最短路程加上已解节点与未解节点之间的路程。即从 A 经过 B 到达 C 的距离为

$80+56=136\text{km}$,而从 A 直达 C 的距离为 128km。现在 C 点也成为已解节点。

步骤 3,要找出与各已解节点直接连接的最近的未解节点。在图 7 – 16 上可见,在与已解节点 A、B、C 直接连接的有 D、E、F 这 3 个点,自起点到 3 个候选点的路程分别是 338km、154km、208km,其中连接 BE 的路程最短,为 154km。因此,E 点为所选。

重复上述过程,直至到达终点 J,即步骤 9。由此得到最优线路为 $A-B-E-I-J$,最短的路程的 344km。

最短路径法可以利用计算机进行求解。把运输网络中的线路(有的称为链)和节点的资料都存入数据库中,选好起点和终点后,计算机可以很快就算出最短路径。

计算的结果称为单纯的最短距离路径,并未考虑各条线路的运行质量,不能说明穿越网络的最短时间。因此,对运行时间和距离都设定权数就可以得出比较具有实际意义的线路。

（二）节约里程法

对于有装载闲置的配送路线的确定,有时求最优解很困难(受太多条件的约束),此时可以求解近似最优解,在这种情况下可以采用节约里程法。

1. 节约里程法的基本原理

节约里程法的核心思想是依次将运输问题中的两个回路合并为一个回路,每次使合并后的总运输距离减小的幅度最大,直到达到一辆车的装载限制时,再进行下一辆车的优化。优化过程分为并行方式和串行方式两种。

如图 7 – 18 所示。由配送中心 P 向两个用户 A、B 送货,P 至 A、B 的最短距离为 L_1 和 L_2,A、B 间的最短距离为 L_3,用户对货物的需求量为 Q_1 和 Q_2。

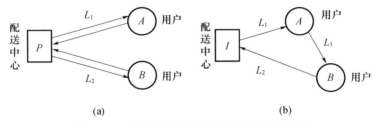

图 7 – 18　往返发货和巡回发货车辆行走距离
（a）往返发货；（b）巡回发货。

若用两辆汽车分别对 A、B 两个用户往返送货时,汽车行走总里程为

$$L=2(L_1+L_2)$$

如果改由一辆汽车分别对 A、B 两个用户联合送货(设 $(Q_1+Q_2)<$ 汽车载重量),则汽车行走里程为

$$L=L_1+L_2+L_3$$

在汽车载重量允许的情况下,采用联合发货比采用往返发货可节约汽车行走里程为

$$\Delta L=L_1+L_2-L_3$$

如果在配送中心 P 的供货范围内还存在着第 $3,4,5,\cdots,n$ 个用户,在汽车载重量允许的情况下,可将它们按节约量的大小依次连入联合运输路线,直至汽车满载为止。余下的用户用同样的方法确定运输路线,另外派车。

2. 节约里程法的步骤

在实际利用节约里程法确定配送路线时,步骤如下。

（1）列出从配送中心至各收货点的运输网络图。

（2）根据运输里程表，按节约里程公式，计算配送中心至各个收货点以及各收货点之间的最短距离里程（或平均运输时间）。

（3）计算出各收货点相互间的"节约里程"（或节约时间），按照节约里程数量多少排序列表说明。

（4）按节约里程（或节约时间）的大小和各收货点的数量或重量，在车辆载重允许的条件下，将各可能入选的收货点连接起来，形成一条配送路线。

（5）如果一辆货车不能满足全部送货要求，可先安排一辆，然后按上述程序继续安排第二辆、第三辆或更多辆，直到全部收货点连接在多条配送路线中为止。

［任务实践1］

设配送中心 P_0 向7个用户配送货物，其配送路线网络、配送中心与用户的距离以及用户之间的距离如图7－19与表7－17所示。

图中括号内的数字表示客户的需求量（单位：t），线路上的数字表示两节点之间的距离（单位：km），现配送中心有2台4t卡车和2台6t卡车两种车辆可供使用。试用节约里程法制定最优的配送方案。

（1）画出配送运输的网络图（已完成图7－19）。

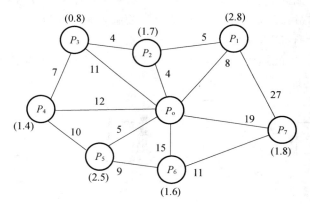

图7－19　配送网络

（2）计算并列表说明配送中心至各个收货点以及各收货点之间的最短距离里程（或平均运输时间），如表7－17所列。

表7－17　运输里程表

需要量	P_0						
2.8	8	P_1					
1.7	4	5	P_2				
0.8	11	9	4	P_3			
1.4	12	16	11	7	P_4		
2.5	5	13	9	13	10	P_5	
1.6	15	22	18	22	19	9	P_6	
1.8	19	27	23	30	30	20	11	P_7

（3）根据运输里程表，按节约里程公式求出相应的节约里程数。按照节约里程数量多少排序列表说明，如表7－18所列。

表7-18　节约里程数计算表

序号	路线	节约里程/km	序号	路线	节约里程/km
1	$P_6 P_7$	23	9	$P_2 P_4$	5
2	$P_3 P_4$	16	10	$P_3 P_6$	4
3	$P_2 P_3$	11	11	$P_1 P_4$	4
4	$P_5 P_6$	11	12	$P_5 P_7$	4
5	$P_1 P_3$	10	13	$P_3 P_5$	3
6	$P_4 P_6$	8	14	$P_1 P_6$	1
7	$P_4 P_5$	7	15	$P_2 P_6$	1
8	$P_1 P_2$	7	16	$P_4 P_7$	1

（4）按节约里程（或节约时间）的大小和各收货点的数量或重量,在车辆载重允许的条件下,将各可能入选的收货点连接起来,形成一条配送路线如图7-19所示。

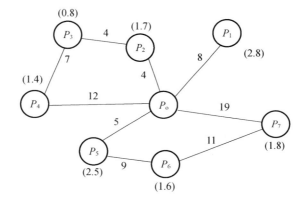

图7-20　优化后的配送路线

优化后的配送路线,共节约运输里程为:$\Delta S = 34 + 27 = 61(\mathrm{km})$。

［任务实践2］

如图7-21所示为一配送网络,A为配送中心所在地,B～H为客户所在地,B～H所需配送量分别为1.5t,1.7t,0.3t,0.7t,2.0t,1.0t,0.5t,线路上数字为道路里程数,单位为km,现在可利用车辆为2t和4t两种厢式货车数量若干,试利用节约里程法安排求出配送路线。

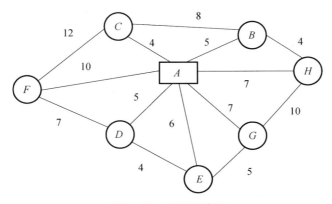

图7-21　配送网络图

（1）统计配送距离和配送量，如表 7 - 19 所列。

表 7 - 19　配送距离和配送量

地点	AB	AC	AD	AE	AF	AG	AH	BC	CF	FD	DE	EG	GH	HB
距离/km	5	4	5	6	10	7	7	8	12	7	4	5	10	4
货物量/t	1.5	1.7	0.3	0.7	2.0	1.0	0.5							

（2）计算配送中心 A 到各配送点，以及各配送点之间的节约里程，如表 7 - 20 所列。

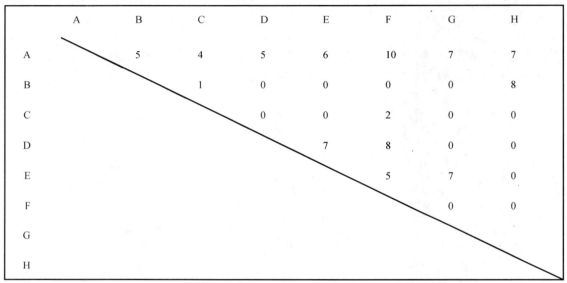

（3）把节约里程项目由大到小分组排列；如表 7 - 20 所列。

表 7 - 20　节约里程按大小排列

序号	连线	节约里程/km	序号	连线	节约里程/km
1	DF	8	5	EF	5
2	DE	7	6	CF	2
3	EG	7	7	BC	1
4	BH	8			

（4）优化后的配送线路方案如图 7 - 22 所示。

（5）优化后配送线路。

线路 1：AFDEG　载货量 0.3 + 0.7 + 2.0 + 1.0 = 4.0t，采用 4t 车 1 辆，行驶里程 33km。

线路 2：AHBC　载货量 1.5 + 1.7 + 0.5 = 3.7t，采用 4t 车 1 辆，行驶里程 23km。

总行驶里程：33 + 23 = 56km。

节约里程：8 + 7 + 7 + 8 + 9 = 39km。

3. 节约里程法评价

优点：节约法是一种简便、易行的方法，一方面体现出优化运输过程，与一般方法相比缩短了运输路程；另一方面，它也体现了物流配送网络的优势，实现了企业物流活动的整合，而且思路简单清晰、便于执行。

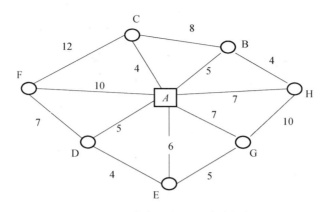

图 7 - 22 优化后的配送线路方案

缺点在于以下两方面。

第一,利用节约法选择配送路线过于强调节约路程,而没考虑行程中的时间因素,在许多情况下,时间更能决定物流配送的成本与服务质量。例如城市间配送时对高速公路的选择,城市内部上下班时间的道路拥挤,一个巡回配送过程中的时间长短直接影响配送人员的精神状态,而人员的精神状态又与交通事故和配送错误相关,所以时间对配送路线的选择有时更重要。

第二,利用节约法选择配送路线不能对客户的需求进行灵活多变的处理。由于现代的消费者的需求倾向于个性化,引起企业的生产、销售和配送也愈来愈倾向于小批量、多品种、多批次。而节约法更适合需求稳定或是需求的时间不紧迫,这显然不能满足现代多变的市场环境。

模块 5 　运输节点选择

一、知识准备

运输节点是运输网络中的重要元素,一般运输企业的网络有两种,一是点对点的直线网络,这种网络特点是货物从始发地直接运送到目的地,运输网络由许多直达线路组成,供应商直接向客户送货就是这种方式,减少了中间库存成本;还有一种是以运输节点为中心,向四周呈辐射状,多用在运输配送业务中,供应商先将货物送至货运中心,再由货运中心向客户送货;这种方式可以事先设计优化的运输方案,有利于运输成本降低,但需要建设仓库作为货运中心,且货运中心选址很重要。

运输节点选址是通过一定的方法和手段确定具体地址的过程。最佳的运输节点一般具有运输组织与管理、中转换乘换装、装卸储存、多式联运和信息流通等功能,应该能够实现货物快速周转、货物有效储存等。运输节点的选址对所在区域的综合运输网络的高效运转具有重要的作用,因此运输节点的布局是一项重要的决策。

零担货物运输中,货物分布在城区的各个营业网点,要将一天的承运办理货物集中到地区转运中心,这些货物在转运中心积载装车,可进行规模化运输,以利降低运输成本。所以,运输的节点——地区转运中心的位置应合理。

（一）运输节点选址原则

物流运输节点规划往往会涉及到众多因素,若选址不当,将很有可能导致企业正常运转受到影响、投入资金浪费等负面影响。物流运输系统的节点选址是对物流运输网络中的运输节点的数量、位置、大小进行优化,以实现整个物流系统的效率最大化。在实际的运输节点选址过程中,应当着重考虑两个方面的因素,即经济效益和社会效益。

(1)经济性原则:运输节点选址不同,未来物流活动辅助设施的建设规模、建设费用以及运费等是不同的,选址应以费用最低作为重要的原则。

(2)整体性原则:从供应链的角度考虑节点地址的选择,综合权衡费用的大小。有些节点的选择对运输路线选择来讲是最优的,但对整个供应链来说不一定是最优的,这时应加以适当调整。另外,地理位置不同,必然会影响到建设及运营成本。由于不同地域地价成本、建设成本、建材成本等有众多的差异,所以选址过程中需要对这些因素做出统筹考虑。

(3)利益均衡性原则:节点的选择应考虑有关各方的利益,并对因节点选择而受到损害的有关各方采取适当的补偿措施。

(4)协调性原则:如果所选择的节点与供应链上下游企业存在间隙,会大大影响供应链的整体竞争力。只有通过节点将物流、信息流、商流、资金流等有效地结合起来,整个供应链及其相关企业才会在竞争中取得最大的利益。

(5)战略性原则:运输节点选址、规划以及建设应符合企业整体发展战略,同时在节点建设上要有前瞻性,制定长远规划,对今后的发展留有余地,以应对未来的不确定的需求增加。

以发展、动态的眼光来看待未来节点发展的影响因素的变化情况,不单要考虑影响物流中心建设的各种因素,而且要对众多影响因素做出动态的预测并以此为基础,提前做好应对预案。

(6)交通通畅原则:由于运输节点所实现的是货物的周转或者集散,因此要求其所在地具有良好、完善的交通条件,这样才能充分利用所在地区的便利的交通条件快速的完成货物的周转或者集散。一般而言,需要考虑的交通条件包括水运、陆运以及空运。当然由于不同地区具有不同的地理特点,这就需要综合考虑交通条件并进行定性和定量分析,从而对该地区的交通条件做出科学、合理的评价。

(二)运输节点选址条件

(1)客户条件:要有充足的客户需求潜力,或者临近大型工业、商业企业、建材销售及批发商业区。同时,要考虑节点所在区域的货物运输量,货物平均运距。

(2)自然地理条件:水电通畅,基础条件良好等。当地交通条件、路桥条件以及其他配套设施,交通通达程度、路网密度。

(3)运输条件:方便运输,便于配送,基础设施良好,最好靠近各种运输方式的运输据点或多种运输方式的中转点并应在交通干道附近。交通运输设施的发展水平较高的地区,较有利于未来物流节点的集疏运。

(4)用地条件:满足需求,留有余地,适当超前。最好能预留出第二期物流工程用地,地价应在能承受的投资能力内。

(5)环境条件:周围区域环境条件较好,没有或有较少的不利影响;经营环境影响因素;涵盖所在地的消费水平、承受能力以及对物流服务的要求等;尽可能降低对城市生活的干扰。

(6)法规制度:国家及本地区的经济发展方针、政策以及相关法律有利于运输节点目前及今后的建设和发展。

二、工作任务

在运输节点选址的实践中,人们使用了许多定性和定量的方法并建立了一些模型,比如重心法、成本分析法、运输规划方法等。重心法选址决策模型是考虑了客户对运费的敏感性。

重心法是一种数学模型模拟方法。该方法认为,运输系统由城区内的各个网点及运输线路组成,每个网点每天承接的货物送到地区转运中心集货,地区转运中心尽量安排整车和定时班车运送。则把网点的货物量看成物体的重量,物体的重心是地区转运中心的最理想的位置。利用求重心的方法来确定地区转运中心的位置,这种方法称为重心法。

重心法的计算原理:物体的重力矩 = 各个质点的重力矩之和。

其重心法的延伸意义:地区转运中心的"重力矩" = 各个营业网点的"重力矩"之和

设有 $A, B, C, \cdots, n$ 个营业网点,第 i 个营业网点的坐标为 (x_i, y_i),$(i = 1, 2, \cdots, n)$,每个营业网点每天的运输量为 W_i,单位物资单位里程运费为 C_i,设地区转运中心的坐标 (x, y)。

重心法首先要建立平面坐标系,在坐标系中标出各个现有营业网点的位置,目的在于确定各网点之间的相对距离。平面坐标的横轴、纵轴可以是距离,也可以是经度和纬度。

然后,根据各点在坐标系中的横纵坐标值求出地区转运中心的最佳位置坐标 C_x 和 C_y,图7 - 23 中各较小圆圈表示营业网点所在位置,较大圆圈表示拟建地区转运中心位置。

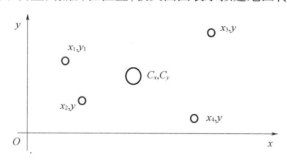

图 7 - 23　重心法选择运输节点示意图

重心法使用的公式(考虑了运输成本)是

$C_x = \sum C_i X_i W_i / \sum W_i$

$C_y = \sum C_i Y_i W_i / \sum W_i$

式中 C_x——地区转运中心的 x 坐标;

C_y——地区转运中心的 y 坐标;

X_i——第 i 个网点的 x 坐标;

Y_i——第 i 个网点的 y 坐标;

W_i——第 i 个营业网点或从第 i 个营业网点运至地区转运中心的货物量。

最后,选择求出的重心点坐标值对应的地点作为地区转运中心的最佳位置。

值得注意的是:重心法选择运输节点是在假设的理想条件下找出最佳位置,该方法只关注运输费用成本;其在进行计算过程中,通常假定中心和节点路线为直线,实际运输线路却并非如此。因此,实际选择的位置和重心法确定的地址不一定完全吻合。也有一种情况是事先给出几个可选位置,通过重心法计算比较,确定较为接近理想状态的地点作为地区转运中心地址。

工作任务总结

1. 影响运输合理化的因素有哪些？试述物流运输合理化的有效措施。
2. 改变哪些宏观条件可以使运输更合理？
3. 试述成圈运输线路的图上作业法的步骤。

项目活动实践

1. 比较几种运输方式的相关特性

用字母(A、B、C、D、E)，特性由劣到优，衡量公路、铁路、河运、海运和航空各种运输方式相关特性的优劣性。

5 种基本运输方式相关特性的优劣性比较

运输方式 相关特性	公路运输	铁路运输	河运运输	海运运输	航空运输
灵活性					
运量					
运价					
速度					
连续性					
稳定性					

2. 选择适宜的运输方式

试根据下表中货物的流量、流向和运距，对其选择适宜的运输方式（单一运输方式），并说明理由。

货物的流量、流向和运距	要求	公路	铁路	海运	河运	航空
从太原运200t煤炭到武汉	走近路，较低运费					
从天津到上海运一万吨海盐	选择最经济的办法					
200t 玉石材料乌鲁木齐—上海	无特别要求					
3t 龙虾郊区水库—市区	保持成活					
10000t 海盐天津—上海	选择最经济的办法					
2500t 煤炭大同—南昌	选择最经济的办法					
5000t 小麦重庆—上海	选择最经济的办法					

3. 江苏粮油进出口有限公司欲出口下列商品到东欧某国：大米 3000t、面粉 1800t、黄豆 1500t、玉米 2500t。

试分析：该公司采用什么运输方式使货损货差最小、成本最低？

4. 按照运输合理化的要求，优化本营业部的运输方案。

项目活动设计

李民来到公司已近一年了公司主管业务运营的经理,希望李民能为改善企业营运现状提合理化建议。李民很高兴,翻阅了大量的书籍,也参考了很多企业管理的先进办法,在主管业务经理和部门经理的帮助下,写下了改善企业运营现状的合理化建议方案。以下是该方案中涉及的两个问题。

任务目标

1. 明确运输质量管理任务。
2. 会计算运输质量考核指标。
3. 熟悉承运商选择原则。

顺丰速运有限公司(以下简称顺丰)于1993年成立,当时总部设在深圳,是一家主要经营国内、国际快递及相关业务的服务性企业。

自成立以来,顺丰始终专注于服务质量的提升,不断满足市场的需求,公司自有的服务网络具有服务标准统一、服务质量稳定、安全性能高等显著优点,能较大程度地保障客户利益。

长期以来,顺丰不断投入资金加强公司的基础建设,积极研发和引进具有高科技含量的信息技术与设备,不断提升作业自动化水平,实现了对快件流转全过程、全环节的信息监控、跟踪、查询及资源调度工作,促进了快递网络的不断优化,确保了服务质量的稳步提升,奠定了业内客户服务满意度的领先地位。

目前业务发展区域涉及国内(包括港、澳、台地区)、新加坡、韩国、马来西亚、日本及美国地区。拥有先进的技术装备,至目前公司拥有全货物运输机11架,用以国际、国内的航空快递业务。

[资料来源:顺丰速运公司网站资料整理。2013年2月]

模块1 承运人选择

随着市场经济的快速发展,现代物流业的发展已引起社会各界的广泛关注,物流成为提升国民经济整体竞争力和经济效益水平的重要增长点已经被社会认可。尤其是运输市场的开放性越来越强,物流企业也被推到了市场竞争的前列。对于货物运输市场而言,只要市场存在竞争因素,那么,运输服务需求者就有权利选择各种承运商,以较低的成本获得满意的服务。

在承运人的选择中,有市场的普通客户(真正的货主),当第三方运输承运者需要委外运输作业时,也会加入承运人的选择队伍中。

一、运输服务质量比较法

服务质量是企业的生命线,客户在提出服务请求时,总是希望以较低的代价,得到最好的运输服务质量,所谓"性价比"要高。运输服务重量称为客户选择承运商的首要因素。

(一)运输质量

运输的显性价值是将货物实现空间移动,产生其价值效应。虽然运输过程不会改变货物的性质,不会对货物进行加工,但是,如果忽视运输过程对货物的正确保护,如,碰撞导致的货物毁损,则对货物运输质量带来负面影响。一般情况下,影响客户选择承运商的因素有以下几方面。

(1)运输企业的设施装备的拥有率和完好程度。从客户的角度看,企业拥有的设备较多,说明企业的资金实力较强,如果设备的完好程度高且都能正常使用,说明企业的经营状况好。

(2)员工的责任心和工作经验。可以想象,企业经营效果好,员工的工作积极性就容易调动,员工的工作热情就高;员工也愿意继续为企业服务,用自己的经验换来更多的客户。同时员工的工作责任心强,企业运输的安全性高。

(3)运输流程的控制能力也是保证运输质量的重要因素。

(4)客户服务态度。

(5)信息化程度高的企业对运输全程监控能力强,可以控制运输质量。

(二)服务质量

现代物流技术发展也很快,一方面,运输承运商不断改善服务能力和环境,另一方面,客户对承运商的要求也越来越高,客户除了一般性的要求外,更多的是要求承运商的服务理念也要不断更新。

(1)运输的准确率:较高的运输准确率可以提高客户的信任感,同时也为承运者本人带来好处,比如,可以加速运输工具的周转、减少货物存储时间,赢得更多的客户。

(2)门到门运输的可得性:现代物流运输中,人们的生活节奏加快,对运输的速度也要求快速、便捷,"门到门"服务、甚至是"桌到桌"的服务被越来越多的人期待。

(3)信息查询的方便程度:货物及时跟踪是收货人现在的基本要求,很多承运商已经意识到了这一点,纷纷投入资金建立电子商务的查询平台,方便客户的要求。

(4)售后服务的情况。

(5)纠纷解决的及时性:现代物流服务和客户关系管理的新理念正被更多的企业接受,所以,改变陈旧的服务方式,是企业发展过程中的常态;如何创新承运商的服务产品、转变承运商的服务理念、不断为客户提供高附加值的服务、提升企业的竞争力,是现代企业的不断最求。

二、运输价格比较法

物流运输承运商为了受到客户的青睐,总是在不断改变竞争策略,努力提高运输服务质量。但对于运输市场而言,有时承运商提供的服务产品差不多,服务质量也相差无几,则运价就称为了竞争的"法宝"。在市场经济中,价格调整一直是竞争的常用手段,客户在面对差不多的服务选择时,价格就成了客户选择承运商的主要决策指标了。但是,作为承运商,应该有职业自律的原则,一味地降低价格获得客户的办法,不是市场竞争的主流;无节制的降价也会给自身企业带来后患。

三、综合因素比较法

市场经济的发展培育了很多具有实力的承运商,一些客户在选择承运商时,并不是只考虑服务质量,也不是只考虑运输价格,出于长期需求的考虑,客户会同时考虑很多因素,经过综合平衡之后得出选择结果。正所谓是"只有合适的,才是最好的"。

客户通常考虑的选择因素有:服务质量、运输价格、服务品牌、服务网点的多少、市场的口碑、承运商的实力等。将这些因素进行加权取值,得出最终的选择。

计算公式为式(8-1)。

$$S = \frac{K_1 Q}{K_2 P} + K_3 B + K_4 C + K_5 N + \cdots\cdots + K_n O \qquad (8-1)$$

式中 S 为综合计算值,K 为各参考因素的权重,Q 为服务质量因素,P 为运价因素,其余为可能需要参考的选择因素。

客户会根据自己的需求,按照自己确定权重和选择的参考因素进行评价,做出判断。

模块2 运输质量考核

一 知识准备

运输生产不同于企业产品制造,它的价值就是实现货物的空间位置移动。运输产品的特点是具有安全性、及时性、经济性、完整性、服务性,所以,加强运输企业货物运输质量管理与考核是提高现代物流运输质量,保证货物运输的安全、及时、经济,提供优质运输服务的关键,是企业的重要基础任务。

(一)运输质量管理的意义

质量:产品或工作的优劣程度。ISO9000 标准术语中解释质量为一组固有特性满足要求的程度。在质量管理过程中,"质量"的含义是广义的。除了产品质量之外,还包括工作质量。质量管理不仅要管好产品本身的质量,还要管好质量赖以产生和形成的工作质量,并以工作质量为重点。由此可以认为:运输质量就是在为客户提供运输服务时,客户对运输服务产品的需求、对运输服务的满意程度、运输实施过程的工作质量的综合反映。

因此,对运输质量的管理,有利于增强企业竞争能力,有利于提高企业信誉,是企业生存和发展的需要。企业良好的运输质量、客户对运输质量的认可,不仅可以减少质量事故损失,也提高了企业的信誉和声望;同时,可以争取更多的客货源,使企业在竞争中得到发展。

对运输质量管理的水平影响企业运输生产技术和经营管理水平。要提高运输质量,必定要提高运输生产技术水平、经营管理水平,以先进的运输装备、先进的运输工艺为客户服务,这意味着企业生产技术和管理水平必须跟上现代物流的发展步伐。

运输质量管理的效果还影响职工情绪。运输质量好,社会服务声誉好,促进了商品流通,降低了商品附加费用和销售价格,可以使得资源得到合理利用,活跃了物资交易市场,在丰富了人民生活需求、促进提高人民的物质文化生活水平时,企业的经济效益得到提高,企业员工的收入得到提高,激发员工的工作积极性,利于稳定职工队伍。

运输质量管理的好坏还会影响社会政治经济生活的稳定。运输关系国计民生,如果运输质量事故频繁,货损货差严重,会使用户的生产、生活受到影响,有时也会引起连锁社会反应,进而影响整个社会秩序和国民经济,纵观曾发生过的影响比较大的运输事故大都如此,特别是行车事故的发生,在一定时期和一定范围内产生了负面作用,给人民生命财产、社会财富带来巨大损失,并造成严重的社会后果。

(二)运输质量管理方法

影响物流运输质量的因素主要有运输参与者、运输工具、运输线路、环境、运行条件和操作方法等。物流运输参与者包括技术熟练程度、对运输质量意义的认识、身体状况和工作内容的熟练程度等。运输工具指工具的技术状况和日常维护状况、单位修理能力及备件供应情况。运输线路指线路的通行条件,如道路的等级、地形条件以及交通流量等。环境包括规章制度、运输策略,还有气候条件,包括气温、雷雨晴阴等情况。运行条件和操作方法包括运输组织、操作技术水平、安全运行管理。运输质量管理就是要充分认识事物的特性,采用科学的管理方法。

我国自20世纪70年代后期开始推行全面质量管理,一些企业的发展现状不同,管理的重点内容不同,管理的策略不同。

运输质量管理是一个过程:企业管理是一个过程,质量管理渗透其中。企业在不同时间内,应完成不同的工作任务。企业的每项生产经营活动,都有一个产生、形成、实施和验证的过程。

运输质量管理经过4个阶段:根据管理是一个过程的理论,美国的戴明博士把它运用到质量管理中来,总结出"计划(Plan)—执行(Do)—检查(Check)—处理(Act)"4阶段的循环方式,简称PDCA循环,又称"戴明循环"。

P(Plan)计划:包括方针和目标的确定以及活动计划的制定。

D(Do)执行:执行就是具体运作,实现计划中的内容。

C(Check)检查:就是要总结执行计划的结果,分清哪些对了、哪些错了,明确效果,找出问题。

A(Action)行动(或处理):对总结检查的结果进行处理,成功的经验加以肯定,并予以标准化或制定作业指导书,便于以后工作时遵循;对于失败的教训也要总结,以免重现。对于没有解决的问题,应提给下一个PDCA循环中去解决。

PDCA分析法的特点是阶梯式上升过程,PDCA循环不是停留在同一个水平上的循环,在运输质量管理中不断应用循环进行分析检查,周而复始,一个循环结束了,解决了一部分问题,可能还有问题没有解决,或者又出现了新的问题,再进行下一个PDCA循环分析,不断解决问题的过程就是水平逐步上升的过程。

在应用PDCA的4个循环阶段解决质量问题时,需要收集和整理大量的数据资料,并用科学的方法进行系统的分析。最常用的有7种统计方法,它们是排列图、因果图、直方图、分层法、相关图、控制图及统计分析表。这套方法以数理统计为理论基础,不仅科学可靠,而且比较直观。

总之运输企业的质量管理从全面质量管理出发,将"三全一多",即"全面的质量管理;全过程的质量管理;全员的质量管理;多种方法的质量管理"灵活地应用到企业,实事求是开展工作。

二、货物运输质量考核主要指标

运输业是面向社会的服务性行业,在市场经济条件下,处于高危行业的运输企业,应该以

"安全第一、预防为主"的原则加强安全管理,减少事故发生,使管理人员、从业人员能更好地提高法律意识、安全意识和责任意识,确实夯实运输企业安全管理和基础性工作。企业必须要结合自身的特点,从被动防范向源头管理转变,从集中开展安全生产专项整治向规范化、经常化、制度化的管理转变,使安全生产管理变成每一位员工的自觉行动,尽最大努力减少事故发生。

运输服务质量的好坏,直接影响到企业声誉,影响企业经济效益。货物运输质量的考评一般分为运输前、运输中和运输后,全面实现过程性监督评价。货物运输质量考核也是运输企业安全生产管理的重要措施之一,是企业绩效考核的重要组成部分,各种运输方式有不同的运输质量考核指标。这里只介绍陆路运输中常用的有关货物运输的质量考核指标介绍,这些指标源于我国铁路运输管理部门、道路运输管理部门的相关规定。

（一）行车安全性指标

运输业承担着促进社会经济发展的重任,关系国计民生,关系人民生命财产安全,关系社会稳定,所以,保证运输工具运行安全,使货物完好无损,是运输企业的基本职责。货物运输安全性可分为 3 个方面:行车安全,人身安全,行包、货物安全。行车安全一般指运输车辆在运行过程中不发生翻车、撞车、伤人等行车事故,保证安全抵达目的地。

运输安全必须是以安全理念为指导、以安全标准为衡量。运输产品借助于营运工具的移动实现,其安全性的基本要求除了不发生站、车责任的各类行车事故,保证货物等生命财产的绝对安全外,还包括货主从办理托运开始到交付结算为止的安全工作。所以,货物运输安全性的主要指标从车辆行车营运方面考核。

1. 行车责任事故频率

营运车辆在一定时期（年、季、月）内发生的运行事故次数与总行程之比。一般用"次/百万车千米"作为计算单位。计算公式为式（8-2）:

$$行车事故频率\frac{报告期内营运车行车事故次数}{报告期内营运车总行程} \times 10^6（次／百万车千米）\qquad（8-2）$$

行车事故按造成的损失大小分为小事故、一般事故,大事故和重大事故 4 类。每类事故又按责任大小分为责任事故和非责任事故两种。行车责任的划分以交通监理部门裁定为准。上述计算公式中的事故次数,只包括"一般"及以上的责任事故次数。

货运质量事故的次数,运输以一车一次为计算单位;装卸以同一货主、同一批货的一次作业单为计算单位。

2. 特大行车责任事故次数

凡一次造成死亡 3 人及以上,或重伤 10 人及以上、或死亡 1 人同时重伤 8 人及以上、或死亡 2 人同时重伤 5 人及以上、或直经济损失折款 10000 元及以上的重大事故,称为特大行车事故。责任≥50% 即为特大行车责任事故,以案次为计算单位。

3. 安全行车间隔里程

即报告期内两次行车事故之间的行驶里程,计算单位为"千米"。这是反映营运车行车安全的指标。计算方法见式（8-3）:

$$安全行车间隔里程 = \frac{报告期内营运意里程}{报告期内行车事故次数}（千米）\qquad（8-3）$$

计算公式中的事故次数是指"一般"及以上的责任事故。如果报告期内未发生一般以上的责任事故,可不计算此项指标（因分母为零）。若对单车考核,则可跨期计算。

4. 行车责任死亡频率

计算公式为式(8-4):

$$行车责任死亡频率 = \frac{报告期内行车责任事故致死亡人数}{报告期内车辆总行程} \times 10^7 (人／千万车千米)$$

$$(8-4)$$

5. 责任事故损失率

货物运输中行车责任事故造成的损失金额与营运收入的比值,用"万分号"表示。计算公式为式(8-5):

$$责任事故损失率 = \frac{报告期内责任事故损失金额}{报告期内营运总收入(万元)}$$

$$(8-5)$$

车辆技术状况、驾驶员操作水平、安全管理工作措施、道路通过能力等,都会影响行车安全,因此,运输企业应加强安全教育,重点做好预防工作,企业全员牢固树立"安全第一"思想,落实安全措施,以保证行车安全。

6. 重大货运质量事故次数

交通运输部的统计数据曾表明,我国道路运输中平均货运质量事故赔偿率为货物运输收入的4‰。其中:华东、华北、中南地区为货物运输收入的3‰;西北、西南、东北地区为5‰。可见,地区经济水平的发展现状影响货物运输业。公式8-6表示的是一般运输企业货运质量事故统计方法:

$$货运质量事故频率 = \frac{货运质量事故次数}{完成货运周转量(百万吨千米)}$$

$$(8-6)$$

按我国《汽车货物运输质量管理办法》的规定,凡在货物运输、装卸、保管、交接过程中发生的一切货损、货差及其他货运质量事故,经济损失在20元以上(含20元)的,均应纳入统计和考核。由于行车肇事发生的货物损失也应按货运质量事故统计上报,所引起的货物损失由交通安全部门并案处理。

(二)货物运输及时性指标

货物运输及时性的基本要求是要按照运输合同、协议的规定,及时地满足客户的要求。具体说,货物运输及时性表现在车辆运行是否整点,货物的始发、装卸、到达及交付等是否及时,如果有中转,还要注意运输或换装的衔接是否及时,运输是否能及时地满足工农业生产、经济建设和人民生活的需要。对于重点物资,特别是对抢险救灾、支农物资、鲜活物品、重点工程建设物资等紧急物资的运输,货物运输的及时性尤为重要。货物运输及时性的主要指标有以下几个。

1. 货运及时率

按货运合同规定期限,实际运达的货物吨(件)数与应运达的货物吨(件)数之比,用"%"表示,计算公式为式(8-7):

$$货运及时率 = \frac{按规定期限运达的货物[吨(件)数]}{规定期限应运达的货物[吨(件)数]} \times 100\%$$

$$(8-7)$$

2. 货运合同履约率

报告期内履约合同票次数占全部合同票次数的比重,用"%"表示,见式(8-8)。

$$货运合同履约率 = \frac{报告期内履约完成合同(票次数)}{报告期内执行合同总票(次数)} \times 100\%$$

$$(8-8)$$

计算中应注意,每份运输合同不论其运量多少、所需运次是多少次,均为一个票次。在执行某份运输合同时,开始若干运次都按合同规定期限完成,只有后面几个运次或最后一个运次未按合同要求完成,仍算违约。该项指标要求货运部门和调度人员善始善终,加强运输合同管理。

3. 货运超期率

货物未按规定期限运达目的地为超期(违约),即运到逾期。超期天数按货票(合同)票次分别计算。货运超期率公式见式(8-9):

$$货物超期率 = \frac{报告期内货物超期吨(件)天数}{同期货运总吨(件)数} \quad (8-9)$$

其中,报告期内货物超期吨(件)天数为超期货物吨(件)数乘以超期天数,如一吨(件)货物超期一天即为一个超期吨(件)天。按此公式计算的超期率,实质是表示平均每吨(件)货物超期天数,综合反映运输的平均及时性程度。货物运输超期天数只反映超期时间长短,未反映超期货物多少;货运及时率虽可反映超期货物的比重,但未反映超期时间的长短;合同履约率指标只反映是否存在超期违约,不反映超期货物多少和超期天数。

(三)货物运输经济性指标

运输劳务同有形产品一样,也具有商品性。运输质量的经济特性,是指货物包括装卸、中转换装、运输、仓储、包装等在内的运输费用及支出要尽可能的少。

(1)运价执行率:货物运输按规定运价收费次数与收费总次数之比。

计算公式为式(8-10):

$$运价执行率 = \frac{按规定运价收费次数}{总收费次数} \times 100\% \quad (8-10)$$

(2)单位运输成本:即企业运输工作量费用支出的指标。计算公式为式(8-11):

$$单位运输成本 = \frac{报告期内运输总成本}{报告期内换算周转量 \div 10000}(元／千吨千米) \quad (8-11)$$

(3)货物运输量(吨)= 商品总的毛重量(吨)

(四)货物运输完整性指标

货物运输过程中要求在数量、结构、形状、外观、色彩、音响、气味味道等所有方面,均与托运时一样,即运输过程只使货物产生位移、而不造成货物数量减少、质量(包括物理、化学性质)变化的特性。

1. 货损率

货损是指货物发生颠损、磨损、破裂、变形、湿损、污损、腐烂等。因承运人的责任而损坏(包括破损、变质,灭失等)的货物吨(件)数,与承运货物总吨(件)数之比,用"%"表示,计算公式为式(8-12):

$$货损率 = \frac{货物损坏吨(件)数量}{报告期内货物总吨(件数)} \times 100\% \quad (8-12)$$

2. 货差率

货运中发生短少、失落、错装、错卸、错运、交接差错等差错称为货差。货差率可按运次计算(零担货物运可按件数或吨数计算),即货差运次与同期总运次的比率,用"%"表示,计算公式见式(8-13)。

$$货差率 = \frac{货差运次}{报告期内总运次} \times 100\% \quad (8-13)$$

关于货损货差率的指标分析,各企业的运输专长及运输对象不同,可以结合企业的实际情况,修改计算内容单位,灵活应用。

除货损、货差外,还有由于工作失职、服务态度不好、借故刁难、敲诈勒索等,虽未发生货损、货差,但造成不良影响的事故,划归为其他。

3. 装卸标准合格率

$$装卸标准合格率 = \frac{检查合格车次数量}{检查车次数量} \times 100\% \tag{8-14}$$

装卸作业标准合格率的检查方式以日常抽查为主,企业可根据实际情况,定期进行抽查,抽查比例一般不少于10%。

4. 货运事故赔偿率

报告期内货运事故赔偿金额与同期货运总收入的比,以"万分号"为计算单位。

$$货运事故赔偿率 = \frac{报告期内货运事故赔偿金额(元)}{同期货运总收入(万元)} \tag{8-15}$$

(五)货物运输服务性指标

运输承运人为客户提供良好的服务设施、运输设备和齐全的服务项目,从办理运输手续、货物的装车发运,到运输时间、运输地点直至货物到达目的地交付后,提供种种便利条件,进行全过程服务,统括在货物运输服务性内容里。货物运输服务性是运输质量特性的综合体现。

1. 客户满意率(%)

$$客户满意率 = \frac{报告期内客户满意项目条数}{报告期内客户满意项目条数 + 报告期内客户不满意项目条数}100\% \tag{8-16}$$

2. 客户意见处理率(%)

$$客户意见处理率 = \frac{已处理意见数目}{客户批评意见总数目} \times 100\% \tag{8-17}$$

货物运输质量管理是长期的任务,随着社会生产和先进技术的应用,影响货物运输质量的因素也越来越复杂,因此,学习安全运输的规章制度、加强运输安全教育,开展各种专题的劳动竞赛,加强货物运输质量考核,多管齐下,保障运输安全。

三、运输绩效评价

企业绩效评价是运用特定指标体系,对照统一的标准,按照一定的程序,通过定量定性对比分析,对企业一定经营期间的经营效益和经营者业绩做出客观、公正和准确的综合评判。第三方物流企业从事运输服务,无论是自营运输还是外包运输业务,运输企业的绩效就是随着运输过程开始到结束,围绕企业目标,一定时期内运输作业过程环节的业绩,包括为实现企业目标和运输活动的过程管理的效益。

当承托双方达成运输协议后,运输管理的重点就放在运输组织方面。货物运输过程涉及到众多管理内容,如:在作业计划制定中,要根据客户对运输的需求,确定发站、到站的货运量,即货流和货量;根据货流与货量,确定车辆使用计划;通过车辆调度,合理地组织车流输送,加速货物送达。这不仅需要货物、车辆、人员的匹配,而且需要考虑装卸工具、仓储设施、运输线路的合理安排,做到轻重结合,提高运输工具吨位利用率。在装载工作环节中,要事先确定运送顺序,按照"先装后卸"的原则进行货物的装载,合理安排货物装载空间,提高运输工具容积利用率；在运送工作环节中，要实现确定运送区域，合理选择运输方式和配送路线，安排好运输行程，必要时可采用集中运输方式运送，降低运输成本；在卸载工作环节中，要根据货物的特性合理选用卸载工具等。因此，加强运输过程中每一个工作环节的管理与考核，提高运作效率，实现运输活动目标，便于管理者对运输活动或过程的进展情况、任务完成情况、成本效益做出综合判断，为以后的绩效改进工作提供基本依据，有助于提高管理水平。

运输企业运营中，其运输工具的利用程度客观上反映了企业经营状况的好坏。运输企业可以从车辆在时间、行程、载重量几方面评价、分析和计划运输生产活动。

1. 时间利用指标

对于运输企业来说，运输工具是企业经营的必备基础条件，所以运输工具运转时间长短，反映了企业经营时间和经营效益。运输企业时间利用指标有车辆完好率、车辆工作率、总车时及工作车时利用率。

① 完好率

完好率表示运输企业在拥有运输工具（车辆或船只）时，其营运状况的技术完好状态和其保修工作的水平，是车辆常用技术管理指标之一。用运输工具（车辆或船只）在企业正常工作的日数集合与企业拥有该工具的总日数比计算。

$$完好率 =（车辆完好车日 \div 总车日）\times 100\%$$
$$总车日 = 完好车日 +（保修车日 + 待废车日）$$

提高运输工具完好率，要求制定并落实设备的三级保养制度，合理组织保修工作，加强日常管理维护。

② 工作率

工作率指运输工具在企业的完好日内，其工作或运营的日数，反映的是运输工具的实际利用率。

$$工作率 =［（车辆完好车日 - 车辆停驶日）\div 总车日］\times 100\%$$

③ 工作车时利用率

工作车时利用率专指车辆每日行驶在路线上时间的比率，反映车辆的利用程度。企业采用双班制、三班制运输，就是提升车时利用率的具体措施。

$$单车时利用率 =（每车日平均行驶小时 \div 24 小时）\times 100\%$$

总车时利用率可以将一段时期内所有车辆的统计日平均车时行驶小时进行换算。

提高运输工具工作率和车时利用率的主要做法是：合理安排车辆计划，保证车辆的维护保养的时间，尽量减少车辆不必要的停驻时间。

2. 车辆行程利用指标

车辆在执行运输任务时，希望其往返都可载重行驶，避免车辆空驶、浪费运能。另外，车辆在进行调度时，从停车地到达装货地或者是加油、维修后回场等，也会发生空驶现象。车辆行程利用指标反应运输公司综合管理水平。

$$车辆行程利用率 =（车辆重载行驶里程数 \div 车辆总行驶里程数）\times 100\%$$

3. 车辆载重吨位利用率

车辆积载结果影响车辆的实载率，实载率影响车辆经营业绩，称为车辆吨位利用率，也称实载率。

$$车辆载重吨位利用率 =［车辆实际完成周转量(吨千米) \div 车辆总行程周转量(吨千米)］\times 100\%$$

工作任务总结

1. 选择货物运输承运人的基本因素有哪些？
2. 可以从哪几个方面判断承运商的运输质量？
3. 谈谈运输价格竞争的利弊。
4. 说明 PDCA 管理方法的实践意义。
5. 如何考核运输营业部门的绩效？

项目活动实践

1. 请为自己的营业公司设计货物运输质量考核指标并设计考核表格。
2. 将本营业公司的所有文件汇总归档。要求：文字编辑要规范；文档格式正确；按照作业先后程序装订成册。（A4 纸张，有封面、目录，可正反面打印；正文用宋体，行间距 20 磅。）

参 考 文 献

[1] 严霄蕙,李怀湘. 运输与配送管理. 2 版. 大连:大连理工大学出版社,2010.
[2] 霍云福等. 现代物流解决方案设计原理. 北京:人民交通出版社,2010.
[3] 顾丽亚. 集装箱运输管理实务. 北京:电子工业出版社,2008.
[4] 田源. 物流管理概论. 北京:机械工业出版社,2007.
[5] 冯开红,吴亚平. 企业管理实务. 北京:电子工业出版社,2009.
[6] 于桂芳. 物流运输组织管理与实务. 北京:清华大学出版社,2007.
[7] 李芏巍,张计划. 物流经理岗位培训手册. 广东:广东经济出版社,2011.
[8] 张明蔚. 物流运输组织与实务. 北京:清华大学出版社,2009.
[9] 课题组. 保管与装卸管理. 广东:广东经济出版社,2007.
[10] 张建伟. 物流运输业务管理模板与岗位操作流程. 北京:中国经济出版社,2005.
[11] 王进,郭美娜. 运输管理实务. 2 版. 北京:电子工业出版社,2009.
[12] 阎子刚. 物流运输管理实务. 北京:高等教育出版社,2009.
[13] 约翰 J. 科伊尔(美),等. 运输管理. 5 版. 北京:机械工业出版社,2005.
[14] 缪六莹,王进. 运输管理实务. 北京:电子工业出版社,2004.
[15] 江少文. 运输实务. 北京:中国时代经济出版社,2006.
[16] 路军. 物流运输组织与管理. 北京:国防工业出版社,2010.
[17] 张旭凤. 运输管理. 北京:北京大学出版社,2004.
[18] 季永青. 运输管理实务. 北京:高等教育出版社,2005.
[19] 邵正宇,周兴建. 物流系统规划与设计. 北京:清华大学出版社,2011.
[20] 罗毅,王清娟. 物流装卸搬运设备与技术. 北京:机械工业出版社,2008.
[21] 徐丽群. 运输物流管理. 北京:机械工业出版社,2010.
[22] 魏巧云. 物流运输管理与技术. 北京:中国发展出版社,2009.
[23] 刘作义,郎茂祥. 运输商务. 北京:中国铁道出版社,2003.
[24] 夏秀艳,廖毅芳. 运输管理实务. 广东:广东经济出版社,2008.
[25] 戴实. 铁路货运组织. 2 版. 北京:中国铁道出版社,2007.
[26] 何炳华. 物流系统规划设计与软件开发. 北京:清华大学出版社,2012.
[27] 仪玉莉. 运输管理. 北京:高等教育出版社,2012.
[28] 王雪丽,刘淑静. 物流运输管理实务. 天津:天津大学出版社,2010.
[29] 余群英. 运输组织与管理. 2 版. 北京:机械工业出版社,2010.
[30] 陈红霞. 国际航空货物运输实务. 北京:国防工业出版社,2012.
[31] 陈昊平. 货物运输操作. 北京:北京理工大学出版社,2010.
[32] 陶新良,王小兵. 物流系统规划及设计. 北京:机械工业出版社,2012.
[33] 刘凯. 现代物流技术基础. 北京:清华大学出版社,2004.
[34] 周三元. 物流中心运作与管理. 上海:上海交通大学出版社,2010.
[35] 饶锦麟. 管理实务与问答. 广东:广东经济出版社,2008.
[36] 高明波. 物流运输管理实训. 北京:中国劳动社会保障出版社,2006.
[37] 中国铁路总公司客服中心网站 http://www.china-mor.gov.cn.
[38] 交通部网站 http://www.moc.gov.cn.
[39] 中国航空运输协会网站 http://www.cata.org.cn.
[40] 中国物流与采购联合会 http://www.chinawuliu.com.cn.
[41] 中铁快运网站 http://www.cre.cn.
[42] 锦程物流网 http://www.jctrans.com.
[43] 物流沙龙 http://www.logclub.com.